Thomas Hanstein

Von Hirten und Schafen

Thomas Hanstein

Von Hirten und Schafen

Missbrauch in der katholischen Kirche – Ein Seelsorger sagt Stopp

Tectum Verlag

Thomas Hanstein
Von Hirten und Schafen
Missbrauch in der katholischen Kirche – Ein Seelsorger sagt Stopp

ISBN 978-3-8288-4320-2
E-PDF 978-3-8288-7261-5
E-Pub 978-3-8288-7262-2

Umschlaggestaltung: Tectum Verlag, unter Verwendung des Bildes # 1227079750 von Alexxndr, www.shutterstock.com, und einer Fotografie von Michel Oeler, www.unsplash.com

Abbildungen im Innenteil: Sylvia M. Ebner, M. A.
Autorenportrait: Angie Ehinger, Master in Photography

Druck und Bindung: FINIDR, Český Těšín
Printed in the Czech Republic

FSC www.fsc.org MIX Papier aus verantwortungsvollen Quellen FSC® C014138

Besuchen Sie uns im Internet:
www.tectum-verlag.de

Bibliografische Informationen der Deutschen Nationalbibliothek
Die Deutsche Nationalbibliothek verzeichnet diese Publikation in der Deutschen Nationalbibliografie; detaillierte bibliografische Angaben sind im Internet über http://dnb.d-nb.de abrufbar.

*allen betroffenen von sexueller gewalt,
religiösem missbrauch und jeder
form von übergriffigkeit in der
katholischen kirche
gewidmet*

Inhalt

Grußwort

Einer für viele

Noch ein Buch über die ‚verirrten Hirten'. Die ehemalige rechte Hand eines Bischofs, von 2010 bis 2013 dessen persönlicher Referent, erzählt uns, was sich hinter den dicken Kirchenmauern alles abspielt.

Es ist aber nicht irgendein Buch wie die vielen anderen der vergangenen zehn Jahre, seitdem die Medien sich mit dem Missbrauchssumpf der katholischen Kirche beschäftigen. Es ist eine sachliche und strukturierte Zusammenfassung verschwiegener Kirchenstrukturen. Thomas Hanstein analysiert die Mentalität von „Hirten und Schafen", wie er sie in seiner Zeit im Kirchendienst und als systemischer Coach erlebt hat.

Nicht nur durch die vielen tausend leidvollen Geschichten, von denen ich in meiner Amtszeit als Vorsitzender von netzwerkB Kenntnis erhielt, kann ich Hansteins Schilderungen bestätigen. Es ist auch meine persönliche Geschichte, die dies zulässt, meine Geschichte als Opfer von sexualisierter Gewalt durch einen Priester. Mit 25.000 Euro versuchte mich der Bischof von Magdeburg wieder zum Schweigen zu bringen.

Nein, der zehntausendfache Missbrauch in der katholischen Kirche lässt sich nicht monokausal erklären. Und in diese Falle tappt unser Autor auch nicht. Hierzu habe ich mich bereits im Jahr 2010 in der ARD-Sendung „‚hart aber fair' – Der Priester und der Sex" ausgesprochen. Würden alle Priester so im Zölibat leben, wie Mahatma Gandhi es in seiner Biographie beschrieben hat, wäre es möglich, dem ‚Gott der Wahrheit', so wie Gandhi ihn verstanden hat, näherzukommen. Die dicken, gewaltvollen Mauern des Vatikans verhindern das jedoch. Dank Hanstein bekommen diese Mauern nun Risse!

Er schildert in seinem Buch sachlich und nachweislich die Hintergründe, die zu dem Versagen der katholischen Kirche geführt haben, die Verbrechen der sexualisierten Gewalt und deren Verschweigen aufzuarbeiten. Dabei hinterlässt er nicht den Eindruck, der katholischen Kirche Schaden zufügen zu wollen. Aber was die Großen der Kirche bis heute nicht leisten, tut ein „kleiner“ Diakon: Hanstein stellt sich konsequent auf die Seite der Missbrauchsopfer. Ihnen hat er sein neues Buch gewidmet.

Nicht nur die unterlassene Hilfeleistung gegenüber den Opfern und das Fehlen einer angemessenen Schadensersatzleistung werden auf den folgenden Seiten angesprochen, vielmehr werden auch die Hintergründe deutlich gemacht, warum die Kirche hier systematisch versagt hat. Auch für Menschen, die nicht unmittelbar mit der Kirche vertraut sind, ist dieses Buch eine wertvolle Hilfe, um die Zusammenhänge von Politik und Kirche in Deutschland besser verstehen zu können.

Norbert Denef,
erstes von der katholischen Kirche
Deutschlands anerkanntes Missbrauchsopfer

Persönliches Vorwort

„Wahrlich, ich sage euch, insofern ihr es getan habt einem dieser meiner geringsten Brüder, habt ihr es mir getan!"

Matthäusevangelium 25,40

Man schrieb das Jahr 2010. Konturen und Umrisse wurden sichtbar. Aus dem farbenfrohen Spiel der kirchlichen Arbeit traten plötzlich ganz andere Schattierungen hervor. Bald schon zeichnete sich ab, dass in der Kirche nichts mehr so sein sollte wie zuvor. Denn in diesem Jahr bestimmte nur ein großes Thema die Kirche: die ersten Missbrauchsfälle, die nach und nach ans Licht kamen. Damit steht die katholische Kirche[1] mittlerweile im zehnten Jahr der „Aufarbeitung" dessen, was sich tausendfach – und, wie sich herausgestellt hat, mit Wissen vieler Kirchenoberen – an sexueller Übergriffigkeit aus und in den Reihen der Kirche ereignet hat.

Auch meine „Kirchenkarriere" sollte in diesem Jahr beginnen, unter diesen speziellen Vorzeichen. Ich hatte mich in den zurückliegenden drei Jahren zum Seelsorger ausbilden lassen, um – neben meinem Hauptberuf – im Auftrag der Kirche tätig werden zu können. Es war die Einzelbegleitung, die sich wie ein roter Faden durch meine letzten Berufsjahre zog. Ausgerechnet in der Kirche meinte ich den Ort finden zu können, an dem dies gelingen sollte. Dabei waren die letzten Monate bis zur Ordination zum Diakon im Frühjahr 2010 von gemischten Gefühlen geprägt. Die Ausbildung war beendet, die Einladungskarten geschrieben[2] – und mehr und mehr Freunde sagten ihre Teilnahme an der Feier ab. Sie konnten nicht verstehen, „wie sich so ein kritischer Geist an eine solche Kirche binden kann", so die Formulierung eines Kollegen im Hauptberuf. Ich schwankte zwar, hielt den Einwänden und Zweifeln aber stand. Schließlich hatte es bereits in der Ausbildungszeit viele Rückmeldungen gegeben, die mich als „geborenen Seelsorger" sahen. Bei meiner Amtseinsetzung zum Diakon „im Zivilberuf" wünschte ich mir das Lied: „Ich träume eine Kirche, in der kein Mensch mehr lügt"[3]. Denn ich war aufgewühlt von dem, was die Medien da ans Licht gebracht hatten. War das noch „meine" Kirche, in der so Unfassbares geschehen sein sollte?

Ein halbes Jahr nur in der Seelsorge verging, und ich wurde in die Bistumsleitung berufen, ja befördert. Ich ließ mich – biblisch verstanden und aus dem frischen Selbstverständnis eines Diakons heraus – rufen und sollte im „Auge des Orkans" viel Ungeahntes zu Gesicht bekommen. Als ich meine inneren Kämpfe als Seelsorger einmal einem hohen geistlichen Würdenträger anvertraute, schaute er mich nur scharf an, bevor er fragte, ob ich nicht Familienvater sei. Ich bejahte, meinte, dass mich das Thema Missbrauch gerade deshalb so sehr erschrecke. Worauf er, in aller Kühle und mit einem zynischen Lächeln, nach der Zahl meiner Kinder fragte und dann erwiderte: Dann wisse ich doch sicher auch, dass „die Zahlen bei euch Vätern" viel höher lägen. Auch wenn die Missbrauchszahlen in Familien tatsächlich alarmierend sind, war dies hier doch nur eines: Ablenkung.[4] Ethisch lässt sich eine solche „Argumentation" nur unter „ferner liefen" einordnen. Denn das Argument, „die anderen tun es doch auch", taugt moralisch nichts. Es würde jede andere Straftat ebenso rechtfertigen oder zumindest relativieren. Was die moralische Entwicklung des Menschen[5] betrifft, so ist diese „Logik" auf der Ebene eines Kleinkindes anzusiedeln. Andere Begebenheiten lassen sich beliebig ergänzen. Als ich beispielsweise einem Geistlichen von einem Gespräch mit einem missbrauchten Mann und – anonym – von dessen Psychosen erzählte, meinte der Priester, dieser Zustand sei zwar bedauerlich, aber er sehe keinen Zusammenhang zwischen der psychischen Erkrankung und dem körperlichen Missbrauch – der „im Übrigen auch nicht bewiesen und sicher auch schön längst verheilt" sei. Schließlich habe „jeder sein Kreuz zu tragen", und oft würden „Dinge im Rückblick auch übertrieben dargestellt".

Viele solcher Erfahrungen, hier beispielhaft im O-Ton wiedergegeben, zeigten mir, dass es neben vielen guten Seelsorgern auch etliche Funktionäre und Amtsbürokraten in der Kirche gibt, die unfähig sind zu einem Perspektivwechsel, zum Denken und Fühlen von den Betroffenen her. Immer wieder musste ich dies in der seelsorglichen Begleitung und im Coaching feststellen. Diese Haltung war einer der großen Kritikpunkte in allen Gesprächen mit den missbrauchten Menschen. Die fehlende – echte – Empathie erklärte ich mir anfangs noch als persönliches Defizit, bis ich erkannte, dass es systemisch vor allem um eines ging: die Organisation zu schützen. Noch vor der vereinbarten Zeit kündigte ich meine kirchliche Anstellung. Es waren genau jene Jahre, in denen die Mehrzahl aller Missbrauchsmeldungen in der Kirchenleitung einging und in denen Strukturen zur Behandlung dieses Themas noch im Aufbau waren. Einige Zeit darauf ließ ich mich auch von meinem nebenberuflichen Seelsorgeauftrag freistellen. Ich war im achten Jahr nach dem Aufkommen dieses Themas und hatte vieles – nicht nur das Thema Missbrauch – zu verarbeiten. Aus einem tiefen inneren Bedürfnis heraus musste ich mir einen Stopp verordnen, galt es doch, meine Identifikation mit dieser Kirche neu zu klären. Jetzt, im zweiten Jahr meiner Auszeit als Seelsorger, erscheint dieses Buch.

Über mehrere Jahre war ich mit leitenden kirchlichen Aufgaben betraut. Ich schreibe hier aber nicht aus dem heraus, was ich dabei alles erfahren und erlebt habe. Diese Zeit liegt hinter mir. Das, was ich in dieser Zeit systemisch von der Spezialität katholische Kirche gelernt habe, verstehe ich im Rückblick als gute Fortbildung für die systemische Begleitung von Menschen nicht nur aus dem katholischen Milieu, sondern auch aus anderen hierarchisch aufgebauten Organisationen und für die Frage des Umgangs mit Machtstrukturen. Vielmehr werfe ich hier als Seelsorger, Coach und Theologe einen analytisch-systemischen Blick auf grundlegende Problemfelder in der katholischen Kirche, um die sich das Thema Missbrauch rankt.

Aufgrund meiner kirchlichen Milieu-Erfahrungen sehe ich im Missbrauch das Symptom einer speziellen Übergriffigkeit, die systemisch, amtstheologisch und kirchenrechtlich untermauert wird. Persönlich habe ich – auch trotz bedenklicher Erfahrungen in kirchlichen

Kreisen – einige Jahre daran geglaubt, dass sich auch in der katholischen Kirche Grundlegendes ändern könne. Die Mehrzahl aller pastoralen Mitarbeiter leidet unter der Situation der Kirche. Und wenn – biblisch gesprochen – „ein Glied leidet, leiden alle Glieder mit“[6]. Ich habe es mir eine Weile lang angetan, dann aber entschieden, dass ich – bei allem theologischen Idealismus – nicht zum Leiden angetreten bin, sondern um Menschen in wichtigen und schwierigen Situationen ihres Lebens zu unterstützen. Denn es zeugt nicht gerade von Gesundheit, sich für ein krankes System aufzuopfern. Meiner seelsorglichen Leidenschaft – der Begleitung von Einzelpersonen und Teams – gehe ich nach wie vor nach, nun aber in einer neuen Rolle. Anfangs habe ich mich darum bemüht, ein anderes – humanistisches – Menschenbild in die Seelsorge zu übernehmen.[7] Später habe ich mich, mit zunehmender innerer Distanzierung von der Amtskirche, auch aus der Seelsorge zurückgezogen und mich, nach einem berufsbegleitenden Kontaktstudium, auf das Feld Coaching und Beratung[8] konzentriert. Ich bin inhaltlich nun ähnlich unterwegs, aber innerlich freier, weil es ganz um die Menschen geht, nicht um einen Apparat und seine System- und Machterhaltung.

Was ich in dieser Zeit meiner Distanz von der Kirche immer wieder gehört habe, hat mich nachdenklich gemacht: ob mir „denn nichts fehle“. Und jedes Mal konnte ich – ehrlich und authentisch – antworten, dass dies nicht der Fall sei. Pastorale Berufschristen irritiert dies noch immer. Doch mir hat es gezeigt, dass ich die Kirche nicht „gebraucht“ habe. „Gebraucht“ haben mich einzelne Menschen, und das war gut und schön. Vielmehr hat der Abstand von der Kirche ein anderes Phänomen mit sich gebracht: Je mehr ich mich innerlich entfernt habe, umso stärker habe ich das wiederentdeckt, was mich in den Kirchendienst geführt hatte: Spiritualität. Und das ist bezeichnenderweise genau jene Ebene, die vielen kirchlichen Mitarbeitern – gerade in geistlichen Leitungspositionen, aber auch der katholischen Kirche selbst in aller Funktionalität und systemischen Nabelschau – mehr und mehr abhandengekommen ist. Auf dieser

Basis aber lässt sich erst christliche Empathie für Menschen entwickeln. Von dieser inneren Quelle her erst sind kirchliche Mitarbeiter – und ist die Kirche selbst – nicht nur ansprechend, sondern zugleich weniger anfällig für Tendenzen der Überheblichkeit und Übergriffigkeit. Mit ein wenig Entfernung sehe ich nun so manche Merkwürdigkeit noch etwas klarer.

Von meinen mittlerweile fast 25 Berufsjahren in ganz verschiedenen Bereichen – der freien Wirtschaft, dem Schul- und Hochschulwesen und eben auch der Kirche – waren die relativ wenigen Jahre im Kirchendienst für mich die anstrengendsten. Und dies weiß Gott nicht wegen der Schwere der Arbeit – seelsorgliche Gespräche, Begleitungen und auch Gottesdienste gingen mir ganz frei und locker von der Hand. Nein, mühselig war es, weil dieses Milieu ganz eigene Spielregeln und eine sehr spezielle Organisationskultur mitsamt einer sehr spezifischen Sprache hat. So musste ich, obwohl die basiskirchliche Arbeit in meiner Kindheit und auch noch frühen Jugend ein wichtiger Bereich war, nach wenigen Jahren im Kirchendienst erkennen, dass diese Kirche so, wie sie sich mit dem Skandalon (griech.: „etwas zutiefst Anstößiges") des Missbrauchsskandals gezeigt hatte, nicht mehr „mein" Milieu war. Christliche Haltung und christliches Leben hatte ich biographisch anders erlebt – und erlernt. Auch als Seelsorger habe ich etliche gute Geistliche und einige lebendige Gemeinden erlebt. Deshalb will dieses Buch auch nicht als Schwarzmalerei verstanden werden. Nur bringt Schönfärberei welcher Art auch immer die Kirche in ihrer aktuellen Lage nicht weiter. Sie versteht sich als Familie. Wer aufmuckt, gilt als Nestbeschmutzer, weil es das „heimelige" Gefühl verletzen könnte. Hier findet sich ein jahrhundertealtes Muster, das sich nur punktuell zu lockern scheint. Dabei weiß jeder Personalberater, dass es gerade die Querdenker sind, die in Zeiten der Veränderung neue Impulse zu setzen vermögen. Stattdessen werden sie isoliert, verlacht oder angegriffen. Prominente Beispiele dafür gibt es viele. Dieser Gefahr stellt sich dieses Buch jedoch gern.

Und wie ging es mit dem „Thema Missbrauch" in den letzten zehn Jahren in der katholischen Kirche weiter? Freilich, man musste sich kümmern, nachdem die Medien sich daran so festgekrallt hatten. Und man kümmerte sich: Betroffenheitserklärungen wurden verlesen, Schutz- und Präventionsprogramme aufgelegt, erweiterte polizeiliche Führungszeugnisse für pastorale Mitarbeiter eingeführt, Studien in Auftrag gegeben – und auch wieder zurückgezogen. Doch ein ganzes Jahrzehnt, Tausende missbrauchte und weit mehr ausgetretene Menschen haben offensichtlich nicht ausgereicht, dass der kulturell-genetische Code dieser Kirche auf Mark und Bein geprüft worden wäre. So sehr der Maßnahmenkatalog auf der sogenannten „Antimissbrauchskonferenz" in diesem Februar[9] – wie das starke Engagement des aktuellen Papstes in diesem Thema – zu begrüßen ist, so wenig geht er nach innen, berührt er den „Zwiebelkern"[10] des katholischen Mindsets. Althergebrachte Redewendungen wie „Der Teufel sitzt im Chorgestühl" oder die mir anvertraute Lebensweisheit eines alten Paters – „Der Weg zur Hölle ist mit Priesterköpfen gepflastert" – zeugen von dem tiefen kollektiven Wissen um die Anfälligkeit der Kirche für das Böse. Selbst die Bibel warnt mit zum Teil drastischen Worten und Bildern vor dieser Haltung. Nur einzelne Bischöfe trauten sich in den letzten Jahren gelegentlich auch deutlichere Worte. Sie wurden dafür von anderen „Mitbrüdern" zum Teil scharf angegriffen. Die Mehrzahl aber schwieg, versteckte sich hinter der Bischofskonferenz, machte „Dienst nach Vorschrift" – auf Kosten des deutschen Steuerzahlers, mit einer B-Dotierung. Der Leser mag selbst prüfen, was dies in Zahlen bedeutet. Und auf Kosten aller, die an der Basis – in den Gemeinden und als Religionslehrer – buchstäblich ihren Kopf hinhalten.

Meine beiden theologischen Studienschwerpunkte waren Kirchengeschichte und Religionspädagogik. Als Kirchengeschichtler weiß ich natürlich um die „Wirrungen und Irrungen" der katholischen Kirche im Laufe der Zeit. Jedoch rechtfertigt keine einzelne davon diesen neuen historischen Skandal, der in der systemischen Vertuschung von moralisch höchst verwerflichen Handlungen und rechtlich gesehen von Straftaten besteht. Auch als Religionspädagoge kam ich mit meinen Erklärungen an Grenzen, ebenso mit meiner Identifikation mit einer Kirche, die zu solchen Ungeheuerlichkeiten fähig ist.[11] Die Arbeit an der Basis – am meisten außerhalb des geschlossenen Systems Kirche – hat nicht nur das Thema, sondern vor allem das jahrelange Lavieren auf höchster Ebene erheblich erschwert. Gleichzeitig ist das, was die „Hirten" der Kirche tun, nur ihre Aufgabe: Schaden von der Kirche abzuwenden, so wie sie es bei ihrer Amtseinsetzung versprochen haben. Viele verstehen bis heute – systemisch durchaus nachvollziehbar – den Schutz in der Verteidigung. Die abwehrende Hand auf dem Cover dieses Buches – eine Haltung, die zu verinnerlichen in der kirchlichen Jugendarbeit das Gebot der Stunde ist – ist damit ein doppeldeutiges Symbol, spiegelt es doch auch das Verhalten vieler Verantwortlicher bei diesem Thema. Wir haben es hier mit einem sehr alten und doch immer noch wirksamen Muster dieser Kirche zu tun.Kirchengeschichtlich lässt sich nachweisen, dass in Krisenzeiten – zum Beispiel zur Zeit des Nationalsozialismus – die Deutsche Bischofskonferenz in unterschiedliche Lager gespalten war. Damit waren wichtige Beschlüsse nicht möglich, und die Kirche hat sich so immer wieder selbst die Möglichkeit genommen, an wichtigen gesellschaftspolitischen Fragen konstruktiv mitzuwirken. Dieses Struktur- und Milieuproblem setzt sich seit einem Jahrzehnt in der Auseinandersetzung mit dem Phänomen Missbrauch fort. Die katholische Kirche steht an einem historischen Wendepunkt, den der Missbrauchsskandal nur ausgelöst hat. Sie befindet sich in einer epochalen Identitätskrise. Nicht nur die Bedingungsfaktoren kirchlichen Missbrauchs wären daher zu untersuchen, sondern all jene Größen, die der Kirche und ihren Vertretern eine zu große Macht einräumen – während die Gesellschaft pluraler und interkultureller wird. Doch obwohl sich hier und da eine Ahnung von dieser bevorstehenden Wendezeit zu zeigen scheint, bäumen sich Kräfte gegen die schmerzliche Wahrheit auf. Und sie beschönigen, vertrösten, tappen in die Rechtfertigungsfalle. All diese Tendenzen sind Ausdruck von Angst. Von einer Angst, die wiederum die Veränderungsbereitschaft, so sie besteht, lähmt.

Da ich meine publizistische Arbeit mittlerweile auf Fachbücher und Ratgeber im Bereich Coaching und Beratung verlagert habe, hätte es eigentlich kein weiteres Buch im Kontext Kirche „gebraucht". Doch das Thema kam in Gesprächen mit Klienten immer wieder auf. Neben Angeboten für Unternehmen und Privatpersonen coache ich unter anderem auch kirchliche Mitarbeiter[12] und Führungskräfte, und nicht zuletzt Gespräche mit „Missbrauchsopfern"[13] waren eine starke Motivation für diese Publikation. Wo Fallbeispiele aus Gesprächen in dieses Buch eingeflossen sind, war es immer auf ausdrücklichen Wunsch der jeweiligen Gesprächspartner. Derartige Zitate – als „O-Töne" kenntlich gemacht – werden immer dann eingebaut, wo das erkennbare Muster keinen Einzelfall darstellt, sondern von ähnlichen Beispielen mehrfach bestätigt wird. Trotzdem erhebt die Nennung von realen Fallbeispielen keinen Anspruch auf Repräsentativität. Dieses Buch ist keine Studie, sondern ein persönlicher Beitrag. Die entsprechenden Zitate sind anonymisiert, womit kein Rückschluss auf den jeweiligen Kontext möglich ist.

Für diese Gesprächspartner – und auch die (mir) bislang nicht Bekannten – habe ich dieses Buch geschrieben. Damit schließt sich der Kreis zu meiner Motivation vor über zehn Jahren, als ich mich für eine weitere, eine seelsorgliche Ausbildung entschieden hatte: Menschen in wichtigen Fragestellungen ihres Lebens zu begleiten. Im Auftrag der katholischen Kirche zu arbeiten, ist mir aus Glaubens- und Gewissensgründen derzeit nicht möglich. Ich befinde mich spirituell in einer Klärungsphase – mit offenem Ergebnis. Auch dieses Buch hat Energie erfordert. Es will milieuspezifische Hintergründe von Missbrauch und Übergriffigkeit in der katholischen Kirche deutlich machen und zur Systemanalyse und Systemkorrektur der Amtskirche anregen. Denn was in den letzten zehn Jahren seitens der Kirche unternommen wurde, war vor allem Reaktion, Symptomarbeit und Systemschutz. Erst, wenn die Kirche von der Reaktion nach außen zur Aktion nach innen kommt, hat sie eine Chance auf Veränderung – so „Mann" sie in der kirchlichen Obrigkeit überhaupt will. Dass dieses Buch von vielen innerkirchlichen Stimmen als konstruktiver Beitrag verstanden wird, steht nicht zu befürchten. Doch davon lasse ich mich nicht leiten. Denn auch Jesus hätte sich hier zu Wort gemeldet – oder *dieser* Kirche schon längst den Rücken gekehrt.

Ich danke allen Gesprächspartnern auf dem Weg zu dieser Publikation, besonders meinen Klienten und den Betroffenen des Systems – aufgrund des vertraulichen Charakters ohne Namensnennung, aber nicht weniger – herzlich. Ebenso Sylvia Ebner für die gelungenen Illustrationen zu diesem Buch, Angelika Zink für ihr interessiertes und gründliches Korrekturlesen und Dr. Volker Manz für das zuverlässige Lektorat. Last not least danke ich Eleonore Asmuth, Karin Bawidamann, Sarah Bellersheim und Tamara Kuhn für die umsichtige Begleitung des Buches auf dem Weg in den Druck.

Thomas Hanstein, Pfingsten 2019

Einleitung

Im zehnten Jahr „danach"

„Die Lüge ist wie ein Schneeball.
Je länger man ihn wälzt, desto größer wird er."

Martin Luther

Missbrauchtes Vertrauen

Sexueller Missbrauch war in jedem Einzelfall nur möglich, weil auf der sozialen Ebene zuvor Vertrauen missbraucht wurde. Unter jedem einzelnen konkreten Missbrauch liegt deshalb der Missbrauch eines Vertrauensverhältnisses. Dies ist verachtenswert, gänzlich unabhängig von der Funktion des Täters. Zusätzlich problematisch ist es, weil kirchliche Sprache und Verkündigung nicht ohne den Begriff des Vertrauens auskommen. Glaube und Vertrauen sind in der Bibel ein und dasselbe. Viele Bibelstellen sprechen von Vertrauen, vor allem auch, wenn es um Jesus und seine Jünger geht. So gesehen wurde durch den vielfachen Missbrauch und den darunterliegenden Vertrauensmissbrauch einer der basalen Pfeiler der Kirche zerstört – und damit nachhaltig ihre **Glaubwürdigkeit**. Die katholische Kirche ist zu einer sozialen Institution neben vielen anderen geworden. Sie mag nach wie vor mit einer deutlich höheren gesellschaftlichen Macht ausgestattet sein, ein besonderes Ethos und eine besondere Verpflichtung zu biblischem Handeln erwarten viele von ihr nicht mehr. Ganz im Gegenteil: Die letzten Jahre haben gezeigt, dass man gegenüber der Kirche und ihren Vertretern einen gesunden Skeptizismus an den Tag legen sollte. So wie der Volksmund weiß: „Wer einmal lügt, dem glaubt man nicht, und wenn er auch die Wahrheit spricht."

Mit dem Hinweis, jemandem etwas anvertrauen zu können, verändert sich Beziehung. Der, der etwas erzählt, liefert sich aus, verlässt sich auf die Loyalität des Gegenübers. Berufe, in denen man viel von Menschen erfährt, benötigen daher Persönlichkeiten, die diese Qualität und ihre speziellen Anforderungen auch leisten können. Nicht jeder, der heutzutage zum Priester ordiniert wird, ist menschlich dazu in der Lage. Fraglich ist manches Mal, ob er in ähnlichen Berufen überhaupt eine Anstellung gefunden hätte. Kirchliche Arbeit an der Basis, also in Gemeinden und auch im Religionsunterricht des Elementarbereichs und der Sekundarstufe 1, nutzt Bibelgeschichten. Diese legitimieren Berührungen. Sie sind ein Zeichen für die Nähe Jesu zu den Menschen. Insofern ist das Verhältnis von **Nähe und Distanz** im System Kirche ein eigenes. Hier – als Kind und Jugendlicher – zu spüren, was angenehm ist und was sich unangenehm anfühlt, ist eine wichtige soziale Kompetenz, deren Relevanz durch den Missbrauchsskandal noch deutlicher geworden ist.

Hausgemachte Aufklärung

Man stelle sich folgenden Fall vor: Jemand wird angezeigt, in seinem Keller eine Leiche versteckt zu haben. Es bleibt nicht bei der Anzeige, die Polizei steht mit einem Durchsuchungsbeschluss vor der Tür. Der Mann öffnet. Die Polizei erklärt geduldig den Vorfall. Der Beschuldigte verspricht, seinen Keller nach einer Leiche zu durchsuchen und sich bei nächster Gelegenheit wieder bei der Polizei zu melden, und verabschiedet die Polizisten mit einem freundlichen Grinsen. Als die Deutsche Bischofskonferenz den Kriminologen Christian Pfeiffer mit der Aufarbeitung der ersten aufgekommenen Missbrauchsfälle beauftragte, war sie einen guten ersten Schritt gegangen. Man bekam das Gefühl, dass den Bischöfen ernsthaft an einer Aufklärung gelegen sei. Es dauerte nicht lange, und man verzichtete auf den externen Fachmann. Warum? Aus purer Angst, dass er zu viel ans Licht gebracht hätte? Im letzten Herbst erschien dann eine neue Untersuchung über den Missbrauch, die sogenannte MHG-Studie.[14] Mit erschreckenden

Zahlen. Wobei für kirchliche Insider das Wenigste davon neu gewesen sein dürfte. Das Erschreckendste daran war, dass die **Dunkelziffer** um ein beachtliches Maß höher eingeschätzt werden muss. Die Kirche hat einmal mehr von ihrer Autonomie Gebrauch gemacht und nur die Fakten geliefert, die sie liefern wollte. Damit hat sie gezeigt, dass sie sich als Kirche nicht in die Karten schauen lassen muss – von wem auch immer, komme was wolle. Die Forscher hatten weder Originalakten in den Händen noch Zugang zu den Archiven der Kirche. In einer Vielzahl der Fälle liegen gar keine Angaben vor. Daher beziehen sich alle Befunde „ausnahmslos auf das Hellfeld des sexuellen Missbrauchs von Minderjährigen der katholischen Kirche. Erkenntnisse über das Dunkelfeld wurden nicht erlangt. Damit unterschätzen alle Häufigkeitsangaben die tatsächlichen Verhältnisse.“[15]

Kritiker sehen in der MHG-Untersuchung aus diesem Grund ein Gefälligkeitsgutachten, im besten Fall eine gut vorsortierte Auftragsarbeit. An dieser Stelle soll sich aber weder der Kritik an der Studie angeschlossen werden, noch können ihre Zahlen als repräsentativ und innovativ herausgestellt werden. Wichtig ist, dass es sich aktuell um die einzige auch von der Kirche anerkannte Untersuchung handelt, die erste Daten und diverse Hinweise liefert. In diesem Sinne ist sie heranzuziehen, wobei das (Nicht-)Wissen über das Dunkelfeld immer mitzudenken ist. Denn ihr Makel bleibt, ist aber nicht der Forschungsgruppe, sondern der Kirche zuzuschreiben – neben dem Makel, sich an Kindern und Jugendlichen vergangen und viele Fälle einfach unter den Teppich gekehrt zu haben. So muss sie sich den Vorwurf gefallen lassen, die Chance für den Beginn einer Aufarbeitung von Anfang an so beeinflusst zu haben, dass am Ende nur das herauskam, was man schlichtweg nicht mehr leugnen konnte. Und so hält die MHG-Studie selbst fest, „dass für die Untersuchungen relevante Personalakten oder andere Dokumente zu früheren Zeiten vernichtet oder manipuliert worden waren. Die exakte Zahl vernichteter oder veränderter Akten konnte nicht ermittelt werden.“[16] Was bereits beim Dieselskandal vonseiten der Industrie – mehr oder weniger – funktioniert hatte, probierte die katholische Kirche bei einem viel brisanteren Thema ebenfalls aus. Die Botschaft lautet: Wer Deutungshoheit hat, dem ist nur schwer beizukommen. Nicht die Wahrheit und die Fakten sind entscheidend, sondern die Wirklichkeit, die jeweils konstruiert wird. Frage am Rande: Wie weit ist da der Schritt zu Donald Trumps alternativen Fakten?

Aus dem Krisenmanagement ist bekannt, dass in einer ernsten Krisenlage eine transparente Kommunikation die einzig zielführende Option ist. Wer intransparent berichtet, öffnet nicht nur Fantasien und Verdächtigungen Tor und Tür, sondern hinterlässt den Eindruck, dass es noch viel schlimmer sein muss. In einem Flugzeug, in dem ein Brand bemerkt wird, dürfte der Hinweis, es gebe gerade „kleine technische Störungen", nur zu Panik führen – davon abgesehen, dass er die Passagiere zu Unmündigen degradieren würde. Auf der Ebene des Menschenbildes würde dies eine notwendige ethische Diskussion in Gang setzen, auf der rechtlichen Ebene den Bruch des – aus dem Grundgesetz abgeleiteten – Rechts auf informationelle Selbstbestimmung. Und so stellen sich, im Blick auf die katholische Kirche, hier zwei Fragen: Wie viel gab es eigentlich noch zu vertuschen? Sind die realen Zahlen drei Mal oder dreißig Mal so hoch? Und: Ist die – mittlerweile inflationär wirkende – Beteuerung, man nehme das „Thema wirklich ernst", unter diesen Umständen überhaupt noch glaubwürdig? Denn ernst genommen wurde vor allem eines: die Wahrung des eigenen Rufs (so gut das noch möglich ist). Die meiste Arbeit – auch im Kontext der Prävention, so wichtig diese doch ist – war bisher Reaktion, Symptomarbeit. Glaubwürdig nachhaltig kann das Thema Missbrauch, das kein zurückliegendes, „kein abgeschlossenes Phänomen" ist, aber erst sein und werden, wenn es zugelassen wird, „das Augenmerk auch auf die für die katholische Kirche spezifischen Risiko- und Strukturmerkmale zu richten"[17].

Angeordnete Veränderungsprozesse

Nicht zufällig dieselbe Zeitspanne, seit fast einem Jahrzehnt, werden in den Bistümern Deutschlands – wenn auch durchaus auf unterschiedliche Weise – die Kirchengemeinden mit geistlichen, strukturellen und organisatorischen Erneuerungs- bzw. Wandlungsprozessen auf Trapp gehalten. Die Maßnahmen binden viel Energie und sind – was von den Bischöfen so auch gesagt wird und nicht selten zu Frustration führt – ohne klare Ziele. Wenn man sich alle diese Prozesse, die seitdem „durchs Dorf getrieben" worden sind, auf einer Deutschlandkarte anschauen würde, wäre von Struktur und identifizierbaren Themen nicht mehr viel zu sehen. Doch nicht das ist das Problematischste daran, sondern die Tatsache, dass die seit dem Jahr 2010 ausgerufenen Programme als **reaktive Maßnahmen** auf die Kirchenkrise und als Öffentlichkeitsmaßnahmen angelegt waren. Anstatt die Themen zu priorisieren, sich unter allen Bischöfen auf die wichtigsten zu einigen und diese dann wirklich mit Tat und Herz anzugehen, hat man auf die Autonomie der einzelnen Ortskirchen – und ihrer Ortsbischöfe – verwiesen und ein bald schon inhaltlich unübersichtliches Potpourri geschaffen. Gläubige und pastorale Mitarbeiter wurden mit abendfüllenden Gemeindeveranstaltungen beschäftigt, das System und seine Verantwortlichen wähnten sich veränderungsbereit, und insgesamt wurde sehr viel Geld ausgegeben. Wenn es dann doch auf die „heißen Eisen" hinauslief – wen konnte dies wundern? –, wurde auf das Kirchenrecht und den Papst verwiesen. Entsprechende Fragen – Zölibat, Frauenordination etc. – stünden außerhalb dessen, was ein Bischof entscheiden könne. So lauteten die üblichen Bemerkungen an diesen Stellen. Wenn doch wenigstens die Kirchenoberen ihre persönliche Meinung hören ließen, anstatt sich hinter dem „Das war schon immer so" zu verstecken – diese Kritik war damals von Gläubigen immer wieder zu vernehmen. Hinter der Kritik stand der Wunsch, dass sich der jeweilige Bischof in der Krise auch als wirklicher „Hirte" erwies. Was als Offensive angelegt war, verpuffte alsbald. Es scheiterte an den Dynamiken, die Menschen – auch Katholiken – in Versammlungen aufbringen können. So mancher Bischof hatte das unterschätzt.

Vielleicht muss man den Verantwortlichen zugutehalten, dass sie wenigstens die Notwendigkeit zur Veränderung spürten. Wussten sie nur nicht angemessen zu reagieren? Menschen und Organisationen – egal, wo und von welcher Prägung – tragen grundsätzliche Widerstände gegenüber Veränderungen in sich. Was neu ist und noch nicht klar vor Augen steht, verunsichert. Da ist es eine vermeintliche Sicherheit, beim Alten zu bleiben. Jeder Organisations- und Krisenberater weiß, dass Veränderungsprozesse sensibel eingeführt sein wollen. Ihm ist bewusst, dass sich die Verantwortlichen mit den grundlegenden Charakteristika von Veränderungsprozessen vertraut machen sollten. Neben deren Beachtung (siehe das Kapitel „Von Hirten und Schafen“) sind es zwei Grundsätze, die für jede Organisation gelten: Jedes System verfügt über Beharrungstendenzen: Je uneinsichtiger das Ziel der Veränderung ist, desto stärker sind die Widerstände. Und: Die Sanierung eines kranken Systems steht vor der Veränderung. Das bedeutet bei diesem Thema: Worum ging es eigentlich in diesen ganzen Programmen? Hätte man das „Kind“ nicht lieber – und rechtzeitig – beim Namen nennen sollen, anstatt kostenintensive Aufhübschungskampagnen aus dem Boden zu stampfen? Und: Was wäre so schlimm daran, sich einzugestehen, dass das System im Inneren marode ist? Denn erst nach dieser Selbsterkenntnis ist – organisationssystemisch betrachtet – eine wirkliche, auch nach innen wirkende und wirksame Veränderung möglich.

Persönliche Sünde oder systemische Schuld?

Wie reagierten nun die Bischöfe in den ersten Jahren auf das Thema Missbrauch? Es handle sich um die persönliche Schuld einzelner fehlgeleiteter Menschen, war da durch die Bank zu hören. Theologen, die sich dazu durchgerungen hatten, dezent einen möglichen Zusammenhang zwischen Missbrauchsfällen und dem System Kirche als Frage einzubringen, wurde ein Maulkorb verpasst. So wichtig es ist, von den konkreten Vergehen her zu denken, die Täter zu sanktionieren und eine Wiederholungstat auszuschließen, bleibt diese Beschäftigung – wie die von Polizisten – „Aufräumarbeit". Das Problem besteht darin, dass nicht die strukturelle Möglichkeit zu derartigen Handlungen kritisch in den Blick genommen wird, sondern die Verfehlungen vor allem als „Sünde" einzelner Menschen dargestellt werden. So lange dies geschieht, ist man auf dem vermeintlich sicheren Boden von Theologie und Kirchenlehre unterwegs – denn für den Umgang mit der Sünde gibt es kirchliche Rezepte. Für katholische Gläubige existiert die praktische Möglichkeit zur Beichte, und unter Priestern genügt auch ein kurzes Telefonat mit einem „Mitbruder", um sich die Absolution zu holen.

Wer theologisch noch tiefer in die „Trickkiste" greifen mag, der führe sich die Bedeutung der Tradition in der katholischen Kirche vor Augen. Anders als in der evangelischen und den reformierten Kirchen ist nicht die Bibel die erste Quelle der Kirchenlehre, sondern das zweitausend Jahre alte Erbe der sogenannten Kirchenväter. Zu diesem gehört die Lehre vom „thesaurus ecclesiae" (griech.-lat.: Gnadenschatz der Kirche). Dieser Gedanke kam geschichtlich bereits sehr früh auf und gelangte dann im Hochmittelalter zur vollen Blüte. Damit ist das Erlösungswerk Jesu Christi gemeint, das sich in die katholische Kirche hinein ergossen habe und durch die Nachfolger der Apostel den Gläubigen zur Verfügung gestellt werde. Es mag Gläubige geben, für die die Vorstellung eines solchen „Gnadenschatzes" im Angesicht eigener Schuldkomplexe tröstlich ist. Auch wird sich mancher Bischof damit trösten, dass die Schuld des Priesters durch diese geistlichen Meriten getilgt werde. Der theologische Ursprung indes ist bedenklich, denn ohne die Lehre vom „thesaurus ecclesiae" hätten weder der Ablasshandel noch die Vorstellung vom Fegefeuer geschichtlich eine so große Karriere gemacht. Für den Kontext Missbrauch und Vertuschung von Missbrauchsfällen ist dieser Denkansatz nun deshalb hochbedenklich, weil seine Logik heißt: Der **Einzelne** wird schuldig, das **Kollektiv** aber fängt dies auf. Bereits dieser eine Aspekt lässt erahnen, weshalb in der katholischen Kirche erst spät die Bereitschaft zu erkennen war, die Vergehen als Straftaten auf der rechtlichen Ebene (des Staates) zu betrachten.

Für die aktuelle Debatte bedeutender erscheint eine andere, wenn auch jüngere Traditionslinie: Die Befreiungstheologie Lateinamerikas hat vor Jahrzehnten bereits den Begriff der „strukturellen Sünde" geprägt.[18] Er wurde gesellschaftlich verstanden und angewendet, kann aber durchaus auf das System Kirche übertragen werden. Damit sind systemische **Verstrickungszusammenhänge** gemeint, die unehrlich und moralisch verwerflich sind und sowohl den Einzelnen als auch die Gemeinschaft zerstören. In einem System mit autoritärer Führung liegt die größere Macht bei den Entscheidungsträgern. Unheilsame Strukturen zu durchschauen und letztlich auch zu durchbrechen, ist ihre Aufgabe. Verdunkelung und Vertuschung indes führen zur Vermehrung struktureller Sünde. Deshalb haben, neben vielen einzelnen Tätern im Dienst der Kirche, vor allem auch etliche Bischöfe an diesem Punkt versagt und so, ganz abgesehen von dem Decken und Vertuschen des Missbrauchs, auch ihr eigenes Amt (in aller Regel ohne Konsequenzen) missbraucht.

Arbeitsthesen zum Missbrauch

1) Missbrauch als Außenhaut der Zwiebel

Die niederländischen Kulturwissenschaftler Geert und (sein Sohn) Gert Jan Hofstede bieten eine anschauliche Theorie, wie sich Kultur manifestiert. Veranschaulicht werden die grundlegenden Zusammenhänge im sogenannten „Zwiebelmodell" (Abb. 1). In ihrem Modell befinden sich im „Zwiebelkern" die Werte der jeweiligen Kultur. Als erste, auf den Werten aufbauende Schicht, sehen sie Rituale, darauf

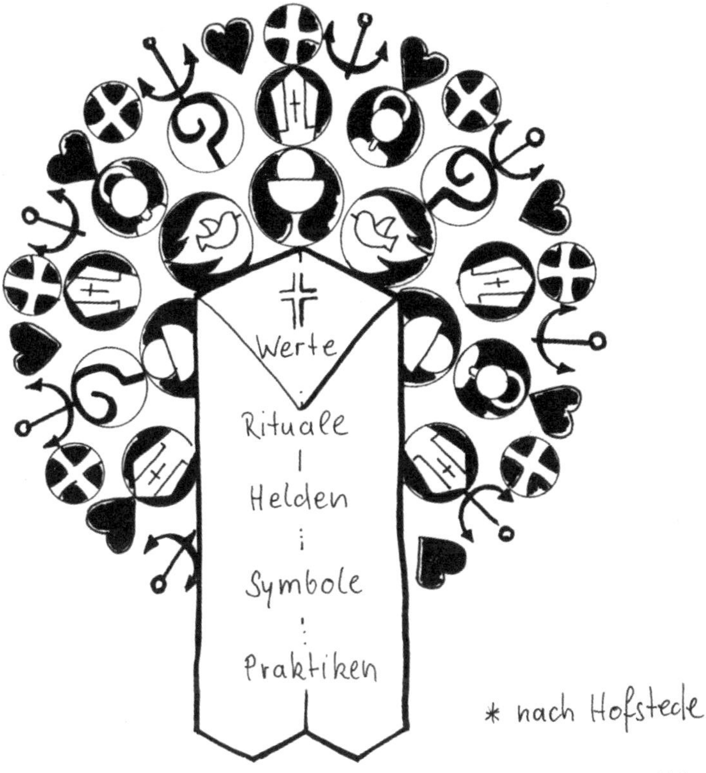

Abb. 1

Helden und schließlich, als oberste Schicht, Symbole. Die drei Schichten werden als Praktiken zusammengefasst.[19] Entsprechend dieser Visualisierung sind „Symbole die oberflächlichsten und Werte die am tiefsten gehenden Manifestationen von Kultur“[20]. Unabhängig von der kirchlichen Problematik persiflierter Symbolik und inkongruenter Sprache (siehe Kapitel „Milieu-Sprache“) besitzt der Hofstede'sche Denkansatz für die Thematik Missbrauch eine hohe Bedeutung. Denn Praktiken – als äußere, erkennbare Schalen der „Zwiebel“ – entstehen nicht aus sich selbst heraus. Sie legitimieren sich vielmehr durch den

Wertekern im Inneren und besitzen ohne diesen auch keine Kraft. In der Natur mag es Zwiebeln geben, die – aufgrund falscher Lagerung oder Behandlung – im Äußeren faulen, im Inneren aber noch heil sind, und auch solche, bei denen dies umgekehrt der Fall ist. Doch bei gehäuftem Vorkommen von Fäulnis wird man letztlich die Zwiebel in ihrer Art untersuchen, ihr buchstäblich „auf den Kern gehen" müssen. Somit wird man, neben noch so vielen (durchaus wichtigen) Maßnahmen auf der formalen Ebene, nicht umhinkommen, den „Zwiebelkern" der katholischen Kirche auf Prägungen hin zu analysieren, die die ganze Zwiebel letztlich zum Faulen bringen.

→ **Es geht nicht nur um einen Mentalitätswandel – wie während der „Antimissbrauchskonferenz"[21] gefordert –, sondern um einen buchstäblich radikalen Kulturwandel.**

2) Missbrauch als Symptom von Übergriffigkeit

In den Missbrauchsfällen zeigt sich eine spezielle Anfälligkeit der katholischen Kirche für Übergriffe, eine Anfälligkeit, die viele Gesichter hat. Fehlende professionelle Distanz in der Katechese, das Indoktrinieren der Lehrmeinung, fehlendes echtes Interesse an den Meinungen von Kindern und Jugendlichen im Religionsunterricht, verbale Gewalt gegenüber einem kirchlichen Mitarbeiter oder intransparente Entscheidungen von oben herab und vieles mehr – in den folgenden Kapiteln werden einige Beispiele dazu angesprochen – machen deutlich: Missbrauch ist nicht einfach, wie oft zu hören war, „passiert", noch kommt Missbrauch „leider auch" in der Kirche vor. Sondern im System Kirche existieren spezielle **Bedingungsfaktoren** für Übergriffigkeit jedweder Art. Zu nennen ist hier beispielsweise das Modell einer absolutistischen Amtskirche (siehe Kapitel „Absolutismus – ein geschichtliches Phänomen?") und einer von ihr automatisch erwarteten Kontrollmacht. Diese Mentalität der Übergriffigkeit beginnt bereits bei der Sprache in der Kirche, ob sie nun inhaltsleer ist, aufgeblasen erscheint oder normativ und fordernd auftritt (siehe

Kapitel „Zuckerbrot und Peitsche"). Diese Übergriffigkeiten werden vom Wahrheitsanspruch der katholischen Kirche gestützt; sie sind geschichtlich gewachsen, soziologisch eingespurt und werden als theologisch legitimiert begriffen. Unter Umständen geht dies so weit, dass der übergriffige kirchliche Vertreter aus seinem Amtsselbstverständnis heraus sogar glauben kann, das Richtige zu tun (siehe Kapitel „Sakramentales Amtsverständnis").

→ **Das heißt, es finden sich Systemfehler in der katholischen Kirche, die Übergriffigkeit begünstigen. Diese zu erkennen und tatkräftig anzugehen, wäre die nachhaltigste Präventionsarbeit.**

3) Missbrauch systemisch untermauert

Doch wie entsteht Übergriffigkeit? Ihre Ursache hat sie in einer Mentalität der Überlegenheit, denn die Tat an sich ist „nur" die Auswirkung eines Überlegenheitsgefühls, der letzte, praktische Kulminationspunkt. Diese kirchliche Überlegenheit qua Amt ist vielschichtig und zusätzlich noch durch externe Strukturen untermauert. Das soll eine Visualisierung (Abb. 2) darstellen: Die Säulen Amt, Struktur und Kirchenrecht tragen gemeinsam die potenzielle **Amts-Überlegenheit**. Darauf baut sie sich als stabil sitzendes Dach auf: Auf einer statisch derart sicheren Säulenkonstruktion kann sich die Mentalität der Übergriffigkeit in Ruhe entwickeln – nichts und niemand stört sie dabei. Durch ausbleibende Kontrolle und Sanktionierung wächst sie weiter an und pervertiert schließlich. Die drei kräftigen Säulen werden vom Fundament der göttlichen Beauftragung (vgl. Kapitel „Berufung und Sukzession") getragen. Das pervertierte Dach wird zwar nicht direkt durch sie gestützt, aber indirekt – und ggf. auch unbewusst – mitgetragen. Aus geschichtlichen Gründen kommt in Deutschland noch eine besondere rechtliche Stellung der beiden Großkirchen hinzu, die dieses Haus der Macht zusätzlich immens stärkt.

→ Hieraus ergibt sich ein systemisches Selbstbewusstsein, das für Korrekturen von außen nur schwer empfänglich ist. Denn das Haus ist – von außen betrachtet – stark und fest, wenn es auch im Inneren „fault und stinkt".

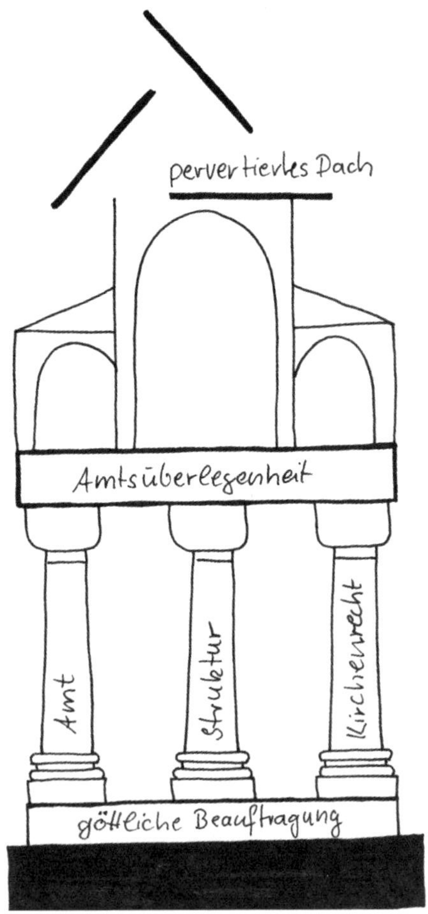

Abb. 2

4) Missbrauch als Bestätigung des Menschenbildes

Auf ideologischer Ebene bestätigt sich – so makaber es ist – das Menschenbild der katholischen Kirche durch den Missbrauchsskandal (siehe Kapitel „Das katholische Menschenbild"). So sehr die katholische Kirche in ethischen Fragen auch als humane Größe auftreten will, ein humanistisches Menschenbild besitzt sie nicht. Vielmehr ist ihr Mindset davon weit entfernt.[22] Das Menschenbild der Humanisten – wenngleich hier nicht von einer homogenen philosophischen Vorstellung gesprochen werden kann – sieht den Menschen im Mittelpunkt. Er ist von sich aus gut, ungute Handlungen werden als Resultat entsprechender Umwelteinflüsse verstanden. Insofern ist nicht der Mensch an sich zu kritisieren, sondern die Bedingungsfaktoren seiner Verhaltensweisen sind zu optimieren. Das katholische Menschenbild geht hingegen im Sinne der sogenannten „Erbsündenlehre" davon aus, dass der Mensch im Grunde verdorben ist.[23] Erst durch die Sakramente – Taufe, Eucharistie und Buße – wird er von dieser Disposition zur Sünde (in der Sprache der Theologie: **Konkupiszenz**) „gereinigt". Allerdings nie für immer. Insofern kämpft er sein Leben lang gegen diese Neigung zum Bösen an.

→ **Dieses Menschenbild hat Konsequenzen für beide Seiten, die übergriffigen Täter wie die vom Missbrauch Betroffenen.**

5) Missbrauch mehrdimensional angehen

Noch vor Beginn der sogenannten „Antimissbrauchskonferenz" im Februar hat der aktuelle Papst ein eindrückliches Zeichen gesetzt, indem er einen ehemaligen Kardinal – eine Ikone des Katholizismus in den USA – aus dem Priesterstand entlassen hat.[24] Auch die Auftaktgeste des Gipfels in Rom – die Begegnung mit einem Mann, der Missbrauch in der katholischen Kirche erfahren hatte[25] – zeigte, dass Franziskus das Thema wichtig nehmen will, mehr noch: dass es ihn emotional tief berührt. So eindrücklich solche Zeichen sind, sind sie letztlich nur die persönliche, spirituelle Stärke dieses Papstes.

→ **Nachhaltig effizient wird eine Aufarbeitung aber erst, wenn parallel an allen Säulen und Ebenen des „katholischen Gebäudes" angesetzt wird.**

Die entscheidende Frage wird sein, ob dies auch so gesehen wird – und gesehen werden will. Das Haus heller zu streichen, Risse zu kitten, die Fensterläden zu öffnen, um dann mit dem Finger nach außen zu zeigen, wird im zehnten Jahr „danach" für die Wiedererlangung von Glaubwürdigkeit nicht mehr ausreichen. Auch die „Null Toleranz"-Kampagne des Papstes ist eine reaktive Maßnahme. Sie wirkt vielleicht abschreckend auf die Täter, allerdings betreibt sie Reaktion nach außen statt Aktion nach innen.

Bleibt es bei der reinen Symptomarbeit, dürfte dies letztlich eine wirkliche Konfrontation mit den spezifischen kirchlichen Bedingungsfaktoren von Missbrauch und Übergriffigkeit sogar verhindern – und damit den tatsächlichen und den möglichen Tätern sowie der Aufrechterhaltung des bisherigen Systems nützen.

Die Strategiefrage sollte nicht lauten: Wie reagieren wir auf den Missbrauch? Sie sollte heißen: Weshalb gibt es Missbrauch auch und so gehäuft in der Kirche? Indem man mittlerweile verkündet, alle Verdachtsmomente strafrechtlich verfolgen zu wollen, wird Sicherheit suggeriert. Doch dieses Gefühl ist ein äußerliches. Denn gleichzeitig wird die Anfälligkeit für Missbrauch zugegeben – doch nur indirekt. Sich hingegen unmittelbar mit den Ursachen kirchlicher Übergriffigkeit auseinanderzusetzen, wäre ein aufrichtiger und auf die Menschen positiv wirkender Ansatz. Freilich würde er auch bedeuten, sein System kritisch zu analysieren – oder analysieren zu lassen.

Der Anspruch dieses Beitrags besteht darin, grundlegende Bedingungsfaktoren von Missbrauch und Übergriffigkeit in der katholischen Kirche sowohl nebeneinander als auch in ihrer Verschränkung darzustellen. So soll eine leicht verständliche Systematik entstehen. Die folgenden Kapitel werden die oben skizzierten Thesen untermauern.

Zur flüssigeren Lesbarkeit wurde in diesem Buch auf Fußnoten verzichtet, alle zitierten Stellen finden sich am Ende des Buches als Endnoten. Damit der Inhalt allgemeinverständlich bleibt, wurde Literatur verwendet, auf die der Leser leicht selbst zugreifen kann. Zudem handelt es sich um Quellen, die auch Ehrenamtlichen in den Gemeinden bekannt – und zugänglich – sind.

Kirche als System

„Jesus hat das Reich Gottes verkündet, gekommen ist die Kirche."

Alfred Loisy

System und Systemgrenzen

Umgangssprachlich wird wie selbstverständlich von Systemen gesprochen. Bevor dieser Begriff auf die katholische Kirche übertragen werden soll, erscheinen einige Sätze zur Systemtheorie sinnvoll. Nach der soziologischen Systemtheorie Niklas Luhmanns lassen sich soziale Systeme stets durch dieselben Merkmale beschreiben: Sprache, Kleidung, Normen, Sanktionen sowie das Verständnis für Werte und ein mehr oder weniger ausgeprägtes „Wir-Gefühl". Systeme grenzen sich durch ihre je eigene Struktur und ihre je eigene Systemsprache von ihrer Umwelt ab, was im Alltag daran beobachtet werden kann, dass spezielle – etwa kommunikative – Abläufe nur innerhalb des jeweiligen Systems funktionieren, aber auch wie von selbst von den Mitgliedern eines Systems beim Wechsel in ein anderes soziales System an der Systemgrenze zurückgelassen werden. Ein wesentliches Merkmal sozialer Systeme ist ihr selbstreferenzieller Charakter. Selbstreferenziell bedeutet, dass soziale Systeme „die Elemente, aus denen sie bestehen, durch die Elemente, aus denen sie bestehen, selbst produzieren und reproduzieren"[26]. Damit garantiert ein System nur seine Erhaltung, insofern ist dieser Systemcharakter zunächst einmal wertneutral zu sehen. Das System hält sich selbstorganisiert am Laufen und steuert seine Prozesse selbst.

Die Systemtheorie Luhmanns basierte auf der autopoietischen **Systemtheorie** der Zellbiologen Humberto Maturana und Francisco Varela.[27] Deren biologische Erkenntnisse übertrug Luhmann auf soziale und psychische Systeme. Maturana zufolge sind alle Lebewesen autopoietische (griech: „sich selbst erzeugend") Systeme. Das meint nicht ein Entstehen „aus sich heraus" im Moment der ersten Zellteilung, sondern bezieht sich auf eine permanente Weiterentwicklung nach dem ersten Teilungsprozess. Diese Prozesse laufen selbstreferenziell ab, damit sich das System erst einmal autark weiterentwickeln kann. Ab diesem Punkt der Entwicklung ist es entscheidend, welche Lernprozesse das System mit Impulsen von außen gemacht hat bzw. zu machen bereit ist. Soziale Systeme können hier bildhaft mit thermodynamischen Prozessen verglichen werden: Ein Kessel, der Druck erzeugt, aber weder seine Energie freigibt noch neuen Sauerstoff von außen zuführt, ist systemisch betrachtet ein geschlossenes System. Es hat seine **Selbstreferenzialität** maximal ausgebaut und damit seine Autopoiesis bis zum höchsten Punkt gesteigert. Die Frage ist, inwiefern und wie lange ein solches System arbeitsfähig ist.

Auf soziale Systeme übertragen, bedeutet dieses technische Bild: Geschlossene Systeme grenzen sich durch ein eigenes Wertesystem gegenüber ihrer Umwelt und anderen Systemen so weit wie möglich ab. Kommunikation mit außen geschieht dann nicht als wechselseitige Kommunikation auf Augenhöhe. Vielmehr hat das System seine eigenen Ansichten und Haltungen, da sie sich wiederholt bestätigt haben, objektiviert. Beides ist trügerisch, sowohl die selbstreferenzielle Bestätigung als auch die vermeintliche **Objektivierung**. Allerdings kann das vom geschlossenen System und seinen Angehörigen nicht mehr erfasst werden; das, was das System als „Wahrheit" erkannt hat, gilt definitiv. Sie sind in die Falle der „ärgerlichen Tatsache der systemischen Geschlossenheit"[28] getappt. Andere Sichtweisen oder auch gesicherte Fakten von außen werden als Angriff verstanden – und abgewehrt. Hierzu bedient man sich verschiedener Strategien: Verdrängung, Gegenkonstruktion, Gegenangriff oder auch Stillstand. Wenn man den Vergleich mit der Biologie beibehalten will, geht dieser Prozess im schlimmsten Fall bis zur **Systemsklerose** mit weiteren Folgeerkrankungen. Am Bild des „brodelnden Kessels" wird deutlich, dass ein geschlossenes System den ausschließlich inneren Energiefluss nicht unendlich lange aufrechterhalten kann – irgendwann platzt der Kessel. Die einfachste Lösung wäre daher, die Energie so weit herunterzufahren, dass auch der innersystemische Austausch gegen null geht – das heißt, nichts wirklich Relevantes mehr geteilt wird. Dann bewegt sich – buchstäblich – zwar nichts mehr, aber es passiert auch nichts. Die Frage ist, ob damit die **Autopoiese** des Systems auf Dauer gesichert bleibt.

Der übliche Weg, Systemstabilität und Autopoiese zu erhalten, besteht darin, **strukturdeterminierte Elemente** aufzubauen, die das System aus dem eigenen systemischen Weltbild heraus stützen. Denn sie sind so sehr von der Weltsicht des Systems geprägt, dass sie von außen nur bedingt beeinflussbar sind – und das System als solches weder infrage stellen noch gefährden.[29] Systemstabilität wird dann durch eine „Wiederholung von Verhaltensmustern, Denk- und Sichtweisen erreicht"[30]. Das Phänomen lässt sich auch an der katholischen Kirche beobachten: Eingestellt und im System gefördert werden junge Männer, die maximal anpassungsbereit sind. Anpassungsfähigkeit gilt – evolutionär gesehen – zunächst einmal als positiv und sinnvoll. Sie hat aber dort ihre Grenzen, wo der einzelne Mensch als Subjekt und Individuum hinter dem System und seinen Erwartungen verschwindet. Aber natürlich nicht aus Sicht des Systems, sondern, wenn es erkannt wird, des Individuums. Die Frage ist, ob dieser Perspektive gemäß der Systemtheorie innerhalb des – relativ geschlossenen – Systems überhaupt existieren kann. Muss sie nicht vielmehr von außen erst hineingebracht werden? In Einführungen in die Liturgie hört man dann zum Beispiel, dass das Gewand des Priesters ein Bild dafür sei, wie die Person im Amt aufgehe. Bis auf den Kopf wird sein ganzer Körper von der Amtstracht bedeckt. Priester lernen im Gleichklang zu singen, gar Gebete in derselben Intonation abzulesen, so dass es meist nur die Rolle ist, die in diesem „heiligen Spiel" der Liturgie übrig bleibt – und auch allein übrig bleiben soll. Doch damit nicht genug der Anpassung, ein Gewand lässt sich schließlich ablegen. Das Stundengebet, das für katholische Geistliche weltweit verpflichtend ist, sichert die geistige Anbindung an das System auch im Alltag ab. Diese Form zur Stärkung des Wir-Gefühls ist in einer weltweiten Organisation natürlich ein intelligentes Mittel. Neben vielen anderen Elementen zur Aufrechterhaltung der Systemstabilität ist es nicht zuletzt die Verfügungsgewalt über die eigene Intimität, die der Priester abgibt (siehe Kapitel „Sexualität und Enthaltsamkeit"). Wer sich mit einem guten Teil seiner existenziellen Vollzüge so weit einem System – und seinen „Spielregeln" – ausliefert, wie soll der seine natürliche Identität bewahren? Die Selbstentfremdung, die das Amt fordert, ist ein Grund dafür, dass viele Geistliche nicht mehr als ganz normale Menschen wahrgenommen werden. Man meint in ihnen etwas zu sehen, das zugleich besonders wie nicht beschreibbar ist. Manche neigen dann zu Strategien der Imitation – womit sie, ihr Reden und ihr Tun noch mehr an Authentizität verlieren.

Die Crux besteht darin, dass ein System (als einzelner Mensch oder als soziale Größe), das sich zu einem geschlossenen oder gar isolierten System entwickelt hat, systemlogisch nicht mehr hinreichend in der Lage ist, dies – und sich selbst – zu reflektieren. Jeder Hinweis darauf, ob er von den wenigen verbliebenen kritischen Köpfen im Inneren oder gar von außen kommt, wird reflexiv als Affront abgewehrt. Das ist der Grund, weshalb sich Firmen ab einem gewissen Punkt im Veränderungsprozess externe Berater holen. Freilich sollten diese dann auch mit einer gewissen Ergebnisoffenheit die Prozesse begleiten dürfen. Dass dies im Fall der Kirche bislang nicht möglich war, sieht man am Fall Pfeiffer und auch an der letzten Studie vom Herbst 2018: Das System entscheidet nicht nur, an wen der Auftrag vergeben wird – das ist nachvollziehbar, insofern es selbst Auftraggeber ist. Es bestimmt auch darüber, was „objektiv" zu untersuchen ist. Und grenzt das Ergebnis damit von vornherein ein.

Das soziale System Kirche funktioniert also in entscheidenden Punkten wie ein geschlossenes thermodynamisches System: Es wird zwar, zumindest intern, noch Energie ausgetauscht, wenn auch nur im Wiederholen des Altbekannten, vermeintlich Altbewährten, was in Sätzen wie „Aber das haben wir doch schon immer so …“ oder „Das war aber noch nie nötig …“ erkennbar wird. In isolierten Systemen erfolgt jedoch kein wirklicher – und erst recht kein wirksamer – inhaltlicher Austausch mehr, was sich an einer gewissen **Erstarrung**, an fehlenden **Zielen** und fehlender **Klarheit** in der Sprache zeigt. Vor allem erfolgt keine wirkliche Kommunikation mit außen mehr, die diesen Namen verdient. Es war übrigens der aktuelle Papst selbst, der diesen Umstand vor einiger Zeit als „dysfunktionale Kommunikation“ beschrieben hat. Die große Gefahr für die katholische Kirche besteht somit darin, ihre systemische Geschlossenheit weiter zu kultivieren. Eine solche Geschlossenheit liegt dann vor, wenn „kognitiv-emotionale Systeme ihre Deutungen, Fühl- und Denkweisen gegenüber dem, was ihnen begegnet, aus den Systemelementen bilden, welche sie bereits in sich tragen.“[31] Ein System, das die „ärgerliche Tatsache der systemischen Geschlossenheit“ ernst nimmt, kommt nicht umhin, sich als Korrektiv den Außenblick regelmäßig, konsequent und mit der Verpflichtung, ihn in seinen Entwicklungsprozessen zu berücksichtigen, ja zu verordnen. So nur hat es die Chance, sich zu einer lernenden Organisation zu entwickeln. Denn nur wenn versucht wird, den tückischen selbstreferenziellen Charakter eines geschlossenen Systems durch den Außenblick und die Innovation von – eventuell noch verbliebenen – Querdenkern auszugleichen, können im nächsten Schritt Ziele definiert und Maßnahmen abgeleitet werden. Ein System, das mit seiner „Wahrheit“ am Ende ist, kann aus dieser heraus nichts Neues mehr entwickeln.

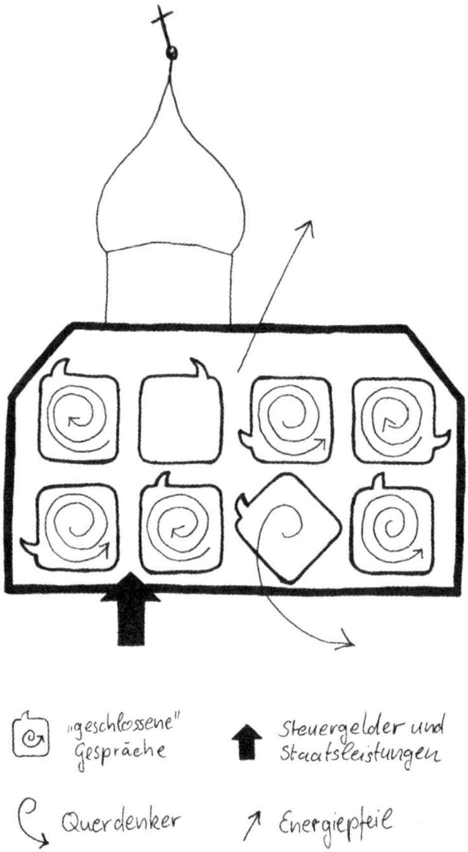

Abb. 3

Im Fall der katholischen Kirche in Deutschland und Zentraleuropa würde dies grundsätzlich bedeuten, die offene, plurale Gesellschaft als Partner auf Augenhöhe anzuerkennen und aus der Tradition der Verteidigungshaltung auszusteigen. Denn oft ist es schlichtweg Unsicherheit, wenn nicht Angst, die die Zeit für bestimmte Themen noch nicht reif sein lässt. Hier geht es sozialen Systemen nicht anders als Menschen. Der vielfache Missbrauch und alle Formen von Übergriffigkeit in der katholischen Kirche wären dann als **Symptome** krankhafter Entwicklungen anzuerkennen. Nur so ließe sich dieses Malum nicht nur mit wohlgewählten Worten beklagen, sondern tatsächlich angehen; nur so würde der Missbrauchsskandal als Anlass für eine **systemische Sanierung** ernst genommen. Doch auch an dieser Stelle verhält es sich nicht anders als bei Menschen: Manche gehen erst dann zum Arzt, wenn es wirklich nicht mehr anders geht und sie sich nach langem Verdrängen doch eingestehen müssen, dass sie krank sind. Solange man der Meinung ist, dass es nur eine einmalige Sache sei, dass es ja nicht so schlimm sei, die Zeit die Wunden schon heile oder sie sich mit ein paar bewährten Hausmitteln lindern lassen, holt man sich keinen Rat von außen. Dies ist der entscheidende Nachteil der Autopoiese: Das System muss es wollen, erst dann kann man als Fachmann helfen. Das System Kirche aber scheint keinen ausreichenden Leidensdruck zu haben. Um im Bild zu bleiben: Sie spielt ihr **Krebsleiden** als Erkältung herunter, weil sie es sich vermeintlich „leisten" kann, weil sie – aufgrund wirtschaftlicher Stabilität – einen größeren organischen Eingriff und eine systemische Chemo nicht „nötig" hat. Wer leidet, sind die Menschen, die Missbrauch und Übergriffigkeit erfahren haben. Und nicht nur sie. Es sind viele Menschen, die der Kirche – noch – die Stange halten, aber auch Veränderungen erwarten. Wer weiß, wie lange noch. Mit diesen „guten Katholiken" zu „spielen" wäre ein zusätzlicher Missbrauch, ein Ausnutzen ihrer Loyalität.

Die katholische Kirche ist auf dem „besten" Weg, sich zu einem isolierten System zu entwickeln. Ihre Kommunikation ist systemstabilisierend und hat nicht den Anspruch, entscheidende Impulse von „außen" zu integrieren.

Systeme, die sich – oft aufgrund von Krisen – zu lernenden Einheiten weiterentwickelt haben, haben auch gelernt, sowohl externe Sichtweisen wie die Meinungen interner Querdenker zu berücksichtigen. Sie urteilen nicht vorschnell, sondern sind zurückhaltend mit Bewertungen, die sie erst am Ende des Prozesses vornehmen. Die Entwicklung zu einer lernenden Organisation setzt voraus, auch die eigenen Deutungen und Urteile als Konstruktionen der Wirklichkeit anzuerkennen. Diese konstruktivistische Sicht auf die Welt und das eigene System kollidiert mit dem Wahrheitsanspruch der katholischen Kirche.

Der Missbrauchsskandal ist – systemisch verstanden – Ausdruck der Dysfunktionalität und des fehlenden Austauschs. Die Vertuschungen von Missbrauchsfällen sind Ausdruck eines geschlossenen bis isolierten Systemverständnisses der kirchlichen Amtsträger und, wo flächendeckend geschehen, des Systems insgesamt. Wer so handelt, der wähnt sich in einem Parallelsystem – und fühlt sich durch dessen Wertesystem auch sicher.

Eine theologische Systemkorrektur ist nur durch eine radikale Ausrichtung am Lebensmodell eines Jesus von Nazareth möglich. Die Strukturen der katholischen Kirche haben derzeit so viel mit diesem zu tun wie der Teufel mit dem Weihwasser.

Kirche und Macht(erhaltung)

Auf einer Fahrt nach Frankreich waren deutsche Jugendliche nicht wenig beeindruckt, als am Portal einer Kirche eine Figur stand, die sie zuerst für den Nikolaus hielten. Unter dem Gewand schauten eine Jeans und Wanderschuhe hervor, in der Hand trug der Bischof einen Holzstab, der wie selbstgemacht aussah. Erst am Ring wurde er erst als „echter" Bischof erkannt, obwohl auch dieser im Vergleich zu deutschen Verhältnissen recht schlicht war. Kein Pomp, kein Schmuck, kein Prunk. Seine Predigt hatte nicht mehr Inhalt als Aussagen deutscher Bischöfe, aber die Wirkung dieses Kirchenmannes auf die Jugendlichen war enorm. Dies mag auch an der Glaubwürdigkeit gelegen haben, mit der er dann das Evangelium auslegte: „Kinder, wie schwer ist es für die, welche ihr Vertrauen auf Reichtum setzen, in das Reich Gottes einzugehen! Es ist leichter, dass ein

Kamel durch ein Nadelöhr gehe, als dass ein Reicher in das Reich Gottes komme“ (Mk 10,25.26).

An diesem eindrücklichen Beispiel wird deutlich, dass ärmere Verhältnisse nicht Armseligkeit bedeuten – ganz im Gegenteil. Dieser Gedanke ließe sich noch steigern: Je reicher die Kirche, umso armseliger ihre geistliche Dimension und umso anfälliger ist sie für intransparente Strukturen der Macht. Sich von der Macht freizumachen, würde aber auch bedeuten, eine Machtstellung aufzugeben, welche die Kirche aufgrund historischer Umstände erreicht hat. Wer sich an dieser Stelle fragt, was das mit dem Problem des Missbrauchs zu tun hat, der sollte sich auch fragen, inwiefern die Abschlussrede des aktuellen Papstes auf der „Antimissbrauchskonferenz“ noch beim Thema war. Hier wie da scheint es wichtig, um die theologischen und kirchengeschichtlichen Hintergründe zu wissen.

Deshalb an dieser Stelle ein kurzer historischer Seitenblick: Seitdem das Christentum im 4. Jahrhundert zur Staatskirche des Römischen Reiches avanciert war, haben Gewalt und Kriege die Kirchengeschichte des Abendlandes über mehr als 1.000 Jahre hinweg geprägt.[32] Das **Gewaltmonopol** zu haben, Gewalt auszuleben und für seine eigenen Interessen auszunutzen, gehört damit zum kulturellen Code der katholischen Kirche. Insofern lässt sich bereits kirchengeschichtlich die Mentalität zur Übergriffigkeit klar erkennen. Kritiker dieser These verweisen gern auf die Verantwortung der jeweiligen weltlichen Macht, jedoch verkennt dieser Ansatz die fehlende Trennung zwischen weltlicher und kirchlicher Herrschaft. Und wo diese in Personalunion in eins gingen, lassen sich ebenso verheerende Zahlen belegen – die Verfolgung der „Hexen“ durch Fürstbischöfe ist dafür nur ein Beispiel.[33]

Die Macht der Kirche(n) wird in Deutschland heutzutage durch den Status der Kirchen sowie durch die Staatsleistungen gewährleistet. Der Status als **Körperschaft** des öffentlichen Rechts hat die Kirche in eine Position versetzt, die ihr viele Freiheiten einräumt. Körperschaften **öffentlichen Rechts** sind von ihrem Wesen her öffentlich-rechtlich organisiert, und ihr Handeln ist öffentlich-rechtlich. Somit erklärt es sich auch, dass die Kirche aufgrund ihrer sogenannten Dienstherrenfähigkeit eigenständig Beamte ernennen kann und sich die Besoldung der Kirchendiener an der des Staates orientiert. Gleiches gilt für die Pensionsregelungen. Sie mögen je nach Bundesland verschieden sein, was mit zum Teil eigenen staatskirchlichen Verträgen – sogenannten Konkordaten – zusammenhängt. So gibt es reichere und ärmere, stärker und weniger einflussreiche Bistümer. Dies lässt sich gut am Beispiel des Religionsunterrichts verdeutlichen: Die Inhalte des Lehrplans für den Unterricht an öffentlichen – nicht kirchlichen – Schulen bestimmt bis heute die Kirche, das Land bezahlt die Lehrplanerstellung sowie die Lehrer. Muss ein kirchlicher Lehrer angestellt werden, etwa weil es nicht genügend Beamte in diesem Fach gibt, muss das Land gegenüber der Kirche refinanzieren. Habilitierte Theologen, die einen Lehrstuhl an einer – staatlichen – Hochschule erhalten wollen, müssen sich deshalb der Kirche gegenüber anpassen oder eventuell auch ihre theologische Meinung zurückhalten, bis sie die Zustimmung vom Bischof erhalten haben. Und auch danach kann ihnen, wenn ihre Lehre nach Meinung der Kirche nicht mit der des kirchlichen Lehramtes übereinstimmt, die Lehrbefugnis wieder entzogen werden – ebenso wie jedem staatlichen Religionslehrer. Nur ein Beispiel hierfür ist Hans Küng, Beispiele für Verzögerungen durch deutsche Bischöfe gibt es viele. Auch – freie – Theologen, die – an staatlichen – Hochschulen den Doktor der Theologie erwerben wollen, benötigen dazu das Nihil obstat des zuständigen Bischofs, was auch in den Promotionsordnungen festgelegt ist. Diese formal notwendige Zustimmung bezieht sich nicht nur inhaltlich auf das Forschungsvorhaben, sondern auf den Lebenswandel des Doktoranden. Dies sind nur einige Beispiele für den starken Einfluss der Kirche(n) in einem Land, in dessen Verfassung die grundsätzliche Trennung von Kirche und Staat festgeschrieben ist. Allerdings ist diese nicht als strenge Trennung zu verstehen, wie etwa in Frankreich. Innerhalb der Europäischen Union haben sich bis dato nur drei Staaten dem laizistischen Prinzip verpflichtet. Die Situation in Deutschland indes wird von Staatsrechtlern als „wohlwollende Neutralität" des Staates gegenüber der Kirche bezeichnet. Denn hier existieren, neben eigenen Bereichen von Kirche und Staat, „gemeinsame Angelegenheiten", sogenannte „res mixta", die auf das – staatlich garantierte – kirchliche Selbstbestimmungsrecht[34] zurückgehen. Dazu zählen neben dem Religionsunterricht zum Beispiel die Militärseelsorge und die Theologischen Fakultäten.

Obwohl die Zahl der Kirchenmitglieder seit Jahren deutlich abnimmt, ändert dies – sieht man von dem relativ kleinen Anteil der Kirchensteuer ab – an der Machtposition und am Einkommen der Kirche prinzipiell nichts. Vielmehr verdient die Kirche mit jedem Euro Steuereinnahme – ganz unabhängig vom religiösen Bekenntnis der Steuerzahler. Es gibt Bistümer, die der Staat, Bund wie Bundesländer, um ihren Speckgürtel nur beneiden können. Die entsprechende Regelung gründet wiederum auf einer historischen Situation, die geschichtlich über 200 Jahre – und damit mehrere Staatsformen auf deutschem Boden – zurückliegt, auf dem sogenannten Reichsdeputationshauptschluss im Jahr 1803. Auf dieser letzten bedeutenden Tagung des „Heiligen Römischen Reiches" in Regensburg wurde verfügt, die weltlichen Fürsten für ihre Gebietsverluste links des Rheins, die sie an Frankreich zu beklagen hatten, abzufinden. Um die Entschädigung gegenfinanzieren zu können, wurde die **Säkularisation** eingeleitet. Kirchliche Besitztümer fielen an weltliche Herren. Mit dem Problem, dass die finanzielle Last dieser Enteignungen quasi weitervererbt wurde – bis zum heutigen Tag.

Die Frage nach der Ablösung dieser sogenannten **Staatsleistungen** ist alt. Bereits vor 100 Jahren wurde angestrebt, den Ausgleich für die damals säkularisierten Güter abzuschließen. Ein entsprechender Passus findet sich bereits in der Verfassung der ersten deutschen Demokratie von 1919 und wurde auch in das Grundgesetz der Bundesrepublik Deutschland aufgenommen. Beide Verfassungen[35] verlang(t)en, ein Rahmengesetz zu erlassen, um die Staatsleistungen an die Kirche(n) auf dem Wege einer einmaligen Ablösung umzusetzen. Mit Beginn des letzten Jahres (2018) hat das Institut für Weltanschauungsrecht eine Auswertung vorgelegt, nach der es aktuell – und erstmalig – parlamentarische Mehrheiten für diesen Schritt gäbe. Ausnahme bilde die – wen mag es wundern – CDU/CSU-Fraktion.[36] Das bedeutet, dass dieser Verfassungsauftrag seit nunmehr einem Jahrhundert nicht umgesetzt worden ist. Folglich fließt jährlich eine halbe Milliarde an Steuergeld – im letzten Jahr aufgrund des Wirtschaftsbooms so viel wie noch nie. Die entsprechenden Summen kann der Leser bei Bedarf selbst leicht nachschauen, ebenso wie weitere Sonderbehandlungen, etwa Pauschalbesteuerungen, Kirchenbaulasten, Staatszuschuss für kirchliche Schulen oder kommunale Zahlungen.[37]

Zusätzlich zu diesen Unsummen von – öffentlichen – Geldern, die beiden Großkirchen jedes Jahr zufließen, ist die Kirche steuerermäßigt bzw. befreit. Sie besitzt nicht nur Immobilien, sondern ist Teilhaber in Wohnungsbaugesellschaften wie in Banken, in Verlagen und Genossenschaften. Wenn hier keine Steuern auf Erträge und Zinsen anfallen, ist die Kirche zusätzlich begünstigt. Schaut man auf die Solvenz mancher Bundesländer, wird man erkennen, dass die Kirche der vermögendere der beiden Partner ist. Und viele Kirchen und auch Klöster wurden zusätzlich noch an den Staat oder die Länder abgegeben. Diese dürfen sie als öffentliches Kulturgut pflegen, während die Kirche sie natürlich für ihre eigenen Zwecke weiter nutzt.

Die Kirche besitzt einen starken Einfluss auf Politik und Gesellschaft. Wie ist es sonst zu erklären, dass im Bereich Missbrauch durch Amtsträger Verdächtige und Täter nur im einstelligen Prozentbereich von der Kirche selbst angezeigt wurden? Vier Monate nach Bekanntwerden der neuesten Missbrauchsstudie im Herbst 2018 wurden die Personalakten an die staatlichen Behörden weitergereicht und daraufhin strafrechtliche Verfahren durch die staatlichen Behörden eingeleitet. Dass es tausendfachen Missbrauch gab, war bekannt. Dass Akten verschwunden waren und Bischöfe vertuscht hatten, ebenso. Was in diesem Vierteljahr zusätzlich noch an

Umgang mit den eigenen – kirchlichen – Akten geschehen ist, lässt sich nur vermuten. In jedem einzelnen Fall hat der Staat die Kirche als rechtskräftigen Partner gewähren lassen, bis diese ihre entsprechenden Papiere auch gefunden, vorsortiert und eben auch ausgedünnt hatte. Die Herausgabe der Personalakten und die Verfolgung der einzelnen Straftaten sind ohnehin nur ein Teil der Geschichte, sie berühren die systemische Frage nach der Mitschuld der wirtschaftlich saturierten katholischen Kirche nur indirekt.

Durch die Konstantinischen Wende in der Antike und die Folgen der Säkularisation in der Moderne ist die Kirche abgerückt vom Evangelium eines Jesus von Nazareth. Bischöfe werden als höhere Staats- oder Landesbeamte vergütet. Das Kirchenrecht und ihr Weiheversprechen verpflichten die Kleriker zu einer bescheidenen Lebensführung: „Die Kleriker haben ein einfaches Leben zu führen und sich aller Dinge zu enthalten, die nach Eitelkeit aussehen" (CIC, can. 282). Die Frage ist, wer dies mit einem B-Gehalt noch kann.

Reiche Kirche, armselige Verhältnisse: Durch die Institutionalisierung des kirchlichen Lebens, durch Funktionalismus und Behördendenken wird der Glauben verwaltet, wird letztlich auch (die kirchliche „Arbeitshypothese") Gott verwaltet.

Während die Mitgliedszahlen konstant zurückgehen, steigen die jährlichen Staatsleistungen. Es ist an der Zeit – und nach dem, was auch in der deutschen Kirche an Verbrechen möglich war, nur konsequent –, den Verfassungsauftrag zur Ablösung aller Staatsleistungen umzusetzen. Nur so kann die Kirche zu ihrem eigentlichen Auftrag zurückfinden.

Eine Kirche, die sich vor allem als System gegenüber dem Staat versteht, ist darauf bedacht, ihren Einfluss zu wahren und zu stärken. In Zeiten gestiegener Kirchenaustritte und mangelnden Nachwuchses erscheint dies umso wichtiger. Wen kann es da – nach dieser Logik – wundern, dass Verbrechen im eigenen System erst dann zur Anzeige gebracht werden, wenn es nicht mehr anders geht?

Und: Kann eine Kirche, die die Kontrolle des Staates und ihre Justiz nicht fürchten muss, sich – theoretisch – nicht alles erlauben?

Absolutismus – ein geschichtliches Phänomen?

Was damit aber erhalten und gestützt wird, ist ein System mit besonderer Verfasstheit. In diesem Jahr kann die Demokratie auf deutschem Boden ihren 100. Geburtstag feiern. Es ist ein Jahrhundert, in dem sich diese Regierungsform erfinden, verändern und bewähren musste – durch alle geschichtlichen Herausforderungen hindurch. Die erste Demokratie endete in der Wirtschaftskrise, in einem totalitären System und schließlich im Krieg, gleichwohl war ihre Ausrufung ein wichtiger historischer Schritt. Nochmals 130 Jahre zurück, wurden die Werte der Aufklärung – „Gleichheit, Freiheit und Brüderlichkeit" – als Forderung auf dem Weg zu einer gleichberechtigteren Weltordnung festgeschrieben. Sie findet sich heute im Wahlspruch der Republik Frankreich, in der Allgemeinen Erklärung der Menschenrechte der Vereinten Nationen oder auch im Grundsatzprogramm der SPD[38] wieder. Wie die Demokratie, so greifen die in der Französischen Revolution besiegelten Werte nicht von selbst. Wo auch immer Freiheit ohne ein Verständnis für die Gleichheit der Menschen und ihre Brüderlichkeit angestrebt worden ist, ist dieser Versuch gescheitert. Wo Gerechtigkeit – als Synonym für Brüderlichkeit – das Ziel war, dafür aber eine mangelnde Freiheit des Bürgers und eine unzureichende Gleichheit – vor dem Gesetz – in Kauf genommen wurde, scheiterte auch dies. Die Erfahrungen aus 230 Jahren nachrevolutionärer Geschichte und 100 Jahren Demokratie lauten daher: Eine nachhaltige und faire Umsetzung von „Gleichheit, Freiheit und Brüderlichkeit" funktioniert ausschließlich im Gleichklang der drei Prinzipien; sie sind aufeinander bezogen. Und eine arbeitsfähige und gerechte Demokratie ist nur aufgrund einer soliden und garantierten Gewaltenteilung möglich.

Man muss es sich im 21. Jahrhundert auf der Zunge zergehen lassen: Nichts davon hat die katholische Kirche je erreicht. „Gleichheit" wird als Gleichheit durch die Taufe zwar propagiert, durch die faktische Macht und die Überbetonung des Amtes aber in der Realität unterlaufen. „Freiheit" wird auf vielfache Weise eingeschränkt, zum Beispiel in der Entscheidung für den Priesterberuf und die unfreie Annahme des Zölibats. „Brüderlichkeit" wird gelebt, doch das macht die Situation gerade in Sachen des Missbrauchs nicht einfacher (siehe Kapitel „Blutsbrüder – dicker als Wasser"). Die – nicht nur französische und deutsche Geschichte – zeigt: Es gibt gute Gründe für die historische Trennung der Gewalten. Nicht so in der Kirche. Hier hat eine Person – der jeweilige Bischof im Blick auf sein Bistum – die drei Gewalten, die sich im weltlichen Bereich auf drei getrennte Funktionen und entsprechende Institutionen verteilen, in sich vereint. Er erlässt Gesetze, er führt sie aus und er entscheidet kirchenrechtlich. In Analogie zum Staat ist er damit **Richter, Staatsanwalt** und **Polizeipräsident** in einem. Nimmt man die vierte Gewalt noch hinzu, so ist er auch hier allein für die Öffentlichkeitsarbeit seines Bistums – und damit für die Deutung von Fakten – verantwortlich. Allumfänglicher war die Macht auch am Hofe eines Ludwig XIV. nicht. Die „Residenz" eines Bischofs wird bis heute in vielen Bistümern noch „Palais" genannt. Man mag dies mit „historischen Gründen" erklären, die Bezeichnung aber spricht für sich. Ist es da verwunderlich, dass sich Formen von **systemischem Narzissmus** breitgemacht haben?

Im „**Fall Limburg**" gab es bischöfliche „Mitbrüder", die über ihre Öffentlichkeitsarbeit auf den dortigen Bischof und sein Gebaren mit dem Finger zeigen ließen. Das Verräterische: Mindestens drei Finger zeigten zurück. Was in Limburg bis ins Jahr 2014 geschah, ist – im Prinzip – in jedem anderen Bistum möglich. Es ist eine Spiegelung absolutistischer Möglichkeiten, und dieses Beispiel war, psychologisch gesprochen, lediglich der **Symptomträger**. Nach der Affäre um den ehemaligen Bischof von Limburg begannen Bistümer, ihren Diözesanhaushalt offenzulegen. Das sollte eigentlich selbstverständlich sein, geht es hier schließlich um einen großen Anteil öffentlicher Gelder. Nicht offengelegt werden bis heute aber in der Regel das Einkommen und das Vermögen des sogenannten **Bischöflichen Stuhls**. Dieses ist unabhängig vom Haushalt eines Bistums, speist sich aus verschiedenen Quellen und obliegt nur einer einzigen Person: dem Bischof. Ein historischer Vergleich dürfte auch in diesem Fall erlaubt sein: *L'état, c'est moi*, ebenfalls „Louis le grand" zugeschrieben, ist hier leicht auf die Finanzen[39] (und die Akten[40]) übertragbar.

Manche Bistümer brüsten sich damit, eine Art Rätesystem ausgebaut zu haben. Das räumt den sogenannten kirchlichen „Laien" zwar Stühle und auch Stimmen ein, ändert aber weder an der Rolle des Amtes noch an der Entscheidungshoheit eines Bischofs Entscheidendes. Er ist und bleibt rechtlich der **uneingeschränkte Souverän**. Dabei muss man dieses Engagement von „Laien" klar hervorheben. Wer sich hier einbringt, lebt durch und durch für „seine" Kirche. Viel Herzblut ist dabei. Doch was die Laienvertreter und Gremien hauptsächlich erarbeiten können, sind Empfehlungen, die der Bischof dann – im Zwiegespräch mit sich selbst – annehmen oder verwerfen kann. Analog verhält es sich mit den Pfarrern und ihrer Rolle im Pfarr- bzw. Kirchengemeinderat. Sein Veto-Recht ist absolut. Es hängt letztlich von der persönlichen Kompetenz – und oft von der menschlichen Reife – ab, wie weit hier (pseudo-)demokratisch entschieden werden kann.

Der strukturelle Absolutismus schlägt sich im Beispiel kirchlicher Kindergärten im Recht des Pfarrers – als des formalen Leiters – nieder, beispielsweise über den moralischen Lebenswandel – wohlgemerkt: in der Freizeit – einer Erzieherin ein Urteil abzugeben. Hinzu kommt, dass diese Verfasstheit der Kirche weder Gewerkschaften zulässt noch das Streikrecht kennt. Mitarbeitervertretungen gibt es zwar auch in der Kirche, sie besitzen aber nicht annähernd dieselben Rechte wie Personalvertretungen in öffentlich-rechtlichen Stellen.

Wo Absolutismus herrscht, werden Intransparenz, Missbrauch und Willkür nicht nur riskiert, sie sind vorprogrammiert.

Auch wenn einige Bistümer an einer Modernisierung ihres Erscheinungsbildes arbeiten, ändern sie damit ihre strukturelle und rechtliche Verfasstheit nicht.

Wer in einem absolutistischen System Karriere gemacht hat, hat sich an seine sozialen Spielregeln angepasst. Da die Identifizierung mit der Kirche zudem amtstheologisch abgesichert und mit religiösen Riten unterstützt wird, sind die entsprechenden kulturellen Codes verinnerlicht. Dies hat zur Konsequenz, dass man auf unterschiedlichen Ebenen mit demselben Machtgebaren auftritt.

All diese Strukturen dienen formal dazu, ein ganz bestimmtes, vormodernes Menschenbild zu erhalten: das katholische Menschenbild.

Das katholische Menschenbild

Nicht nur für die Ausbreitung des Christentums im Mittelmeerraum, sondern auch für die Ausprägung der christlichen Philosophie ist vor allem einer verantwortlich: der Apostel Paulus. In seinem „Schlachtbrief", dem Brief an die Gemeinde in Rom, stellt er seine wichtigsten Erkenntnisse zusammen. Darunter findet sich folgende Aussage: „Denn ich *tue* nicht, was ich will, sondern *was ich hasse*, das übe ich aus" (Röm 7,15). Diese Vorstellung vom Menschen und seiner Willensfreiheit bzw. -einschränkung hat die anthropologisch-philosophischen Grundlagen des jungen Christentums entscheidend geprägt. Die christliche Lehre musste sich schließlich nicht nur praktisch behaupten – wozu konkrete Ansagen für die Ordnung in den Gemeinden erlassen wurden[41] –, sondern auch vor den bestehenden antiken philosophischen Denkrichtungen.

Die menschliche (Willens-)Freiheit im Verhältnis zu dieser von Paulus beschriebenen Neigung beschäftigte fortan die theologische

Debatte, von der Antike bis zur Scholastik, von der Moderne bis zur Gegenwart. Augustinus von Hippo (354–430) und Thomas von Aquin (1225–1274) waren zeitlebens von dieser Frage angetrieben und beantworteten sie mit dem Begriff der **Konkupiszenz**: einem tief im Inneren liegenden Hang zum Bösen, in kirchlicher Sprache: zur **Sünde**.[42] Die Rechtfertigungslehre Martin Luthers setzte dieser Betonung der virulenten Neigung zur Sünde des Menschen die – von der katholischen Theologie nicht explizit aufgegriffene – Formel „gerecht und Sünder zugleich" (lat.: simul iustus et peccator) entgegen. Diese wesenhafte Aussage über den Menschen wird bis heute im interkonfessionellen Gespräch zwar diskutiert, sie verdunkelte nach katholischer Vorstellung aber den Blick auf den Menschen und seine Möglichkeiten. Denn durch die Fokussierung auf die ihm – per se als Mensch – unterstellten Anfälligkeiten erfuhr die Vorstellung vom Menschen – wenngleich schöpfungstheologisch noch immer als „Abbild Gottes" propagiert – eine deutliche Eintrübung. Insofern hängt diese Fragestellung zentral mit der Ausgestaltung des christlichen Menschenbildes zusammen. Ebenso, wie diese Formel vor einem halben Jahrtausend – und auch bis in die Gegenwart – provozierte, fordert Karl Rahner, ebenfalls zeitlos, mit seiner Feststellung heraus: „Müssen wir nicht erschreckt fragen, ob wir nicht in einem viel tieferen und radikaleren Sinne Sünder sind, d. h. Menschen, die in der Tiefe ihres Herzens nichts mit Gott zu tun haben wollen, obschon sie nach außen hin in einem bürgerlich dünnen Sinne noch fromme und anständige Menschen mit reiner Krawatte sein wollen?"[43] Damit sticht der Jesuit und Berater im Zweiten Vatikanischen Konzil mitten hinein in die katholische Anthropologie, nämlich in die Annahme, dass „die Gerechtigkeit [...] immer durch Fleisch, Welt und **Teufel** angefochten und bedroht"[44] sei.

„**Anfechtung**" und „**Anfälligkeit**" sind damit alte, gleichzeitig aber gern verwendete Begriffe. Allein sie verraten bereits viel über die Disposition des Menschen nach katholischer Lesart. Der aktuelle Papst hatte im Vorfeld der „Antimissbrauchskonferenz" immer wieder betont, „Anstrengungen zum Schutz von Minderjährigen in Situationen der Anfälligkeit“[45] unternehmen zu wollen. Auch die Schlussrede griff diesen Denkansatz mit seinem Fazit auf: „Dahinter steckt Satan!“ Der Katechismus der katholischen Kirche[46] erklärt diesen Zusammenhang so: „Vom Teufel versucht, ließ der Mensch in seinem Herzen das Vertrauen zu seinem Schöpfer sterben, missbrauchte seine Freiheit und gehorchte dem Gebot Gottes nicht. Darin bestand die erste Sünde. Danach wird jede Sünde Ungehorsam gegen Gott und Mangel an Vertrauen auf seine Güte sein“ (397). Weiter heißt es zur Erläuterung der sogenannten Erbsündenlehre: „Alle Menschen sind in die Sünde Adams verwickelt [...]. Im Anschluss an den hl. Paulus lehrte die Kirche stets, dass das unermessliche Elend, das auf den Menschen lastet, und ihr Hang zum Bösen und zum Tode nicht verständlich sind ohne den Zusammenhang mit der Sünde Adams und mit dem Umstand, dass dieser uns eine Sünde weitergegeben hat, von der wir alle schon bei der Geburt betroffen sind [...]“ (403). Das bedeute für das Leben des Menschen und seine „verwundete, zum Bösen geneigte Natur“ (407): „Diese dramatische Situation [...] macht das Leben des Menschen zu einem **Kampf**“ (409).[47]

Diese Haltung hat die abendländische Geistesgeschichte bis heute geprägt – und die verschiedenen christlichen Konfessionen haben auch je eigene Antworten darauf gefunden. Von der lutherischen war oben schon die Rede. Auch Johannes Calvin war von der Sündhaftigkeit des Menschen ganz und gar überzeugt; der Mensch ist für ihn eine „natura corrupta“. Jedoch lehnte er alle Versuche der katholischen Kirche, diesem Übel durch Sakramente oder den Ablass zu begegnen, ab. In Anlehnung an Luthers „sola fide“ wird der Mensch in der calvinistischen Vorstellung rein aus dem Glauben – an Jesus Christus („solus christus“) durch das Zeugnis der heiligen Schrift („sola scriptura“) – gerechtfertigt. Während Luther, in Anknüpfung an den Apostel Paulus, als weiteren Grundsatz die göttliche Gnade hervorhob („sola gratia“), lehnte der Reformator aus Genf die letztgenannte Vorstellung ab. Seine Theologie war folgenschwer, sie beeinflusste nicht nur das Denken der reformierten Kirchen, sie hatte auch unmittelbar Einfluss auf ökonomische Theorien. Die protestantische (Erwerbs-)Ethik[48] hat hier ihre Geburtsstunde: Calvin verband wirtschaftlichen Eifer mit dem Gedanken der Prädestination (lat.: Vorherbestimmung). Weder die Gnade (lutherisch) noch die Absolution (katholisch) sind entscheidend für einen guten Christenmenschen, sondern diesen erkennt man fortan am wirtschaftlichen Erfolg.[49] Für die katholische Kirche wäre diese Vorstellung undenkbar gewesen, bereits das – von ihr geschichtlich geförderte – gesellschaftliche Standesdenken musste diesem Ansatz widersprechen. Schließlich hätte sich die Kirche letztlich keinen Gefallen damit getan, jeden gesellschaftlich aufstrebenden guten Katholiken zu unterstützen, lebte der Katholizismus doch jahrhundertelang nicht zuletzt davon, Bauern als Leibeigene klein zu halten.

Das Korrupt-Sein des Menschen lässt sich katholisch – bis heute – nur durch die Bindung an die **Sakramente** auflösen und damit – ganz nebenbei – an den jeweiligen Spender des Sakraments. Hier wird im Katechismus der katholischen Kirche[50] zentral die Taufe betont, als das Sakrament, dass „heilsnotwendig“ sei (1257). Durch sie „werden sämtliche Sünden nachgelassen, die Erbsünde und alle persönlichen Sünden sowie Sündenstrafen“ (1263). Wessen Seele sich nun bereits entzückt erhebt, der freut sich allerdings zu früh: „Im Getauften verbleiben jedoch gewisse zeitliche Folgen der Sünde: Leiden, Krankheit, Tod, Gebrechen, die mit dem Leben gegeben sind (wie etwa Charakterschwächen), sowie eine Neigung zur Sünde [...] bildhaft, als ‚**Herd der Sünde**‘ [fomes peccati] bezeichnet [...]“ (1264). Insofern genügt die „eine Taufe zur Vergebung der Sünde“ (Glaubensbekenntnis) nicht wirklich, sie setzt erst den Anfang. Von Eucharistie, Beichte, Kommunion, Firmung bis hin zur Krankensalbung bildet dieses Verständnis eine konsistente Theorie und für praktizierende Katholiken auch eine verlässliche Praxis, die es ihnen erlaubt, sich immer wieder von der Sünde und vor allem auch den Sündenstrafen lossprechen zu lassen. Diese Praxis hat auch gerade wirtschaftlich bereits im Ablasshandel hervorragend funktioniert, wobei die lutherische Kritik am Ablasshandel nicht die dahinterliegende Theologie beseitigt hat. Denn – was die wenigsten Christen, auch Katholiken, wissen dürften – Ablässe gibt es in der katholischen Kirche auch heute noch, ebenso Exorzismen. So praktisch der Ansatz auch ist, bietet er die Möglichkeit, **Reue** über seine menschliche Verderbtheit zu empfinden, den Beichtstuhl aufzusuchen und aus dem Munde des Priesters die befreiende Lossprechung zu hören, doch das eigentliche Drama bleibt: die Anfälligkeit, die in der treffenden Metapher vom Herd beschrieben worden ist. Es brennt in ihm, dem katholischen Christenmenschen, vor allem dem zölibatären. Deshalb wird er auch nie ganz frei sein von dieser „Begierlichkeit". Aber das muss er auch nicht. Diese Verfasstheit gehört nach katholischem Verständnis zum Menschen dazu. Und nicht nur zu ihm, sondern ganz zentral zum katholischen „Geschäftsmodell". Denn was wären die Sakramente und damit das katholische Amt, das sie verwaltet und großherzig spendet (siehe Kapitel „Amt und Macht"), noch wert, wenn sich der Katholik rein auf seinen Glauben an Jesus Christus, die Bibel und die göttliche Gnade berufen würde?

Im Volksmund findet sich die Redewendung, „jemanden zum Sündenbock zu machen". Auch die europäische Kultur und Literatur ist davon geprägt. Der Denkansatz rührt kulturgeschichtlich aus Zeiten her, in denen die Menschen vergleichsweise unreflektiert Erklärungen suchten und auch fanden. Im Alten Testament wird im dritten Buch Mose darüber berichtet:[51] Einmal im Jahr, am sogenannten Versöhnungstag, den Juden bis heute als Jom Kippur feiern, wird ein Ziegenbock symbolisch mit allen Sünden, die im Stamm im zurückliegenden Jahr begangen wurden, beladen. Darauf wird er – auch diese Redewendung ist bekannt und hat hier ihren Ursprung – „in die Wüste gejagt". Damit waren in der Vorstellung der damaligen Menschen die Sünden ausgemerzt, sie hatten keinen Einfluss mehr auf das soziale Miteinander. Das Ritual ist so einfach wie effizient, da kann es nicht wundern, dass es sozial bis heute angewendet wird.

Immer dann, wenn Menschen – oder soziale Systeme – von dem eigenen Versagen ablenken wollen, greift das bewährte **Sündenbockprinzip**. In seinem Theaterstück „Andorra" spiegelt Max Frisch diese Strategie anhand des Juden Andri, der sehr früh und systematisch in diese Rolle gerät – eine Rolle, die ihm auferlegt wird. Allerdings wird Andri nicht nur – im übertragenen Sinne – „in die Wüste" geschickt wird, vielmehr endet die soziale Strategie hier in seinem Tod.[52]

Frisch schrieb „Andorra" aus der humanistischen Tradition heraus. Der Humanismus, der sich seit der Antike findet und in unseren Breiten mit dem Neuhumanismus durch Vorreiter wie Goethe, Herder oder Lessing literarisch vorangetrieben wurde, geht davon aus, dass der Mensch im Grunde gut ist. Nicht durch die Vermeidung von „Anfälligkeiten", sondern durch Bildung und persönliche Entwicklung gelte es, diesen positiven Kern freizulegen, ihn – unter Verwendung von Bildern aus der Natur – zu „veredeln". Böses Verhalten entsteht durch falsche Einflüsse oder mangelnde Bildung. Insofern setzten die Humanisten auf eine möglichst ganzheitliche Bildung, deren Ziel die Harmonie von Geist, Körper und Seele ist. Eine unterschiedliche Begabung oder auch soziale Stellung bedeutet dennoch, den gleichen Wert als Mensch zu besitzen. Diese Würde gilt als autonom, unverletzlich. Spätestens hier wird klar, dass die humanistischen Ansätze einen Angriff auf das **katholische Lehrgebäude** darstellen mussten. Denn verbindliche Glaubensweisheiten machen den Menschen aus humanistischer Sicht nicht besser. Ganz im Gegenteil. Sie drohen ihn von seiner Autonomie und Harmonie abzubringen. Nächstenliebe zu üben – in humanistischer Begrifflichkeit: Toleranz – ist das einzig Verbindende, das bleibt. In Lessings Ringparabel wird dies in der Einsicht ausgedrückt: „Der echte Ring vermutlich ging verloren."[53] Die theoretische Lehre und der praktische Glauben haben sich demnach in der Praxis zu bewähren.[54] Im Rückblick lässt sich der humanistische Ansatz als Ideal freilich infrage stellen, kamen die größten Unmenschlichkeiten auf deutschem Boden doch nach diesen großartigen Ansätzen, und kein Einziger konnte sie aufhalten.

Doch ebenso ist die Frage zulässig, was besser und nachhaltiger für die Menschheit ist: ein Menschenbild, das vom Positiven des Menschen überzeugt ist und auf eine wahrhaft humane Zukunft – als einzige Möglichkeit der gesamten Menschheit – setzt, oder ein Menschenbild, das moralische Verfehlungen und rechtliche Verbrechen auch im 21. Jahrhundert noch auf die Realexistenz einer metaphysischen Macht – des personifizierten Bösen schlechthin – abwälzt.

Damit dürfte klar werden, dass das katholische Menschenbild kein humanistisches ist. Diverse Veröffentlichungen aus der Ecke kirchlicher Literatur führen zwar den Begriff „human" in ihrem Titel, aber diese Bezeichnungen sind irreführend. Das bedeutet nicht, dass diverse Äußerungen eines Jesus von Nazareth nicht von humaner Natur waren. Angesichts der damaligen gesellschaftlichen und politischen Umstände war sein Welt- und Menschenbild zweifelsohne human, wenn nicht sogar revolutionär. Und sie wären es auch heute – hineingesprochen in die katholische Kirche. Doch die Bibel hat hier nicht die Stellung wie in anderen Konfessionen (siehe Kapitel „Lehramt und Kirchenrecht"). Und auch ein Jesus Christus taugt nur allzu gut zum Sündenbock: Während der „Satan" nach katholischer Lehre der Urheber des Bösen ist – nicht der, um auf unsere Thematik zurückzukommen, missbrauchende Priester als Mensch und Mann –, wird nicht nur „sein Tun durch die göttliche Vorsehung zugelassen"[55], sondern das Sühnen wird auch noch dem auferlegt, der für die Schlechtigkeit der Menschen bereits vor 2.000 Jahren den Verbrechertod starb. Als Dank dafür wird dieser „stellvertretende Opfertod" jeden Tag in der Liturgie der Eucharistie (griech.: Danksagung) und zudem in besonderer Weise jedes Jahr neu von Gründonnerstag bis Ostersonntag gefeiert.

Das Menschenbild der katholischen Kirche prägt ihren Umgang mit der Freiheit des Menschen und mit der Einstellung zur eigenen Schuldhaftigkeit: Es stellt einen maßgeblichen Unterschied dar, ob man einen anderen Menschen – und sich selbst – als im

Kern gut oder verderbt begreift. Ebenso, ob man diesen pädagogisch auf der Basis seiner positiven Anlagen – im humanistischen Sinne – zur „Veredlung" begleiten möchte oder ob man ihm seinen „Schmutz" von der Seele waschen will. Im Missbrauch spüren dabei beide Seiten dieses Menschenbild: Der Täter, indem er sich der „Begierlichkeit" (lat.: Konkupiszenz) ausliefern musste aufgrund seiner menschlichen Schwäche – die die Kirche in der Lehre von der Erbsünde begründet sieht und wofür der schwache Mensch im Grunde nichts kann. Und der, den sich der Täter „ausgesucht" hat, indem er schmerzhaft und ganzheitlich, an Leib und Seele, seine – vermeintliche – Sündhaftigkeit erfährt.

Die katholische Sicht auf den Menschen baut zudem Hemmschwellen ab: Denn der Täter vergreift sich in diesem Verständnis nicht an „Unschuldigen". Da er das Kind ohnehin „unter der Macht der Finsternis"[56] sieht, ist die konkrete Sünde nur eine Frage der Zeit. Und indem der „Teufel" ins Spiel gebracht wird, ist es nicht mehr der Täter, der seine Handlung nach freiem Willen und in eigener Verantwortlichkeit begeht. Sondern das Böse an sich benutzt das Kind, um die „Anfälligkeit" des „Gott geweihten Lebens"[57] zu prüfen. Einmal mehr steht das Amt im Mittelpunkt, nicht der Mensch, der durch den Amtsträger Schaden erleidet. Wird dieses Gedankengebäude bis zum Ende weitergedacht, kehren sich schließlich auch die Rollen um: „Opfer" sind dann nicht diejenigen, denen gegenüber man übergriffig wurde, sondern der eigentliche Täter wird zum Opfer – seiner „Begierde" oder „Satans" –, und mit ihm letztlich die Kirche selbst.[58]

Zu fragen ist daher letztlich: Um wen geht es hier also (einmal mehr): um denjenigen, der wie ein Objekt behandelt wurde, oder um den Täter? Welchen Wert besitzt die menschliche Würde in einem solchen Menschbild (noch)? Welche Bedeutung haben dann überhaupt noch der Wille des Menschen, sein Gewissen, seine Verantwortung? Eine grundsätzliche Ethik der katholischen Seelsorge wäre zu schreiben, denn alle Leitlinien und Präventionsbemühungen können an diesem dargestellten Menschenbild, auch wenn seine Grundlinien von Seiten der Kirche und auch Theologie in der Regel nicht so deutlich dargelegt werden, nicht vorbei. Der – mehr oder weniger – geschlossene Charakter des Systems wird zudem durch ein geschlossenes eigenes Recht untermauert (siehe Kapitel „Kirchenrecht – paralleles Recht?").

Zwischenertrag

Die Kirche verfügt über genügend Geld und Einfluss, um – hin und wieder – auch modern aufzutreten. Zudem hat sie eigene Radio- und Fernsehkanäle und ist damit medial durchaus auch außerhalb der Kirchengebäude präsent. Der eine oder andere Bischof lässt verkünden, dass er in den sozialen Netzwerken unterwegs sei. All dies sollte jedoch nicht über den vormodernen Charakter dieser Kirche hinwegtäuschen.

Das Menschenbild der katholischen Kirche sieht hinter menschlichen Verbrechen ihrer Geistlichen „die Macht Satans". Dieser sei „auf der Welt aus Hass gegen Gott und gegen dessen in Jesus Christus grundgelegtes Reich tätig". Sein – nicht des Menschen! – „Tun bringt schlimme geistige und mittelbar selbst physische Schäden über jeden Menschen und jede Gesellschaft" (395)[59]. Will man – wenn auch nur für den Moment – diese Ansicht teilen, so dürfte die Kirche selbst von dieser geistigen Schädigung nicht ausgeschlossen sein. Für die Theologie, die praktische Seelsorge und die Präventionsarbeit ist ein solches vormodernes, nahezu magisch anmutendes Denken eine große Herausforderung.

So mancher Kirchenfürst gibt sich „liberal", andere lassen sich als „volksnah" darstellen, wieder andere als „dialogisch"; manche beteuern öffentlich, die Anliegen „ernst zu nehmen". Bemerkt denn keiner von ihnen, wie verräterisch ihre Sprache ist? Hätte Jesus so gesprochen? Das ist alles nichts Bedeutsames; das, was sie aussprechen, ist im 21. Jahrhundert das Selbstverständlichste. Für jeden Politiker ist all dies heutzutage Pflicht, wie am Stichwort der unvermeidlichen Bürgernähe erkennbar wird. Doch die Kirche und ihre Vertreter wähnen sich noch immer abgehoben, und wenn sie sich doch einmal anschicken, „hinabzusteigen", muss es öffentlichkeitswirksam betont werden. Es sind Wortwolken, die ihr Selbstverständnis ausdrücken.

Die katholische Kirche ist keine Demokratie, sie wird von einer absolutistischen Struktur getragen, die hierarchisch aufgebaut ist. Aber auch wenn sie die wesentlichen Basiselemente einer Demokratie selbst nicht besitzt, tritt die Kirche für demokratische Strukturen ein – freilich nur als Ratgeberin im Blick auf Staat und Gesellschaft. So wandten sich die Kirchen während der Entstehung dieses Buches unter dem Titel „Vertrauen in die Demokratie stärken" mit einem „gemeinsamen Wort"[60] an die Öffentlichkeit. So wichtig der Einsatz für eine demokratische und plurale Gesellschaft ist, muss man sich fragen, weshalb die Bischöfe nicht im eigenen Haus damit anfangen. Nichts anderes ist es mit den Appellen gegen Gewalt, die sie äußern, anstatt die eigene Macht und damit – wie am Beispiel Missbrauch zehntausendfach gesehen – die systemische Anfälligkeit für Gewalt im eigenen Haus einzuschränken. Denn nur „wer ohne Sünde ist, der werfe den ersten Stein" (Joh 8,7).

Wer alle Macht hat, besitzt auch die vierte Gewalt und mit ihr die Deutungsgewalt. Die Macht, Akten anzulegen und Akten verschwinden zu lassen, die Pflicht, Probleme anzuhören, und die Freiheit, ihnen konsequent nachzugehen oder sie auszusitzen. Es sind geschätzte Namen unter denen, die Missbrauch vertuscht haben. Sie waren gute Theologen und anerkannte Bischöfe. Doch sie haben über Verbrechen hinweggesehen und damit nicht nur Täter gedeckt, sondern ein krankes System[61] am Leben erhalten. Der Rückschluss auf ihr Kirchenverständnis und Menschenbild dürfte eindeutig ausfallen.

Die Kirche hat nicht nur eine Verantwortung gegenüber allen Menschen, mit denen ihre Vertreter an verschiedenen Orten zusammenkommen. Sie besitzt auch eine Verpflichtung aus ihrer eigenen Moral und Tugendlehre heraus. Aufgrund ihrer besonderen privilegierten

Stellung gegenüber dem Staat hat sie eine spezielle Verantwortung als Körperschaft des öffentlichen Rechts. Diese Position auszunutzen, wäre ein zusätzlicher Loyalitätsbruch gegenüber der Demokratie.

Amt und Macht

„Macht korrumpiert, absolute Macht korrumpiert absolut."

Lord Acton

Sakramentales Amtsverständnis

Den Begriff „Amt" kennt man aus verschiedenen Bereichen. Die Bezeichnung ist daher zunächst einmal nichts Besonderes. Auch das Berufsbeamtentum kennt sowohl das Amt als auch die Lebenszeit. Doch es gibt dort auch ein Amt auf Zeit, eine Beurlaubung vom Amt sowie die Abgabe des Amtes. Ähnlich im Ehrenamt, wo Aufgaben für eine bestimmte Dauer übernommen werden. Dies entspricht ganz den gegenwärtigen Entwicklungen. Heute binden sich Menschen eher an Projekte, die einen festen Zeitrahmen haben und damit auch eine Verbindlichkeit und Verpflichtung (nur) auf Zeit bedeuten. Dies verringert zugleich die Anfälligkeit für negative Auswirkungen von Macht (siehe Kapitel „Zuckerbrot und Peitsche"). Bei der Wahl der Oberen in Ordensgemeinschaften ist diese Erkenntnis übrigens seit jeher leitend. Niemand wird – wie etwa ein Bischof – Abt auf Lebenszeit. Er dient der Gemeinschaft stattdessen für eine bestimmte Zeit als Primus inter Pares (lat.: „Erster unter Gleichen"). Dieses Prinzip ist vergleichbar mit dem Amt des Dekans oder der Dekanin an Hochschulen, das in der Regel reihum jeder Professorin und jedem Professor einmal zufällt.

Im Gegensatz dazu werden katholische (und orthodoxe) Geistliche geweiht, theologisch gesprochen: ordiniert. Die Weihe/Ordination gilt in der katholischen (und orthodoxen, nicht so in der evangelischen) Kirche als Sakrament. Damit besitzt die Ordination (wörtlich die Ins-Amt-Setzung) einen einschneidenden Charakter, der sich in dreierlei Hinsicht auswirkt: erstens auf der **sakramentaler**

Ebene, damit zweitens als **lebenszeitliche Bindung** und drittens auf den **Rechtsstatus** des Geweihten (siehe Kapitel „Sakramentales Amtsverständnis"). Für die Kirche gilt das Amt als **konstitutiv**, das heißt, ohne geistliches Amt gibt es keine Kirche. In der Sprache des Kirchenrechts: „Durch das Sakrament der Weihe werden kraft **göttlicher Weisung** aus dem Kreis der Gläubigen *einige* [...] zu geistlichen Amtsträgern bestellt." Neben der Taufe und dem Abendmahl (Eucharistie) kennt die katholische Kirche noch weitere fünf Sakramente. Darunter versteht das Kirchenrecht die Ausstattung mit einem „untilgbaren Prägemal" (character indelebilis). Das amtliche Handeln wird zu einem Handeln „**in persona christi**" (CIC, can. 1008). Der Diakon spricht nicht selbst zu den Kranken, sondern es ist Christus, der in seinen Worten und Handlungen wirkt. Der Priester spricht nicht selbst die Absolution (die „Lossprechung" von den Sünden) in der Beichte, sondern es ist Christus, der vergibt. Der Bischof beauftragt nicht von sich aus zum Amt, sondern Christus selbst setzt den Diakon oder Priester in das Amt der Kirche ein.

In der Scholastik (z. B. bei Thomas von Aquin) wurde dieses Verständnis so gedeutet, dass alle **Amtsträger** sich als **Diener** („ministri christi") zu verstehen hätten. Denn die Gefahr ist unübersehbar, dass das Selbstverständnis, „in persona christi" zu handeln, buchstäblich zu Kopf steigt. Das Kirchenrecht kann diese Verstiegenheit sogar unterstützen, unterscheidet es nämlich mit Benedikt XVI. zwischen dem Dienst des Hauptes (für die Bischöfe und Priester) und dem des Dienstes (für die Diakone) (siehe Kapitel „Lehramt und Kirchenrecht").[62] Ein Versuch, mit diesem Verständnis gelassener umzugehen, ist zum Beispiel die Rede vom liturgischen Darsteller. Im konkreten – hier liturgisch: gottesdienstlichen – Handeln nimmt dann der Priester die Rolle Christi ein, wenn er die Einsetzungsworte (Jesu letzte Worte beim Abendmahl) spricht, oder eben der Diakon, wenn er das Evangelium verkündet oder die Kommunion spendet. So sehr eine solche Lösung versucht wird, es tauchen damit zwei neue Probleme auf: Gottesdienst – oder kirchliches Handeln insgesamt – wird zu einem „heiligen Schauspiel". Und wer die Rolle Christi „spielen" will, muss ihm auch im Geschlecht gleichen.

Dass deshalb die **Frauenordination** undenkbar ist, hat Johannes Paul II. seinerzeit als verbindlich und „endgültig" erklärt.[63] Damit hat er das bereits ohnehin deutliche Kirchenrecht – „Die heilige **Weihe** empfängt gültig nur ein getaufter **Mann**" (can. 1024) – noch einmal eindeutig ausgelegt. An dieser Entscheidung darf sich nun der aktuelle Papst abkämpfen, so er dies überhaupt will, und müsste sich dazu – von der Hierarchie der Gesetzgebung her – an eine Revision des Kirchenrechts wagen. Stellt sich die Frage, ob in einer Zeit, in der die Geschlechterfrage neu diskutiert und geregelt worden ist, diese Begründung überhaupt noch greifen kann. Bereits aus dem Verständnis, als Kleriker eine Rolle einzunehmen, kann sie als zweifelhaft erscheinen. Wie der polnische Papst in jungen Jahren selbst Theater gespielt hat, so weiß jede Erzieherin, dass es bei der Besetzung eines Stückes keinerlei Zusammenhang zwischen dem Geschlecht der Figuren im Stück und dem der Darstellerinnen und Darsteller gibt. Oft ist es gar so, dass durch ein anderes Geschlecht bestimmte Charaktermerkmale der Figur besser in Erscheinung treten.

Durch diese Beschränkung auf den Mann als Darsteller Christi und die Überbetonung des kirchlichen Amtes setzte in den letzten Jahrhunderten eine **Priesterzentrierung** ein, die bis heute nicht überwunden ist. Der Priester gilt in seiner Rolle als „capitis christi" für traditionelle Katholiken bis heute als sicherster Weg zu Gott. Was sie mit ihrem Umschwärmen des „Herrn Pfarrers" tun, ist, bleibt man in der hier aufgezeigten Denklogik, den Darsteller mit dem eigentlichen Akteur zu verwechseln. Zudem wird es bei diesem Amtsverständnis unerheblich, welche menschlichen Eigenschaften und fachlichen Kompetenzen der Pfarrer mitbringt. Er ist der Pfarrer, das genügt. Das Entscheidende, das er – amtstheologisch – bewältigen muss, ist, die Hostie, den „Leib Christi", ästhetisch in die Höhe zu heben und sie – im besten Fall mit verzücktem Blick – zu würdigen. In Zeiten, in denen Priester zur „Mangelware" geworden sind, verdichtet sich dieses Phänomen. Reichere Bistümer kaufen sich Priester aus Afrika oder Indien ein. Solange das möglich ist, muss der Priestermangel nicht angegangen werden. Die Gemeinden sind froh, dass da jemand am Altar steht. Die Qualität der Verkündigung nimmt dabei oft ab. Die verständliche Predigt mit konkreten, alltagspraktischen Impulsen wird zur seltenen Ausnahme. Entscheidend wird stattdessen der formengetreue Vollzug des Sakraments, in diesem Fall der Eucharistie. Das muss genügen, bedeutet aber, dass der Geistliche zu einem **Kultpriester** mutiert, wie ihn bereits die vorchristliche Antike kannte. Seine Hauptaufgabe, wenn er an einem Sonntag einen Altar nach dem anderen bedienen muss, und damit der Mittelpunkt des Gottesdienstes ist die „Opferung". In der Wirkung auf Kinder kann ein solcher Pfarrer, zumal wenn keine Anbindung an die Gemeinde gegeben ist und man ihn im sonstigen Leben nicht zu Gesicht bekommt, in die Sphäre des Sakral-Mythologischen abgleiten. Er vollzieht irgendeinen ominösen Zauber, den niemand versteht, der auf Kinder aber magisch und anziehend wirkt. Damit bekommt der Geistliche unter Umständen einen Einfluss auf die Psyche Heranwachsender, der für deren Entwicklung ungesund ist – und der vonseiten eines entsprechenden Priesters leicht ausgenutzt werden kann.

Theologisch gilt – auch in der katholischen Kirche – die **Taufe** als grundlegendes Sakrament und wird daher auch als „Wurzelsakrament" bezeichnet. *Kein* anderes Sakrament, das den Menschen zugesprochen wird (Firmung, Ehe, Weihe) ist ein zusätzliches Mehr. Cyprian, Bischof von Karthago im 3. Jahrhundert, hat dies in die bekannte Formel „Christianus alter Christus" gebracht: der Christ/die Christin ist ein anderer Christus. Diverse rückwärtsgewandte Entwicklungen in den letzten Jahren (siehe Kapitel „Konziliarer Aufbruch – aktuelle Restauration") haben diesen elementaren Grundsatz zugunsten des Amtes zum Teil verdrängt. Ein Kind wird geboren, die Taufe wird gefeiert und formal ins Taufregister eingetragen – und gut, die Kirche hat ein Mitglied (das mit dem ersten Verdienst kirchensteuerpflichtig wird) mehr. Die Taufe ist aber nicht bloß ein

Initiationsritus, um in eine Gemeinde aufgenommen zu werden – auch wenn dies von Pfarrern oft als erster Grund genannt wird. Theologisch wird in der Taufe einem Menschen eine göttliche Würde zugesprochen, die ihm keine Macht der Welt nehmen darf und mit der er als vollwertiges Glied am „Aufbau des Leibes Christi“ – theoretisch – mitwirken kann. Das Bewusstmachen und halten dieses tiefen sakramentalen Charakters kann, wenn es so eingeführt und als persönliche Bestärkung erfahren wird, ein Stück weit vor Amtsmissbrauch schützen.

Die Überbetonung des kirchlichen Amtes bringt eine übernatürliche Priesterfixierung mit sich. Damit wird das Handeln des Geistlichen auf einer anderen Stufe bewertet als die eines normal Sterblichen. Das, was er tut, kann dann gar nicht bedenklich sein, weil er als geistlicher Leiter einer Gemeinde nur deren Bestes – und das des einzelnen Schäfchens – wollen kann. Kinder, die – zumal vor eins, zwei Generationen – eine solche Haltung im Elternhaus erleben bzw. erlebt haben, müssen es im Fall von übergriffigen Handlungen erst lernen, das innere Stoppzeichen als natürlichen Reflex einer gesunden Psyche zu erkennen und dann auch selbstbewusst hochzuhalten.

Berufung und Sukzession

Es muss für jeden Menschen schön sein zu entdecken, am jeweiligen Ort richtig zu sein. Das gilt lokal wie im übertragenen Sinne, persönlich wie beruflich. Der Mensch sucht nach Sinn und strebt nach Erfüllung. Das macht den Menschen zum Menschen und ist daher zutiefst menschlich. Für religiöse Menschen ist es daher nur konsequent, diese Erfahrung mit Gott zu verbinden. Wenn Gott die Welt und ihre Sinnhaftigkeit erschaffen hat, wenn Gott ein allwissendes Wesen ist, wenn dieser Gott ein personaler Gott ist – eine als „Person" gedachte und ansprechbare Größe – und zudem ein persönlicher Gott – „mein Gott" –, gehören diese Ebenen im religiösen (Selbst-) Verständnis zwangsläufig zusammen. Viele Redewendungen zeugen von diesem Zusammenhang, etwa wenn man sagt, dass „etwas Fügung gewesen" sein müsse. Im Grunde drückt sich damit zweierlei aus: das Gefühl, dass man es als Mensch mit begrenzten Einsichten so, nämlich gut und stimmig, selbst nicht hätte machen können, und damit auch das Gefühl der Dankbarkeit. Dies kann durchaus eine solide Grundlage für ein glückliches, buchstäblich „Gott verdanktes" Leben sein.

Redewendungen und Begriffe, die solche Zusammenhänge, die naturwissenschaftlich nicht erklärbar sind, sprachlich einfangen, sind zweierlei: gefährdet und, unter Umständen, gefährlich. Denn sie können für eigene Zwecke instrumentalisiert und damit missbraucht werden. Ein historisch bekanntes Beispiel ist die wiederholte Rede Adolf Hitlers von einer „Vorsehung". Damit brachte er seine perfide Weltanschauung – und sich selbst als Leitfigur – mit einer übernatürlichen Dimension zusammen und sprach so religiöse Menschen besonders an. Das führte dazu, dass manche in ihm einen „neuen Messias" sahen. Egal, welche Beispiele man daraufhin prüft, die Funktion ist immer dieselbe: Das Handeln und die eigene Weltanschauung werden – aus dem eigenen Selbstverständnis heraus – göttlich legitimiert. Das Gefährliche daran: Es gibt keine objektive Möglichkeit, das Geglaubte oder Behauptete nach den Gesetzen der Logik zu überprüfen. Für die eigene, subjektive Wahrheit ist dies unproblematisch. Die Wissenschaft weiß seit Langem, dass unsere menschliche Wahrnehmung Eindrücke selektiert, also nach Vorerfahrungen aussortiert, bewertet und auch konstruiert. Unser eigenes Empfinden kann daher nie objektiv sein – muss es aber auch nicht.

Eine Spannung tut sich da auf, wo das eigene Gefühl oder auch das sichere Wissen um etwas nicht mit dem übereinstimmt, was die Umgebung dazu meint. Das ist im privaten Leben nichts Besonderes und kann häufig über eine konstruktive kommunikative Auseinandersetzung geklärt werden. Zum Problem wird es dort, wo der

Einzelne zur Bestätigung seiner eigenen – inneren – Wahrnehmung eine äußere Bestätigung benötigt, weil er ohne diese sein subjektives Wissen nicht umsetzen kann. Deutlich wird dieser Zusammenhang am Begriff der „Berufung". Kein biblischer Begriff wird in kirchlichen Kreisen so oft verwendet wie dieser. Denn er drückt einen Grundgedanken der Bibel – im Alten Testament wie im Neuen – aus: dass Gott (als Person) Menschen (persönlich) anspricht und sie auffordert, ihm zu folgen. In der heutigen – in der kirchlichen „Berufungspastoral" zuweilen inflationären – Verwendung dieses Begriffs liegen zwei Probleme: Erstens wird die „Berufung" nicht auf Gott, sondern auf die Kirche hin verstanden. Und zweitens wird sie durch diese „geprüft". Dieser Widerspruch ist objektiv betrachtet nicht auflösbar. Vermeintlich auflösen lässt er sich nur dadurch, dass die Kirche sich als irdische „Vertretung" Gottes versteht. Und genau das tut sie. Damit kommt ihr große, übermenschliche Macht zu: die Macht zur „Überprüfung" der Richtigkeit der eigenen, persönlichen Wahrheit. Die Macht, daraus Konsequenzen zu ziehen, die über ein ganzes Leben bestimmen können. Und letztlich die Macht, im „Namen Gottes" zu sprechen.

Diese **Machtfülle** verdichtet sich zudem amtstheologisch (siehe hierzu weiterführend das Kapitel „Sakramentales Amtsverständnis"), weil die jeweilige Beurteilung durch eine einzige Person, den zuständigen Bischof, erfolgt. Nach dessen eigenem Amtsverständnis, das in seinem Fall jedoch nicht subjektiv ist, sondern durch seine Bischofsweihe zeitlebens bestätigt worden ist, sieht er sich als Nachfolger der Apostel. Und damit entscheidet er in deren Namen. Bleibt man für den Moment im Denkmuster der Kirche, kann man die Entscheidung eines Bischofs über eine Berufung damit als „objektiv" betrachten – und sich als „guter Katholik" fügen. Das wäre dann „Demut" – ein ebenso gefährdeter und oft missbrauchter Begriff (siehe dazu das Kapitel „Demut als Kadavergehorsam"). Nun ließen sich aber Priester anführen, die von „ihrem" Bischof nicht, wie es dann formal heißt, „zur Weihe zugelassen" wurden. Manche versuchen es später noch einmal, manche schlagen gleich andernorts auf. Sie lassen sich dann einfach in einem anderen Bistum – dort, wo der Bedarf noch ein wenig größer ist oder wo man sich schlichtweg keine ausländischen Vikare als Aushilfe leisten kann – zum Geistlichen ordinieren. Welcher der Bischöfe hat sich dann aber geirrt? Es würde wohl keiner der beiden von einem Irrtum sprechen. Aber beide würden dabei bleiben, im Namen der Apostel und der Kirche entschieden zu haben. Spätestens an diesem Punkt bestätigt sich, dass die biblisch verstandene und persönlich empfundene Berufung durch andere Menschen, egal in welcher Position, nicht überprüfbar ist.

Hätte sich der Begriff der „Berufung“ nicht auf die Geistlichen zugespitzt, wäre das alles weiter kein Problem. Der Mensch entwickelt sich, trifft Entscheidungen, die gestern richtig waren und heute falsch sein können. Das kirchliche Amtsverständnis steht jedoch konträr zu diesen Dynamiken menschlichen Lebens, es ist an sich statisch und universell gedacht (siehe dazu das Kapitel „Sakramentales Amtsverständnis“). Wenn Jesus Menschen berufen hat, dann hat er sie eingeladen, sich mit ihm und seinen Jüngern „auf den Weg“ zu machen. Ihre Besonderheit bestand darin, das Lebensmodell dieses Exoten Tag für Tag mitzuerleben. Und wen diese Alternative Jesus gepackt hatte, der hat davon berichtet, hat sie weitererzählt und seine eigene Sicht auf das Leben auch ein wenig verändert. Wen die Kirche heute beruft, den setzt sie in ein Amt, das mit **Privilegien** ausgestattet ist, durch die man sich automatisch wichtiger fühlen muss. Es gehört schon eine starke Persönlichkeit dazu, diese „**Amtsgnade**“, wie es heißt, nicht zu sehr an sein – männliches – Ego heranzulassen (siehe dazu das Kapitel „Ein Nährboden der Eitelkeiten“).

Der Sprung vom Begriff zum Amt ist hier bewusst vollzogen worden, entspricht aber auch der üblichen Verwendung im kirchlichen Gebrauch. Eine Korrektur wäre bereits mit einer Erinnerung an Martin Luthers Verständnis von „Berufung“ möglich. Er hat den Begriff in die damalige Ständeordnung des Hochmittelalters eingebracht. Wie Jesus Handwerker, Fischer oder Mägde „berufen“ hat, so hat der Reformator Luther den Begriff der Berufung für jeden einzelnen Berufsstand beansprucht. Wo Gott den Menschen hingestellt habe, da sei sein Platz – so seine Überzeugung. Damit ließ sich freilich auch gesellschaftliche Ordnung theologisch legitimieren, und wer nach mehr strebte, dem war dies damit unter Umständen auch verwehrt. Die geschichtliche Bezeichnung, dass jemand „König von Gottes Gnaden wurde", lässt sich so vielleicht besser nachvollziehen. Doch diese Auffassung entstand am Übergang vom Mittelalter zur Moderne, während das heutige katholische Amtsverständnis im Vergleich dazu keineswegs modern(er) erscheint. Die Stärke des lutherischen Denkansatzes besteht darin, *jedem* Beruf eine göttliche Legitimation beizumessen. Dies brachte Wertschätzung ebenso mit sich wie die Verpflichtung, es „Gott recht" zu machen. Die Tugenden, die sich in den späteren Zunftordnungen finden lassen, dürften darin ihren Ursprung haben.

Dass Berufung und Amt allerdings so stark miteinander verkittet sind, hängt zum einen mit der Betonung des „geistlichen Standes" (siehe hierzu das Kapitel „Sakramentales Amtsverständnis") zusammen, zum anderen mit dem Verständnis der Weitergabe des kirchlichen Amtes. Im Gegensatz zu vielem im Leben ist es nicht auf Zeit, und es ist nichts, das man einfach so wieder aufgeben kann. Die katholische und die orthodoxe Kirche sehen sich – bzw. ihre Amtsträger – in einer Art **fortlaufender Kette**, die auf die Apostel zurückgeht. Dieses Prinzip der Legitimation wird „apostolische Sukzession" genannt. Wie sich der Papst als „Nachfolger Petri" versteht, so steht jeder, der von einem selbst in dieser Sukzession stehenden Bischof geweiht – und damit kirchenrechtlich zum „Kleriker" wird (siehe dazu das Kapitel „Kleriker und Klerikalismus") –, auch in dieser Kette. Er muss sich daher in seinem Handeln daran messen (lassen), den biblischen Vorbildern auch gerecht zu werden. Bei der Überhöhung so mancher Figuren und ihrer gewonnenen Bedeutung als „Heilige" (siehe dazu das Kapitel „Von Tätern und Opfern") kann dies unter Umständen eine ziemliche psychische Belastung für den Einzelnen darstellen. Anders als im evangelischen Kirchenrecht kann der katholische Geistliche seinen Stand nicht so ohne Weiteres an den Nagel hängen. Er bleibt im Amt und damit Amtsträger, auch wenn er sich von seinen Aufgaben entbinden lässt. Erst eine „Laisierung", also eine Rückversetzung in den sogenannten „Laienstand" (siehe dazu das Kapitel „Sakramentales Amtsverständnis") – in diesem Falle durch den Papst – macht es möglich, seine „Berufung" abzugeben. Für nicht wenige ist dies mit dem Gefühl verbunden, dann wohl keine „richtige" Berufung gehabt zu haben.

Wo objektive, messbare Indikatoren für die Prüfung einer „Berufung" nicht vorliegen (können), ist vor allem der Heranwachsende gefährdet. Denn der Erzieher, Lehrer, Internatsleiter oder Hausgeistliche kann seine Macht für eigene Interessen – warum nicht sexuelle? – ausnutzen. Und „demütig" zu sein und sich gegenüber jemandem zu fügen, der qua Amt „in persona christi" (siehe die Erklärung im Kapitel „Sakramentales Amtsverständnis") handelt, kann schließlich auch als Befähigung zum Dienst in der Kirche ausgelegt werden. Auf der religiösen Entwicklungsstufe des Kindes kann zudem die Vorstellung leitend sein, so „näher zu Gott" zu gelangen.

Wer systemisch über das religiöse Gefühl eines Menschen urteilen darf, besitzt eine große institutionelle wie auch persönliche Macht. Zudem kommt diesem System und Menschen die Deutungsmacht über ureigene, persönliche Empfindungen und das eigene Selbstbild zu. Damit stehen Heranwachsende in der Gefahr, sich von (der Meinung) einer religiösen Leitfigur abhängig zu machen und von dieser manipuliert zu werden.

Kleriker und Klerikalismus

Mit der Diakonenweihe wird man Geistlicher – nicht mit der Priesterweihe, wie oft fälschlicherweise auch in religiösen Büchern angegeben. Nach can. 266 CIC tritt man oder genauer „Mann" in das – eine – kirchliche Amt ein, kirchenrechtlich formuliert: in den Klerikerstand. Diese – rechtliche – Bezeichnung deutet den Standeswechsel an, der sakramental zusätzlich untermauert wird (siehe dazu Kapitel „Sakramentales Amtsverständnis"). Von jetzt an ist man/Mann Teil des apostolischen Amtes der Kirche und kirchenrechtlich kein „**Laie**" mehr. Mit Ausnahme der Ständigen Diakone ist die Voraussetzung für die Weihe der Zölibat, die Ehelosigkeit. Mit der Handauflegung durch den Bischof wird die amtliche Vollmacht übertragen, im Namen Christi und beauftragt durch die Kirche zu handeln. Hierzu wird in der Weihe um den Beistand des Heiligen Geistes gebeten. Diese Rückführung auf den Heiligen Geist macht deutlich, dass sich die Übergabe der amtlichen Vollmacht nicht auf die Handauflegung und Weihegebete des Bischofs (allein) beziehen. Er vertritt lediglich Christus und die Apostel, von denen her er die Beauftragung weiterführt. Dieses Grundverständnis ist an die biblische Tradition angelehnt: Jesus hat beauftragt und Vollmacht übertragen: „Darum geht zu allen Völkern und macht alle Menschen zu meinen Jüngern; tauft sie im Namen des Vaters und des Sohnes und des Heiligen Geistes und lehrt sie, alles zu befolgen, was ich euch geboten habe. Seid gewiss: Ich bin bei euch alle Tage bis zum Ende der Welt" (Matthäusevangelium 28,20). An anderer Stelle wird von Jesus ein Satz überliefert, der für das kirchliche Amtsverständnis grundlegend sein sollte: „Wer groß sein will unter euch, der soll euer Diener sein; und wer unter euch der Erste sein will, der soll aller Knecht sein" (Markusevangelium 10,43–44). Hierin drückt sich das – bereits damals und erst recht noch heute – revolutionäre Leitungsverständnis eines Jesus von Nazareth aus. Es ist die Umkehrung allen Standesdenkens.

Überträgt man diese Aussage auf das kirchliche Amt, so wird deutlich, dass das Amt immer Dienstamt sein sollte. Was sich so schön sagen und auf Einladungskarten zur Weihe drucken lässt, muss sich aber im praktischen Leben bewähren. Und so theologisch eindeutig es ist, dass es nur *ein* kirchliches Amt – wenn auch in dreifacher Ausformung, bestehend aus Diakon, Priester und Bischof – gibt, so oft wird man auch die Beschreibung finden, dass der Diakon die „erste Weihestufe" ist. Erst wer so weit ist, nicht mehr von einer Stufung zu sprechen, der kann der Hierarchie der Kirche eine innere Abfuhr erteilen – und wird sich stattdessen an der Bibel orientieren. Hier findet er immer wieder Umkehrungen üblicher Ordnungen. Allein diese Orientierung an dem Führungsstil und Menschenbild eines Jesus von Nazareth kann vor überzogenem Standesbewusstsein schützen.

Die übertriebene Fixierung auf den klerikalen Stand wird als „Klerikalismus" bezeichnet. Wenn im Klerikalismus eine Ursache für viele aktuelle kirchliche Problemfelder liegt – einschließlich des Themas Missbrauch –, dann sollte diese Bestandserhebung nicht ausreichen. Vielmehr müsste nach den Ursachen dieses neu aufgekommenen überzogenen **klerikalen Selbstbewusstseins** gefragt werden. Die Analyse wird vieldimensional ausfallen. Sie setzt an der Verunsicherung des Einzelnen ebenso an wie an der kirchlichen Großwetterlage und der veränderten Rolle der Kirche in der Gesellschaft. Auf der Ebene der Persönlichkeit wäre zu analysieren, wie junge Männer „ticken", wenn sie die klerikale Rolle für ihr Ich so dringend benötigen. Auf der gesellschaftlichen Ebene wäre der Frage nachzugehen, was – die vielfach eingeforderte – **Demut** in einem strukturellen Sinne für die Kirche heißt. Dieser Begriff entstammt der althochdeutschen Bezeichnung „diomuoti", die man mit „Mut zum Dienst" bezeichnen kann. „Dienstmut" zu besitzen, ist eine Frage der inneren Haltung. Wer zum Beispiel einen Beruf im Gastronomie- und Hotelwesen erlernen will, benötigt, wie in vielen anderen Dienstleistungsberufen auch, eine Einstellung des „Dienstmutes". Dieser Begriff macht durch das Wort „Mut" deutlich, dass es um ein Vielfaches einfacher ist, machtvoll zu herrschen. Dienen heißt hinhören können, aufmerksam sein, dem Gegenüber seine Wünsche buchstäblich von den Augen ablesen. Und diese Fähigkeit hat erst einmal nichts mit dem Amt zu tun, sondern mit dem Menschsein, mit dem Interesse am anderen und mit der Ausbildung – und Schulung – unserer Spiegelneuronen.

Auffällig ist in diesem Kontext ein anderes Phänomen: dass es auch so etwas wie „Laien-Klerikalismus" gibt. Eigentlich ein Widerspruch in sich, spiegelt diese Verhaltensweise von sogenannten „Laien" doch das klerikale Amtsgehabe Geistlicher. Es bedeutet, dass auch „Laien" auf den entsprechenden, mit Macht versehenen Positionen Tendenzen und Verhaltensweisen aufweisen können, die man bei Geistlichen unter der Kategorie „Klerikalismus" ablegen würde. Das System katholische Amtskirche bedingt diese Dynamiken, und die entsprechenden Kleriker-Vorbilder dienen als Modell. Gelegentlich drückt sich eine solche Annäherung in der Haltung sogar in der Kleidung der entsprechenden „klerikalen Laien" aus, so dass man, zum Beispiel bei einem Bewerbungsgespräch, nicht so recht weiß, ob man jetzt einem Pfarrer gegenübersitzt oder einem „Laien". In Fällen von Laien-Klerikalismus ist dies dann – vom Gebrauch der jeweiligen Macht her gesehen – auch egal.

Der Spielfilm „Wunderbare Tage" von Matthias Kiefersauer[64] handelt von einem ansonsten durchaus sympathischen, geerdeten und ideenreichen Pfarrer, der sich zwischendrin im Alltag immer mal wieder einen Dornenkranz aufs Haupt setzt, in den Spiegel schaut – und dann verzückt zum Kruzifix. Hierin wird ein Motiv ins Bild gesetzt, das dem geistlichen Stand eigen ist und das sich in unzähligen Gebeten wiederfindet und verschiedentlich ins Wort gebracht wird: eine „mystische Gemeinschaft" mit Christus einzugehen etwa, die „Christusunmittelbarkeit" zu ersehen, schlichtweg „eins zu sein" mit Christus. In der Legende vom heiligen Franziskus wird beispielhaft berichtet, wie dieser die Stigmata (Wundmale Christi) empfängt. Hier hat sich gleichsam etwas verkörpert, was sich seelisch erfüllt hat

– „eins mit dem Herrn" zu sein. Diese spirituelle Deutung hat biblische Vorlagen: etwa, wenn Paulus sagt, dass nicht mehr er lebe, sondern Christus in ihm (vgl. im Brief an die Galater 2,20). Allerdings ist diese Einsicht des Apostels gerade keine Steigerung des eigenen Ich durch die Projektion auf Christus, sondern vielmehr umgekehrt die Betonung der Kraft des Auferstandenen. Paulus sprach diesen Satz aus dem sogenannten Damaskuserlebnis heraus: Als Saulus hat er die Gemeinde Gottes verfolgt, bis ihm Christus selbst erschien – und ihn von innen her verändert hat. Pervertiert wird dieser Gedanke indes durch entsprechend narzisstische und soziopathische Persönlichkeitsstrukturen,[65] die diese Logik auf sich hin interpretieren. An anderer Stelle rühmt sich Paulus seiner Schwäche als Mensch – und Apostel –, indem er erkennt: „Denn wenn ich schwach bin, dann bin ich stark!" (2. Brief an die Korinther 12,10) Diese Stärke sieht er aber *nicht* als seine eigene an, die Erkenntnis dieser Kraft, die einen Menschen radikal verändern kann, besitzt für Paulus vielmehr die Kraft, bescheiden zu machen. Sie wäre das Gegenteil von klerikalem Gehabe. Sie müsste echte geistliche Menschen hervorbringen anstatt „liturgische Kleiderständer", die – in der Liturgie wie im Leben – „heiliges Theater" spielen und ihr Amt für eigene Zwecke missbrauchen.

Eine Kirche, die diese Haltung – wieder – erlernen könnte, wäre ganz von selbst attraktiv. Geistliche, die sich als „Diener" – nicht des Bischofs oder Papstes, sondern der Menschen – verstehen, haben es nicht nötig, ihren Klerikerstand künstlich zu betonen. Vielmehr leben sie ihn: Sie wirken aufgrund einer Beauftragung und Vollmacht, die nicht von ihnen selbst kommt, sondern die ihnen geschenkt ist – und die sie auch wieder verlieren können. Klerikalismus indes geht davon aus, dass die Weihe ein für alle Mal qualitativ verändert – und dass es weiter nichts braucht. Der klerikale Kleriker versündigt sich dann nicht nur am Amt und an den Menschen, sondern letztlich an Gott, weil er sich an dessen Stelle setzt. Die gegenwärtige Struktur des katholischen Amtes begünstigt diese Tendenzen: Wer zum Pfarrer geweiht ist, der besitzt qua Weihe viele andere Kompetenzen. Er darf Unterricht in allen Schularten erteilen – wofür die staatlichen Kollegen eine schulartspezifische Staatsprüfung (auch im Fach Religionslehre) benötigen. Er darf leiten, verwalten und wichtige Entscheidungen alleine treffen.

Doch auch der Klerikalismus ist nicht vom Himmel gefallen. Im **Kirchenrecht von 1917** gab es eine ganz klare Zweiteilung, die der alten Tradition des sogenannten **Decretum Gratiani** entsprach. Darin heißt es: „Duo sunt genera christianorum“: Es gibt zwei wesenhaft verschiedene Arten der Christgläubigen. Can. 107 (CIC/1917) stellte klar, dass die Kleriker von den Laien verschieden (lat.: „distincti“) seien. Die „Laien“ indes sind die übrigen, die von den Klerikern (entsprechend can. 948 CIC/1917) zu leiten sind. Innerhalb der – auch weltlichen – Ständegesellschaft führte diese Unterscheidung dazu, „dass Kleriker und Laien als zwei voneinander völlig getrennte Personenstände betrachtet wurden“.[66] Insofern kann im Klerikalismus das Verlustgefühl einer – vermeintlich – „guten alten Zeit“ gesehen werden.

Der Kleriker ist das „alter ego“ (das „andere Ich“) Christi, allerdings – und das sollte sich der im Amt befindliche „Diener Christi“ bewusst halten – immer (nur) in Stellvertretung.

Je stärker die Institutionalisierung der Kirche in den letzten Jahrhunderten fortgeschritten ist, je wichtiger das Kirchenrecht genommen wurde, je unreifer die Persönlichkeit von Vertretern des priesterlichen Standes wurde und je mehr kirchliches Leben vom Evangelium eines Jesus von Nazareth abgerückt ist, umso stärker nahm der Klerikalismus zu. Er ist die Umkehrung des biblischen Fundaments und überhöht einen Menschen – den Geistlichen – und die Kirche.

Der Klerikalismus hat viele Gesichter, doch immer fokussiert er alles kirchliche Handeln auf das Amt und, vor allem, den Amtsträger. Klerikalismus ist Systemneurose. Ihr Gift ist ansteckend, Immunisierung daher dringend erforderlich.

Blutsbrüder – dicker als Wasser

Wenn man Diakon wird, wird man von jetzt auf gleich mit einem besonderen Phänomen konfrontiert. Es drückt sich symbolisch bereits unmittelbar nach der Weihe aus: Alle anwesenden Diakone und Priester sind eingeladen, die Neugeweihten zu umarmen. Dieses starke körperliche Zeichen verdichtet sich noch in der Anrede, die von den älteren Jahrgängen fortan verwendet wird: Man gilt jetzt als „**Mitbruder**" – ob man will oder nicht. Konkret sieht das so aus: Wenn zum Beispiel ein Maurer, der im Nebenberuf nun (auch) Diakon ist, einen Professor, der neben seinem Beruf auch als Diakon unterwegs ist, formell anschreibt, wird er – vorausgesetzt, der Professor weiß um den neuen geistlichen Stand des Schreibers – für gewöhnlich keine übliche Anrede wählen. Zumindest in der zweiten Zeile, nach dem üblichen „Sehr geehrter …", wird die Zeile stehen: „Lieber Mitbruder". Auch wenn man sich bemüht, dieses Phänomen als Formalität abzutun, es wird nur selten gelingen. Denn es hat sich etwas verändert in der Fremd- und wahrscheinlich auch in der Selbstwahrnehmung der eigenen Person – immerhin gehört man nun zum großen, zweitausendjährigen Reigen aus Heiligen und Unheiligen (siehe die Kapitel „Sakramentales Amtsverständnis" sowie „Berufung und Sukzession"). Dieses Phänomen steigert sich entsprechend der hierarchischen Stufung des Amtes. Wenn die Zugehörigkeit zum „Ordo" bereits bei Diakonen sozial so stark empfunden wird, muss sie bei der Priester- und erst recht bei der Bischofsweihe umso intensiver erscheinen. Bereits die katholische Kirche ist eine eigene Welt, die Welt des Ordo indes ist noch einmal mehr eine spezielle Sphäre. Ab der Priesterweihe und der damit einhergehenden Verpflichtung zur Ehelosigkeit wird dieser „mitbrüderliche" Charakter psychisch nochmals verstärkt. Nun gibt es zwei große Gemeinsamkeiten: „in persona christi" (siehe dazu im Kapitel „Sakramentales Amtsverständnis") geistliche Leitung übernehmen zu dürfen und aufgrund der gesalbten Hände auch jedwede Leitungskompetenz – sei es die Leitung einer Gemeinde, eines Kindergartens, einer katholischen Schule etc. – mit allen Leitungs- und Haushaltsvollmachten zu besitzen. Ganz gleich, welche fachlichen und vor allem persönlichen Kompetenzen neben einem abgeschlossenen Theologiestudium noch vorliegen, in der Regel sind es wenige. Allesentscheidend ist die Ordination/Weihe. Sie verbindet im religiösen Verständnis nicht nur Gott und Mensch, sondern in sozialer Hinsicht Männer miteinander, auch wenn sie sonst keinerlei Gemeinsamkeiten haben. Alles andere wird nachgeordnet. Die zweite Gemeinsamkeit ist die **sexuelle Enthaltsamkeit**, wenngleich sie unter Priesteramtsanwärtern und Priestern – auch in der Ausbildung – nicht sonderlich thematisiert wird. Das Thema wird hingenommen wie das jeweilige Wetter, das eben herrscht. Wenn das Thema Sexualität ins Spiel kommt, sind es zumeist Anspielungen oder Witze, die dann oft sehr unreif und pubertär wirken.

Diese verbindenden großen Gemeinsamkeiten schweißen zusammen. Sie bilden ein ganz spezielles **Wir-Gefühl** aus, das sich zu einem relativ geschlossenen System verbackt. Priester, die zur Kompensation ihrer Einsamkeit oder persönlicher Entwicklungsdefizite von diesem Wir-Gefühl zehren, sind leicht anfällig für einen „esprit de corps", wie er auch in diversen studentischen Korporationen anzutreffen ist. Symbole, Rituale und Erkennungszeichen bekommen dann eine besondere Wichtigkeit. Im kirchlichen Kontext wiederum erlangt das Amt eine Stellung, die *alle* Lebensbereiche überlagert. Es gibt Priester und Bischöfe, die niemals „Zivil" tragen, die man im Urlaub am Strand noch als Kleriker erkennt. Sie haben aus ihrem Selbstverständnis heraus kein Privatleben mehr, sie leben für und aus dem Amt, das Ich hat sich psychisch dem Wir untergeordnet. So ist es – aus diesem System heraus gedacht – nur verständlich, dass man diese Ordo-Identität schützt und nach „außen" hin verteidigt. Dem „Wir" stehen „die Anderen" gegenüber – seien es „Laien" (siehe dazu im Kapitel „Kleriker und Klerikalismus"), die Presse oder Wissenschaftler. Besonders Bischöfe älterer Jahrgänge haben dieses dualistische Denken erlernt und verinnerlicht, gab es doch immer schon Lager, die gegen die Kirche waren – die Sozialisten, die Kommunisten, die pluralistische Postmoderne etc. Und noch eines setzt sich fort: der hochmittelalterliche Grundsatz **„clericus clericum non decimat“** (lat.: ein Kleriker fordert vom anderen Kleriker nichts ein), der historisch auch im Hinblick auf protestantische Landesherren als Rechtsnorm eingeführt wurde. Auch wenn es, wie so oft in der Kirche, hierbei zunächst um materielle Güter geht, kann diese Haltung die Mentalität erklären, zwar vom Schalten und Walten des Mitbruders etwas gehört zu haben, ihn aber im Prinzip auf seinem Sprengel in Ruhe zu lassen.

Im extremen Fall bedeutet dies, dass, egal was von einem „Mitbruder“ zu Ohren kommt, dies um des „Brüderlichen“ willen unter den Tisch fällt. Es mag sein, dass er sich dafür eine „mitbrüderliche Zigarre“ abholen muss, nach außen dringen darf aber nichts davon. Freilich gibt es auch Geistliche, die relativ unabhängig von diesem klerikalen „esprit de corps“ in der Kirche und im Leben stehen, sie dürften aber deutlich in der Minderheit sein. Sie verhalten sich frei und haben es gelernt, die Freiheiten des Systems für sich – und im besten Falle die eigene Gemeinde – zu nutzen. Doch diese „Mitbrüder“ werden in der Regel keine Karriere machen. Sie halten sich fern vom bischöflichen Amtssitz – und genießen ihre Privilegien. Demgegenüber ist eine bedenkenswerte Tendenz unter Priesteramtsanwärtern zu beobachten. Während die meisten hiesigen Priester aus der Studiengeneration der 1970er- oder 80er-Jahre nicht auf die Idee gekommen wären, sich weit vor ihrer Weihe als Priester zu kleiden, so tragen viele Anwärter heutzutage bereits mit Eintritt ins Priesterseminar **Collarhemden**, manche sogar schon als Theologiestudent im Hörsaal. Man könnte meinen, dass sie es einfach nicht abwarten können endlich Priester zu werden. Überhaupt erfreut sich das Collarhemd in den letzten Jahren wachsender Beliebtheit. Ist es eigentlich das öffentliche Erkennungszeichen katholischer Geistlicher, so wird es auch zunehmend gern von evangelischen Pfarrern oder Geistlichen anderer Konfessionen getragen. Auch unter den katholischen

Diakonen wurde das Collarhemd in den letzten Jahren salonfähig. Unabhängig von den rechtlichen Aspekten einer solchen Amtsvortäuschung im Falle von Studenten oder Priesteramtsanwärtern verweist dieses seit einigen Jahren zu beobachtende Phänomen auf eine neuartige Wichtigkeit, die das Amt für diejenigen (Möchtegern-) Amtsträger hat.

Die Zugehörigkeit zum Amt verbindet die betreffenden Männer in einer ganz speziellen Dimension. Im Begriff des „Mitbruders" schwingt die Verpflichtung für seine „Familienangehörigen" mit. Leitende Vertreter des Ordo haben systematisch Verbrechen von „Mitbrüdern" vertuscht. Der klerikale „esprit de corps" machte es möglich. Denn das kirchliche Amt war ihnen wichtiger als der Einzelne – der Einzelne sollte aber das „heilige" Amt auch nicht besudeln.

Diese Zustände lassen erkennen, wie wichtig eine gute Auswahl von Geistlichen und Vorgesetzten für Dekanen- und Bischofsämter wäre – vorausgesetzt, man könnte von Auswahl sprechen. Für den Umgang mit katholischen Geistlichen bedeutet dies nicht mehr, aber auch nicht weniger als bei allen anderen Dienstleistungsberufen: sich von seiner Intuition und seiner gesunden Menschenkenntnis leiten zu lassen.

Versäumte Persönlichkeitsentwicklungen lassen sich durch viel Übung und Schauspielerei vielleicht ein wenig überspielen, aber nicht auf Dauer. Sollte man bei einem kirchlichen Mitarbeiter ein „schlechtes Bauchgefühl" haben, steht der Schutz des Kindes an erster Stelle. Dann findet zum Beispiel die Erstkommunionvorbereitung eben in einer anderen Gemeinde statt, oder die Mutter begleitet das Kind beim Beichtgespräch.

Demut als Kadavergehorsam

„Ihnen fehlt einfach die richtige Einstellung für diesen Dienst", so lautete (O-Ton) die Begründung, die eine Klientin in Zusammenhang mit einem Coaching vor den Kopf geworfen bekam. Eine Differenzierung oder Konkretisierung für sein Urteil konnte der ausbildende Pfarrer nicht liefern. Die angehende Gemeindereferentin konnte mehrere Beispielsituationen benennen, in denen der Pfarrer mit ihr offenbar „irgendwie nicht klarkam", was er aber nicht ins Wort bringen konnte. Stattdessen wich er ihr aus, ließ sie auflaufen – und stellte ihr am Ende ihrer Ausbildungszeit ein fatales Zeugnis aus. Ein Entwicklungs- oder gar Konfliktgespräch hatte es in der ganzen Zeit nie gegeben. Sein Gefühl, dass der jungen Frau ein entscheidendes Kriterium für den kirchlichen Dienst fehle – und zwar das „**sentire cum ecclesia**" (wörtlich: „Fühlen mit der Kirche") – genügte.

Im Coaching kirchlicher Mitarbeiterinnen und Mitarbeiter zeigt sich dieses Phänomen immer wieder: In jedem dieser Fälle waren die Vorgesetzten zu substanziellen Aussagen und damit Begründungen ihrer Beurteilungen nicht bereit oder vielmehr – menschlich und/oder aufgrund ihrer Führungskompetenz – nicht fähig. Was von jedem weltlichen Arbeitsgericht als nicht hinreichend substantiiert abgewiesen worden wäre, scheint im kirchlichen (katholischen) Kontext im Konfliktfall System zu haben: Hier bringt der Vorwurf zu Fall, nicht die Fakten. Was gegenüber kirchlichen „Laien"-Mitarbeitern mit solch kryptischen Vorwürfen funktioniert, greift gegenüber Geistlichen bereits mit der bloßen Feststellung fehlender **Loyalität** oder nicht vorhandenen Gehorsams. Denn dieser ist Bedingung für die Weihe. Eugen Drewermann definierte schon vor dreißig Jahren[67] religiösen Gehorsam als „Verlagerung des Willens vom Ich weg in die Fremdbestimmung durch den Willen anderer"[68]. Dieses Muster hat eine lange Tradition, vor allem in der abendländischen Mönchsgeschichte. Und auch noch heutige Bezeichnungen verraten etwas von diesem Ursprung: Der Pater oder der Abt als „Vater", die „Mutter Oberin" als die, die das Sagen hat. Im Prinzip wurde dabei die Vorstellung, die man von der Gott-Jesus-Beziehung hatte, auf religiös-weltliche Strukturen übertragen. Wie Jesus (nach dem Johannesevangelium 6,38) betont, nicht gekommen zu sein, „um meinen Willen zu tun, sondern den Willen dessen, der mich gesandt hat", so wird das Tun des Mönchs an den Willen des Abtes gebunden. Drewermann macht es von der individuellen psychischen Entwicklung abhängig, inwiefern diese religiöse Forderung nach einem nicht weiter hinterfragbaren Gehorsam von einem Menschen als Ideal gelebt werden kann. Er skizziert drei Möglichkeiten, wie aus der Pflicht zum Gehorsam ein persönliches Bedürfnis werden kann.

Allen gemeinsam ist, dass **zwangsneurotische Einflüsse** aus der Kindheit den Drang zum klerikalen Gehorsam vorgeprägt haben. Eine spezielle Form – die „Identifikation mit dem entsprechenden Vorbild" – sieht Drewermann im „Kadavergehorsam".[69] Ohne jedem Kleriker einen solchen Kadavergehorsam zu unterstellen, sind es doch existenzielle Aspekte, die vor dem Gang in den Gehorsam bzw. zur Weihe beachtet und hinlänglich reflektiert sein wollen: Erstens wird am Beispiel der Gehorsamstradition zwischen Abt und Mönch bzw. Mutter Oberin und Nonne wieder (siehe dazu Kapitel „Sexualität und Enthaltsamkeit") deutlich, wie stark kirchliches Leben und kirchliche Hierarchie am Familienmodell anknüpfen. In der ganzen Kirche Gottes tummeln sich Schwestern und Brüder, Patres und Mütter – im besten Fall asexuell vereint. Die eigene Familiengeschichte, die Erziehungsstile der Eltern oder – ganz besonders – auch die Geschwisterkonstellation zu kennen und sich mit diesen inneren Mustern auseinandergesetzt zu haben, sollte niemand unterlassen, der in der Kirche einen Platz sucht.

Zweitens bestimmen starke **Riten** und **Symbole** den Gang in den Gehorsam: Obwohl der vermeintlich aufgeklärte Mensch im Vorfeld eine rationale Entscheidung für oder gegen die Weihe fällen kann – kirchenrechtlich betrachtet aus eigener Freiheit heraus sogar muss –, und wie er im Nachhinein das Erlebte auch reflektieren kann, so arbeitet gleichsam parallel in ihm eine andere Ebene, das „emotionale Erfahrungsgedächtnis“ (Gerald Hüther). Die Weihekandidaten werden sich zur Handauflegung vor den – sitzenden – Bischof knien. Nach sieben Formeln, auf die der frisch Geweihte mit „Ich bin bereit“ antwortet, fragt der Bischof abschließend: „Versprichst du mir und meinen Nachfolgern Ehrfurcht und Gehorsam?“ Der Weihekandidat erwidert: „Ich verspreche es.“ Anschließend legen sich die frisch ordinierten Männer, mit dem ganzen Körper ausgestreckt, auf den Boden, während die Gemeinde eine – auf dem Boden liegend noch länger wirkende – Allerheiligenlitanei betet. Was ein Mensch hier ganzheitlich fühlt und denkt, geht über die Ebene der Sprachlichkeit hinaus. Hieran wird deutlich, was die Neurowissenschaften unter dem Begriff des **Musterzustandes** fassen: eine fest verbackene „Einheit von äußeren und inneren Faktoren mit einem spezifischen Zusammenspiel von körperlichen, geistigen, seelischen und sozialen Reaktionen“[70] – umgangssprachlich formuliert: Es „macht etwas mit einem“.

Auch, wenn man die Analogie zur Familie als erwachsener Mann nicht ganz ablegen kann, so gab es auch Zeiten von Ungehorsam in der eigenen Kernfamilie. Insofern wird ein Kleriker mit gesunder psychischer Entwicklung auch Wege und Möglichkeiten finden, den Gehorsam so auszulegen, dass er auch für ihn erträglich wird – schließlich bietet der Pfarrerstand auch hinreichend angenehme Seiten, über die ein Ausgleich versucht werden kann. Schwieriger gestaltet sich das Versprechen der Ehrfurcht, das an die Verpflichtung im Kirchenrecht angelehnt ist, als „Kleriker [...] in besonderer Weise [...] dem Papst und dem Ordinarius[71] **Ehrfurcht** und **Gehorsam** zu erweisen“ (CIC, can. 273). Man kann Ehrfurcht vor Gott haben und/oder vor dem Leben an sich. Doch was bedeutet sie hier in Zusammenhang mit dem Gehorsam? Allein diese Forderung verweist auf die Gefahr des Klerikalismus (siehe Kapitel „Kleriker und Klerikalismus“) und auf den **Amtsnarzissmus** (siehe Kapitel „Ein Nährboden der Eitelkeiten“). Ist der Bischof ein echter Geistlicher dem Begriff nach, also ein Mensch, der spirituell lebt und von einer gesunden Bescheidenheit geprägt ist, wird er alles daran setzen, diesen Anspruch nur in dem Moment zu formulieren, in dem er die Formel aus seinem Rituale (Gebetsbuch für den entsprechenden Anlass) ablesen muss. In seiner Amts- und vor allem Personalführung wird „Ehrfurcht" keine Rolle spielen. Schwache „geistliche" Führungspersönlichkeiten indes werden dieses Vorrecht des Bischofsstandes von Fall zu Fall zur Disziplinierung ihrer „Mitbrüder" im Priester- und Diakonenamt einsetzen. Denn deren Weiheversprechen galt nicht nur dem Amt, sondern – so werden sie es interpretieren – der Person des Bischofs. Ein persönlich schwacher „Hirte" wird im Konfliktfall diesen Amtseid auf sein Ego hin auslegen. Kirchenrechtlich kann er sich der Verhängung des „Interdikts" (lat.: Untersagung, in diesem Fall der weiteren Ausübung gottesdienstlicher Handlungen) bedienen oder „anderer gerechter Strafen"[72] – wobei ihm allein die Beurteilung des Kriteriums „gerecht" zukommt (siehe Kapitel „Kirchenrecht – paralleles Recht?").

Menschen, die sich bis zum Verlust ihrer eigenen Identität dem klerikalen Gehorsam ausliefern, entfremden sich psychisch von sich selbst. Sie geben einen Teil ihres Gespürs für ihren eigenen Willen, ihre Gefühle und Bedürfnisse auf – und sind sich gleichzeitig sicher, sich die Gunst des geistlichen „Vaters" (oder der „Mutter") verdient zu haben. Allerdings wissen sie auch – unbewusst – um den Preis dieses heiligen Paktes. Es ist möglich, dass sie ihr eigenes Verhaltensmuster auf ihrerseits Abhängige übertragen – und ebenso „Ehrfurcht und Gehorsam" einfordern. Und die bekannte Spirale der Gewalt dreht sich weiter, in diesem Falle durch religiöse Semantik legitimiert.

Ein Nährboden der Eitelkeiten

So kann es nicht wundern, dass ein derartiges Selbstverständnis im Amt auch eine spezielle **Anfälligkeit** für Eitelkeiten aller Art hervorbringt, obwohl – oder vielleicht auch gerade weil – das Kirchenrecht davor warnt. Denn es verpflichtet Kleriker explizit dazu, „sich aller Dinge zu enthalten, die nach Eitelkeit aussehen" (CIC, can. 282). Der Leser mag selbst entscheiden, wie viele Priester und Bischöfe er kennt, die ihren Zölibat mit Luxus und Prunk kompensieren. *„Ich darf ja sonst nichts haben, was Spaß macht"* (O-Ton), meinte ein Pfarrer zum Beispiel, als er sich einen teuren Flitzer leistete. Der Schweizer Naturwissenschaftler Max Thürkauf hat bereits vor drei Jahrzehnten festgestellt: „Die Fehler der Vertreter der Kirche beruhen auf derselben Sünde wie die Fehler der Vertreter der Wissenschaft: auf dem Hochmut."[73] Enttäuscht über beide Seiten war Thürkauf aus Gewissensgründen von seinem Amt als Leiter eines Instituts für physikalische Chemie zurückgetreten. Dieser **Hochmut**, den er als Möglichkeit, vielleicht sogar als Konsequenz eines absolutistisch-narzisstischen Gehabes[74] nennt, findet sich in folgender Legende[75] wieder. Sie verweist darauf, dass struktureller Absolutismus und persönliche Eitelkeit eine gefährliche Melange für alle Beteiligten bilden können. Zölibatäre Geistliche, also Priester und Bischöfe, sind bei fehlendem emotionalem Rückzug für diese Mischung, natürlich je nach der persönlichen Stärke oder Schwäche, besonders anfällig. Dies wird zusätzlich durch die unbewusste Bedeutung der „liturgischen Reizwäsche" – wie sie in Priesterkreisen süffisant genannt wird – bei Geistlichen untermauert. Und hier scheint der Grundsatz zu gelten: Je höher der Rang, umso gefährdeter. Das möchte die folgende Geschichte veranschaulichen.

Die Legende handelt von einem Patriarchen der frühen Kirche, der aus einfachem Hause kam. Seine schlichte Herkunft und damit verbundene Ehrlichkeit und vor allem seine Liebe zur Gerechtigkeit hatten ihm die Gunst des Volkes eingebracht

– und schließlich den Bischofsstuhl. Auf diesen soll er sich, so die Legende, anfangs gar nicht zu setzen getraut haben, auch drückte sein Stephanos wie eine schwere Last auf seinem Haupt und soll er jeden Abend froh, erleichtert und dankbar gewesen sein, als man ihm seine Insignien abnahm. Da er aber ein leidenschaftlicher Angler war, hielt er sich einen Tag in der Woche für die Natur frei. Dazu schlüpfte er im Gewand eines einfachen Bauern aus dem bischöflichen Palast und kam oft spät am Abend als glücklicher und befreiter Mensch zurück. Keinen der gefangenen Fische hat die bischöfliche Küche je gesehen, doch war dem Gärtner nicht unbemerkt geblieben, dass immer tags darauf, nachdem sich der Patriarch vom Abendgebet hatte entschuldigen lassen, der Teich des bischöflichen Gartens eine besonders quirlige Lebendigkeit aufwies. Auch hatte er erst jüngst daraus eine Fischart gefangen, die im bislang noch nicht untergekommen war, und diese stattlichen Exemplare mit festem Fleisch als einträgliches Geschäft auf dem Markt der Stadt feilgeboten: Bischofsfisch nennt man ihn im Osten wohl noch heute. Und obgleich sich der Gärtner darüber freute, war ihm dieser unerklärliche Zusammengang nicht ganz geheuer.

Die Jahre vergingen, der Hofstaat hatte sich an die regelmäßige Unpässlichkeit des Patriarchen und die wundersame, für die Gärtnerfamilie einträgliche Fischvermehrung im Teich gewöhnt. Im siebten Jahr des Patriarchen musste der Gärtner seine Geschäfte zwangsläufig einstellen. Der Nebenertrag, den er über die Jahre hinzugewonnen hatte, fehlte ihm, um die mittlerweile zwölf Kinder gut zu ernähren. So fasste er allen Mut zusammen und bat um einen Termin bei seinem Herrn. Dieser empfing ihn in der großen, prunkvollen Halle des bischöflichen Palais, in der auch die drei Vorgänger des Patriarchen auf übergroßen Ölporträts zugegen waren und ernst auf den Gärtner hinabschauten. Es schauderte ihn, und der Gärtner wandte seinen Blick lieber auf den vor ihm sitzenden Patriar-

chen, den das Volk so sehr liebte. Er verneigte sich, bedankte sich für die Einladung und begann mit leisen, schlichten Worten sein Anliegen vorzubringen. Der Bischof hob nur leicht die rechte Hand, was dem Gärtner jedoch verdeutlichte, unverzüglich innezuhalten, und wandte sich mit einer Aufforderung an den zwei Stufen tiefer stehenden Ersten Diakon des Hofes: „Er möge die Gnade besitzen, seinem Herrn den Namen und die Herkunft dieses Bittsteller preiszugeben, insbesondere aber die Unverfrorenheit, Seine Exzellenz aus eigenem Antrieb heraus aufzusuchen." Der geistliche Hofdiener des Patriarchen gab nüchtern zur Antwort, dass es sich um den Gärtner Georgios handle, der im zwölften Jahr am bischöflichen Hof seinen Dienst verrichte. „Was eine große Auszeichnung für ihn darstellt, im Garten Seiner Exzellenz arbeiten zu dürfen, und was keiner weiteren Erwägung bedarf", fügte der Patriarch hinzu und winkte wieder mit einer leichten Bewegung seiner Rechten den Gärtner hinaus. Georgios war sprachlos. Die großen Porträts, an denen er nun wieder vorbeiging, verschwommen vor seinen Augen, und den stolzen Diakon, der seinen Arm hielt und ihn führte wie einen alten Mann, bemerkte er kaum. Wie in Trance verharrte er im Gras vor dem Teich, als, wie seit geraumer Zeit einmal pro Woche üblich, die bischöfliche Kutsche vorfuhr. Es dauerte nicht lange, bis der Patriarch in voller Amtstracht, begleitet von vier Herren, von denen jeder Angelrute, Kescher und Eimer trug, vor die Tür trat.

Georgios schlief müde und entkräftet an Ort und Stelle ein, auch schämte er sich, wieder mit leeren Händen zu seinen armen Mäulern nach Hause zu kommen. Er bemerkte nicht, dass die Kühle der Nacht unter sein dünnes Gewand kroch, als lautes Hundegebell den Gärtner weckte. Die Kutsche fuhr langsam vor, so langsam, dass vier schwer beladene Männer mit ihr Schritt halten konnten. Der Archediakon rannte die Treppe hinunter, um seinen Herrn zu empfangen und ihm ehrerbietig die Wagentür zu öffnen. „Er hole sofort die Köchin, die Tafel Seiner Exzellenz pflegt in einer Stunde zu speisen", raunte ihm dieser im Ton eines Feldherrn entgegen, allerdings mit dem Nachsatz, dass Seine Exzellenz nach der anstrengenden Fahrt zuvörderst ein Bad zu nehmen geruhe. Noch während Georgios dies beobachtete, wollte er sich aus dem Garten stehlen. Seine Frau und die Kinder warteten sicher schon lange auf ihn. Da erspähte ihn der Hofdiener und rief in forsch zu sich. Unversehens fand sich der Gärtner in der bischöflichen Küche wieder, mit dem Auftrag, eiligst das Wasser für den Patriarchen anzuheizen und das Bad zu bereiten. Nachdem er diesen Auftrag unter viel Schweißtreiben erledigt hatte, wobei er nicht wusste, ob ihm der Schweiß wegen des Feuers oder wegen der Unsicherheit, was ihn erwarten möge, wie ein Bach die Schläfen herunterlief, musste er das Badezimmer des Bischofs verlassen. Ebenso schnell wurde er wieder hinzugerufen, als der Hausherr bereits in der großen Badeschüssel Platz genommen hatte. Der Erste Diakon erklärte ihm: „So sehr auch der Wunsch unseres Herrn zu dieser Stunde nicht ungewöhnlich ist, so lässt sich im Moment die Zofe nicht ausfindig machen. Die Magd wird in der Küche gebraucht. Und für die geweihten Hände meiner bescheidenen Wenigkeit ist diese Arbeit undenkbar." Er drückte Georgios eine große Bürste und einen noch größeren Spiegel in die Hand und verschwand eilig.

Der Gärtner schreckte zusammen, hielt den Atem an und fühlte sich wie der einsamste Mensch auf der weiten Welt. Nur der Himmel weiß, wie lange er so versteinert dort, hinter dem Bischof, stand. „So beginne er doch schon!", befahl dieser plötzlich. Und der Gärtner mit den kräftigen Händen und den eingeschnittenen Fingern tupfte unsicher die Bürste in das qualmende und duftende Nass. „Nein, woher denn. Erst der Spiegel. Er nehme wie immer zuerst den Spiegel", hörte er abermals vom Patriarchen, der genießerisch die Augen geschlossen hielt.

Aus den Poren seines mit den Jahren dick und dicker gewordenen Gesichts drang süßlicher, penetranter Schweiß, der sich den Weg über seine noch dickere, unbehaarte Brust ins Wasser bahnte. Und der Körpersaft schien kein Ende nehmen zu wollen. Georgios verunsicherte es zusätzlich, dass sein Herr immer noch den prächtigen Stephanos trug. Hatte der Erste Diener etwa vergessen, seinem Herrn die bischöfliche Kopfbedeckung vor dem Bade abzunehmen? Und was, wenn es ihm als seine Schuld angerechnet werden würde und der Bischof dies erst in seinem Spiegelbild selbst erkennen sollte? Mit zittrigen Händen hob der Gärtner den großen Spiegel in die Höhe und streckte ihn mit beiden Händen dem badenden Patriarchen entgegen. Doch zu seinem Erstaunen öffnete dieser die Augen nicht. Gleichwohl hatte er die Geste Georgios erspürt und reagierte umgehend, indem er fragte: „Wer bin ich für euch, hier nackt im Bade? Und wer unter den Patriarchen gleicht meiner Gestalt?“ Der Gärtner schwitzte nun ebenso stark wie der Bischof, die Luft stand stickig schwül im Raum, doch seine Kehle war trockener als der staubige Frühlingsboden vor dem ersten Regen. Jede Antwort, so fürchtete er, würde die falsche sein. Doch ihm blieb keine Zeit, der Bischof wiederholte seine Frage, Wort für Wort, und fordernd. Georgios stammelte, und der große Spiegel fing sein Stammeln als ein starkes, fast hörbares Vibrieren ein: „Mein Herr, großer Bischof, Ihr Stephanos“, begann er zu flüstern, seine Gedanken durcheinanderbringend und mit versteinertem Blick auf die schwere, goldene Kopfbedeckung des badenden Patriarchen und auf dessen geschlossene Augen schauend. Solange diese geschlossen blieben, so schien ihm, war alles gut. „Lauter, ja, lauter!“, raunte der Badende genüsslich. Und der Gärtner begann das, ausschließlich das, was er als stammelnden Versuch begonnen hatte, wieder und wieder und wieder zu sagen. Die Augen des Patriarchen blieben verschlossen, sein schwerer, fetter Körper glitt in der großen Sitzwanne mehr und mehr zurück und seine Stimme wurde von Mal zu Mal ekstatischer. Als der Dampf des Bades verzogen war, ließ der Patriarch nach dem Diakon rufen, der Georgios mit deutlicher Geste seinen Weg nach draußen wies.

Es blieb nicht bei diesem einen Einsatz des Gärtners in der Badestube. Als der Patriarch im neunten Jahr starb, rief man in nunmehr guter Gewohnheit den Gärtner, um den Herrn des Hauses zu waschen, bevor die Tage der Trauer beginnen sollten. Es war das erste Mal, das Georgios den Bischof in seiner ganzen Pracht und Herrlichkeit liegend sah. Und noch gewaltiger als je zuvor baute sich der schwere, weiße, unbehaarte Leib vor ihm auf. Georgios begann in aller Ehrfurcht vor dem Tod und in aller Hochachtung vor dem hohen Amt des Verstorbenen den großen Körper des Patriarchen nach und nach mit wohlriechendem Wasser zu reinigen. Als er seine Schläfen wusch, roch er selbst beim Toten jenen Geruch, der ihm beim Bade immer aufgefallen war. Und so erweiterte er seine Bewegungen bis zum Ansatz des schweren Stephanos, der bischöflichen Krone des Verstorbenen. Plötzlich erschrak er, nicht nur, weil die penetrant riechenden Absonderungen kein Ende nahmen, sondern weil die goldene Bischofskrone fest am Kopf des Toten saß. Georgios rief den Archediakon und verwies auf die klaren Vorschriften zur Reinigung eines verstorbenen Kirchenoberhauptes vor dessen Grablege. Doch auch zu zweit und gar mithilfe des gesamten Hofstaates brachte man den Stephanos nicht vom Kopf des verstorbenen Bischofs. Zuletzt wurde der bischöfliche Leibarzt gerufen, der gestern erst Fettsucht als Todesursache des Patriarchen festgestellt hatte, um sein Urteil zu überdenken. Auch wenn allen Anwesenden unter Androhung der Todesstrafe auferlegt wurde, es nicht weiterzuerzählen, weshalb man auch bis zum heutigen Tag nicht um den Namen des Bischofs weiß, so war der Patriarch an einer Vergiftung seiner eingewachsenen Krone verstorben. Und erst am Tag der Grab-

lege berichtete die Zofe insgeheim, dass Seine Exzellenz schon seit mehreren Jahren mit dem Stephanos zu Bett gegangen sei. Der Erste Diakon, der mit dem Ableben des Patriarchen sein Amt für immer ablegte, beendete dieses am Sarg des Verstorbenen, an dem neben ihm nur noch eine Person und ein großer Spiegel stand, mit dem Nachruf: „Ein Bischof warst du, der größte Patriarch unter allen, im Ornat wie nackt." Und unter Tränen fügte er hinzu: „Außer einem Bischof aber warst du nichts mehr, und jeder Einfältige war ein größerer Mensch als du. Als Herr des Spiegels und der Eitelkeit verfolgst du mich in meinen Träumen. Und während du dich als Mensch verloren hast, hast du dich eingebrannt in meine Seele. Nun ruhe, und ich wünsche dir, dass auch vor dem Throne des Allmächtigen der güldene Stephanos haften bleibt an deinem Haupt. Damit du erkannt werden mögest von deinem Herrn und Richter." Hierauf trat eine unheimliche Stille ein, bevor sich der nahe gelegene bischöfliche Teich quirlig zu regen begann. Und hinter den Beinen des Gärtners dessen Jüngster hervortrat, der auf den Sarg zuging und darauf wortlos eine zerbrochene Angelrute ablegte.

Wie auf weltlichen Führungspositionen, so finden sich auch in der Kirche viele **Narzissten**. Dieser Typus fokussiert sein amtliches Handeln ganz auf seine Person. Dass die „Güter, die [...] anlässlich der Ausübung des Kirchenamtes [...] übrigbleiben [...] zum Wohle der Kirche und für Werke der Caritas" (CIC, can. 282, § 1) zu verwenden sind, erwartet das Kirchenrecht jedoch auch vom Narzissten. In der Regel wird man dies damit lösen, dass man seinen Namen mit der Verwendung seines Nachlasses – zum Beispiel als Stiftung für einen zu Lebzeiten selbst noch verfügten Zweck – zusammenführt und satzungsgemäß für alle Zeiten fixiert. So bleibt der Mäzen der Nachwelt als Wohltäter erhalten. Vor allem zu Lebzeiten ist dieser Typus im kirchlichen Amt jedoch für viele eine Belastung – auch für diskursive Prozesse. Selbstkritik zu üben, fällt vielen Menschen nicht immer leicht. Für einen Narzissten ist es schlichtweg unmöglich. Ein Korrektiv zu befragen, sich einen Außenblick einzuholen, eine zweite Meinung, kommt für den Narzissten einer **Kränkung** gleich. Aus diesem Grund wurden zu Zeiten des historischen Absolutismus – noch ohne jedes psychologische Wissen – Narren bei Hofe gehalten. Diese hatten als Einzige die Möglichkeit, dem Souverän den Spiegel vorzuhalten, ohne dafür mit einer Bestrafung rechnen zu müssen. Der Amtsträger ist vom Amtsverständnis der katholischen Kirche her als Repräsentant Christi unterwegs, und zwar durch eine sakramental-wesenhafte Veränderung (siehe Kapitel „Sakramentales Amtsverständnis"). Da bedarf es schon einer angemessenen persönlichen Reife, sich von Dritten eine andere Meinung einzuholen. Und eine Rückmeldung auf Augenhöhe zuzulassen, setzt ein verinnerlichtes „demokratisches" Verständnis von Kirche voraus, das bislang nur als Vision in theologischen Gesprächszirkeln existiert.

Dabei gibt es hinreichend Vorbilder für eine Menschenführung ohne Narzissmus und Überheblichkeit. Der aktuelle Papst zum Beispiel hat seine Namenswahl nicht ohne Grund getroffen. Franz von Assisi (1182–1226) formulierte in seinen „Ermahnungen" treffende Sätze zu den Gefahren der kirchlichen Struktur. Dieser Text ist nicht besonders bekannt, er ist aber aktueller denn je: „Jene, die über andere gesetzt worden sind", so schreibt er dort, „sollen sich nur so des Hirtenamtes rühmen, wie sie es tun würden, wenn sie zum Dienst der Fußwaschung bestimmt worden wären." Ein klarer Hinweis, der Maß nimmt am Evangelium Jesu Christi. Ein Kennzeichen dafür, dass Vorgesetzte mehr im Selbstruhm stehen als im Dienstamt, ist es für Bruder Franziskus, wenn „sie über den Entzug des Oberamtes stärker in Aufregung versetzt werden als über das Amt der Fußwaschung", denn dies sei ein Grund dafür, „umso mehr Reichtümer anzuhäufen als Gefahr für die Seele".[76] Es ist diese spirituelle Größe, die auch und gerade heute an Franz von Assisi so faszinierend ist. Mit Blick auf die Hirten führt Franziskus weiter aus: „So kann der Knecht Gottes geprüft werden, ob er am Geist des Herrn Anteil hat:

Wenn sein liebes Ich, falls der Herr durch ihn etwas Gutes gewirkt hat, sich deshalb nicht selbst erhebt, weil es immer der Gegner alles Guten ist, sondern wenn er umso mehr in seinen Augen sich unbedeutend dünkt und sich für minderer als alle anderen Menschen hält."[77] Der mindere Bruder begreift das, was in seiner Gemeinschaft wächst und gedeiht, aber auch das, was zu klären ist, nicht als Ergebnis seiner Leistung und seines Führungsgeschicks. Und so kann er auch ganz selbstverständlich, da spirituell geerdet, die Organisation, die sich um ihn geschart hat, als „Gemeinschaft Gottes" verstehen, nicht als „seine" Jüngerschaft. Jeder, der seine Hirtenaufgabe innerlich angenommen hat und gut ausfüllen will, steht in der Gefahr, diesen Fehler zu begehen: sich als Kopf oder als Mittelpunkt anzusehen. Bruder Franziskus begeht ihn nicht, oder er hat ihn gründlich analysiert, nachdem er ihn festgestellt hatte. Er definiert die Gruppe nicht auf sich hin, grenzt sie nicht in Bezug auf seine Person ein und bindet sie nicht an sein Ego. Das Ziel steht außerhalb seiner Rolle und seiner Bemühungen. Damit wird weder ein frömmelnder Guru noch ein absolutistischer Führer benötigt. Dieses Lebensmodell ist das absolute Gegenteil eines Amts-Narzissten.[78]

Der Pfarrer ist der „Herr" der Gemeinde, der Präfekt der der entsprechenden Einrichtung – was sich zuweilen bis heute im Begriff des „Pfarrherrn" finden lässt. Kinder, die damit aufwachsen, eine theologisch noch so fragwürdige Predigt eines Pfarrers nicht hinterfragen zu dürfen, nur weil es der „Herr Pfarrer" ist, der sie abgelesen hat, lernen vor allem eines: Es geht nicht um den Inhalt, sondern um den Rang. Und ihre eigene Meinung ist nichts wert. Weil sie nichts oder zumindest nicht so viel wie der Amtsträger wert sind. Mit einer solchen Haltung in (traditionellen) Elternhäusern wird nicht nur das Amt gestärkt, sondern vor allem das Ego des Pfarrers. Und zwar um den Preis, dass das Ich des abhängigen Kindes und Jugendlichen klein gehalten wird. Analog ist es, wenn der

Bischof der uneingeschränkte Souverän eines Bistums ist und ihm seine Amtseitelkeit zu Kopf steigt.

Deshalb müsste nachhaltige Präventionsarbeit an einer echten Auswahl der Geistlichen – auch mit psychologisch fundierten Eignungstests – sowie an einer deutlichen Machteinschränkung des Amtes und der Amtsträger ansetzen.

Zwischenertrag

Wer im kirchlichen Amt steht und ehrlich zu sich selbst ist, weiß auch immer um die Gefahr und die Versuchung dieser Sphäre. Verbunden mit einem entsprechend absolutistischen Kirchenbild und basierend auf einem religiösen Rechtsgefühl, erhält das Amt eine quasi göttliche Legitimation. Je absoluter und herrschaftlicher das Gottesbild des jeweiligen Geistlichen ist, umso resoluter und rechthaberischer kann er, aus einer gefühlten inneren Stimmigkeit heraus, gegenüber anderen Menschen auftreten. Die „gesalbten Hände" des Klerikers erhöhen ihn – und seine Leiblichkeit – gegenüber der „profanen" Wirklichkeit. Das macht ihn dafür empfänglich, alle und alles außerhalb des Amtes als weniger wert zu betrachten. Baut sein religiöses Welt- und Selbstbild zudem auf einem neuplatonischen Denkansatz auf, der immer wieder, auch in der Moderne, von christlichen Philosophen adaptiert worden ist, so ist zudem alle Leiblichkeit – auch die anderer – nichts im Vergleich zu den hehren Idealen (in Anlehnung an die Ideenlehre des Platon) der Christusunmittelbarkeit und Gottesschau.

Die Aufgabe religiöser Erzieher (siehe hierzu Kapitel „Kirche als Erzieherin") ist es in dieser Perspektive, das religiöse und ethische Mündigwerden des Kindes und Jugendlichen weiter zu befördern. Religion kann manipulativ genutzt werden und wirkt dann letztlich als „Gottesvergiftung" (Moser), sie kann aber auch als Stabilisator dienen. Durch Stärkung des kritischen Geistes und Denkens und durch die Ermutigung, auch divergente Ansichten auszuspre chen, erfährt der Heranwachsende, dass seine subjektive Wahrnehmung eine eigene Wirklichkeit ist, die geschätzt wird – und die er so (auch erst) selbst schätzen kann. Im Falle des Missbrauchs von Macht in Form von Gehorsam und Drill verinnerlicht das Kind jedoch, dass sein Selbstwert den Begriff nicht wert ist. Unstimmigkeit zwischen innerem Erleben und äußerem Wahrnehmen ist die Folge, es kommt zu sogenannten „Inkongruenzen", und das Selbstbild passt sich der Fremderwartung an. In der Konsequenz kann ein junger Mensch nur unzureichend ein gesundes Selbstkonzept entwickeln. Dieses Defizit wiederum wird von jenen buchstäblich gerochen, die selbst ein schwaches Kind waren und sich erst durch die Würde des Amtes – wenn auch nur vordergründig – aus dieser Lage befreit haben. Mit anderen Worten: Anfällige Erwachsene – Kleriker oder „Laien" – suchen sich „schwache" Kinder. Psychische und spirituelle Macht wurde missbraucht, indem Vorteile versprochen wurden und emotionale Bindungen ausgenutzt wurden, indem ein schlechtes Gewissen – nach dem Motto: „Dann sage ich es allen, dass du schuld warst" – insinuiert oder weitergehende Gewalt angedroht wurde. Daher müsste der Anfang aller Präventionsarbeit gerade in der Stärkung des Kindes, seines Willens, seiner Bindungen, seiner Wahrnehmung und seines Wollens bestehen.

Für das kirchliche Amt und die Eigenschaften der Amtsträger[79] gibt es aussagekräftige biblische Stellen. Im 1. Timotheusbrief ist in Kapitel 3 zu lesen:

> *„Nun soll aber ein Bischof untadelig sein,* ***Mann einer Frau****, nüchtern, besonnen, ehrbar, gastfrei, lehrtüchtig; kein Trinker, kein Raufbold, sondern gelinde, nicht händelsüchtig, nicht habsüchtig; einer, der seinem eigenen Hause wohl vorsteht und die* ***Kinder mit aller Würde*** *in Schranken hält – wenn aber jemand seinem eigenen Hause nicht vorzustehen weiß, wie wird er für die Gemeinde Gottes sorgen?"*

> *„Gleicherweise sollen auch die Diakone ehrbar sein,* ***nicht doppelzüngig****, nicht vielem Weingenuss ergeben, nicht gewinnsüchtig; sie sollen das Geheimnis des Glaubens in* ***reinem Gewissen*** *bewahren. Die Diakone sollen jeder nur eine Frau haben und ihren Kindern und ihrem Hause wohl vorstehen."*

Die Verpflichtung zu einer bescheidenen Lebensführung[80] ist von Anfang an eine Herausforderung für Kleriker. Priester werden „investiert", ihnen wird die Gemeinde gleich einem Lehen übergeben. Sie werden in einem – meist großen und altehrwürdigen – Pfarrhaus wohnen und dafür bei der Steuererklärung lediglich einen geldwerten Vorteil angeben. Je weniger ein Bischof – als sogenannter „Weihespender" – deutlich macht, dass das, was er zu geben hat, nicht aus seinem Amt fließt, umso mehr haben die frisch geweihten Kleriker die Chance, eine Bescheidenheit im bzw. trotz Amt zu entwickeln. Es gehört schon viel persönliche Reife dazu, sich unter diesen Umständen nicht als „Pfarrherr" zu fühlen und auch aufzuführen, eine Reife, die eine Reihe der Priester nachweislich nicht besitzt.

Im Falle klerikaler Narzissten bietet die Machtstruktur der katholischen Kirche ideale Voraussetzungen, ihre Persönlichkeitsstruktur weiter auszubilden. Dieser Typus Kleriker erfährt in doppelter Weise eine starke Bestätigung seiner Person, wobei Amt und Person oft zu einer untrennbaren Einheit verschmelzen. Der klerikale Narzisst existiert in der letzten Ausprägung seines Narzissmus nur noch im Amt, es gibt ihn nur noch als Amtsträger – ohne das Amt wäre er im Selbsterleben nichts mehr. Seine Zugewandtheit zu anderen Menschen ist gespielt und eintrainiert, echte Empathie kann er nicht mehr leben, da er selbst der zentrale Mittelpunkt allen Geschehens bleiben muss. Wird dieses Muster nicht bedient, kann es zu Übergriffigkeit kommen. Ein Verständnis, dass er das Gegenüber dabei verletzt, vermag er nicht aufzubringen; hierzu fehlt ihm die Fähigkeit, sich in die Perspektive des anderen hineinzuversetzen.

Milieu-Sprache

„Relevanz erzeugt man nicht mit Banalität.“

Erik Flügge[81]

Spezielle Sprache eines speziellen Milieus

Der Strategieberater Erik Flügge irritierte mit seinem Buch aus dem Jahr 2016, indem er ihm den Untertitel „Wie die Kirche an ihrer Sprache verreckt“ gab.[82] Darin hinterfragt er provokativ die „verschrobenen, gefühlsduselnden Wortbilder“ des „sterbenden Systems“[83] Kirche. Die Hintergründe sowohl der Beobachtung, dass die katholische Kirche „im Sterben“ liegt, als auch der Feststellung, dass sie eine spezielle „Sprache“ pflegt, sind vielschichtig.

Der Blick auf die Sprache eines Milieus[84] ist nicht neu. Hier soll kein vorgegebener soziologischer Milieubegriff verwendet werden, und es erfolgt auch keine Anlehnung an die Sinusmilieus,[85] mit denen seit drei Jahrzehnten gearbeitet wird. Vielmehr wird der Begriff „**Milieu**“ für diese Betrachtung gewählt, weil sich nur mit den Charakteristika von Milieus spezielle Eigenheiten erklären lassen. Die Bundeszentrale für politische Bildung definiert ein Milieu als „Gruppierung von Menschen mit ähnlicher **Werthaltung** und **Mentalität** und oftmals einer geteilten räumlich-sachlichen Umwelt“[86]. Wie aber kommt man der Werthaltung eines Milieus näher? Oft ist nicht das, was offiziell gesagt wird, Ausdruck der Werthaltung, sondern die Art und Weise, wie man mit Menschen, Ansichten, Konflikten etc. umgeht. Nach Geert Hofstede[87] kommen Werte erst über Handlungen, Symbole und Praktiken zum Ausdruck. Diese bilden nach John Erpenbeck[88] aber zugleich und überhaupt erst den „Identitätskern“ – sowohl eines Individuums als auch einer Gemeinschaft. Insofern ist die Sprache nur die wahrnehmbare „Spitze des Eisberges“ der darunterliegenden Haltungen und Werte. So ist es möglich, dass Zeichen, Symbole und Gesten etwas völlig anderes transportieren, als sie „im Kern" bedeuten. Je nichtssagender sie dabei werden – bzw. mittlerweile vielfach geworden sind –, desto weniger relevant sind sie für Menschen. Darauf weist Erik Flügge mit seiner kirchlichen Sprachanalyse hin.

Eine persönlich empfundene Unstimmigkeit kann dann die Folge sein, die letztlich nur schwer oder gar nicht auflösbar ist – und die Psyche des Menschen unter Umständen stark fordert. Menschen haben jedoch von sich aus das Bedürfnis nach innerer Stimmigkeit – zwischen dem, wie sich etwas „anfühlt", und dem, wie es von außen bewertet wird. Die Psychologie nennt dies **Kongruenz**.[89] Der Pionier dieser Erkenntnis, Carl Rogers,[90] ging davon aus, dass der Mensch grundsätzlich von einem Bedürfnis nach Beachtung geprägt ist. Als ganzheitliches Wesen, das wechselseitig auf den Ebenen der Emotion, Kognition und Motivation agiert, ist er mit einer inneren „Bewertungstendenz" ausgestattet. Das Bestreben nach Beachtung kann jedoch – entgegen der „gefühlten", gegebenenfalls verdeckten und aktuell daher nicht bewusst wahrnehmbaren inneren Bewertung – nicht in adäquate Handlung überführt werden. Die Folge nennt Rogers „**Inkongruenz**". Sie kann sich ganzheitlich niederschlagen, sich wortwörtlich „organisieren": Körper, Geist und Seele reagieren dann auf diese Unstimmigkeit zwischen dem **Selbsterleben** und den aktuell gemachten, aber als nicht stimmig bewerteten Erfahrungen. Dabei gerät die organische „**Symbolisierung**" – die Übereinstimmung einer bewussten Erfahrung mit einer dazugehörigen adäquaten Empfindung – ins Ungleichgewicht. Das Selbstkonzept des betroffenen Menschen wird infrage gestellt, er und sein Körper spüren – neben seinen entsprechenden geistigen Reaktionen – dieses Ungleichgewicht, und die Körpersprache bringt es auch zum Ausdruck. So wird es je nach eigenem **Inkongruenzerleben** aufgrund der Rezeptoren des limbischen Systems auch von anderen wahrnehmbar, ohne adäquat in Worte gefasst zu sein. Wie der Betroffene selbst spüren sie nur, dass „etwas nicht stimmt".

Ein solches Gefühl der Unstimmigkeit hat sich in mehreren Coachingprozessen von kirchlichen Mitarbeitern bestätigt, und dies unabhängig davon, um welches Thema es jeweils ging. Einig waren sich alle darin, dass der kirchlichen Sprache etwas **Unkonkretes** und **Unverbindliches** anhaftet. Vielleicht liegt dies daran, dass vieles, das in der Verkündigung und Seelsorge vermittelt wird, sich faktisch gar nicht vermitteln lässt. Es bleibt ein „Rest", der schon immer dem Glauben vorbehalten ist. Gleichzeitig handelt es sich um eine sehr normierende Religion. Und ein Übermaß an **Regulation** führt – nicht nur im Milieu Kirche – nicht selten zu einer Einschränkung von – äußerer und innerer – Freiheit. Wer von einer institutionalisierten Religion geprägt ist, ist prinzipiell so sozialisiert, Vorgaben und Regeln eine hohe normative Bedeutung zuzuerkennen. Sie gehören gleichsam zum Inhalt des religiösen Vollzuges. Die Betonung vermeintlicher Werte, die in sich jedoch in weiten Teilen an Plausibilität und Relevanz verloren haben, befördert eine gewisse „Verschrobenheit", für welche die katholische Kirche auch steht. Hinzu kommt eine im kirchlichen Milieu oft gering ausgeprägte Reflexionsbereitschaft, sich über schwierige Themen auszutauschen, und dies auch in kontroverser Weise. Für das Miteinander als Arbeitsteam ist eine solche Milieuspezifik nicht zielführend. Und so erklärt es sich, dass gelegentlich von „Bauchgefühl", der „Atmosphäre", dem „Geist" gesprochen wird. Dieses „Unkonkrete" ist jedoch anfällig für Missbrauch – und zwar in einem doppelten Sinne. In Situationen, die eine Entscheidung erfordern, braucht es mehr als Unkonkretes. Insofern muss diese Eigenheit des Milieus katholische Kirche unbewusst ausgeglichen werden. Das kann zum einen durch das mehr oder weniger starke „**Wir-Gefühl**", zum anderen durch die zur Verfügung stehenden Autoritäten bzw. durch den Verweis auf formale Vorgaben erfolgen. Das „Wir-Gefühl" dient besonders in heiklen Situationen dem Zusammenhalt des Milieus. Um es zu trainieren, wird auch in ruhigeren Zeiten Wert auf den Gemeinschaftssinn gelegt. Bei aller Bedeutung guter und tragfähiger Gemeinschaften besteht die Problematik darin, dass der Einzelne umso unwichtiger wird, je stärker das Wir-Gefühl ausgeprägt ist. Im Extremfall hat das Individuum dann keine Möglichkeit, sich zu Wort zu melden und sein Erleben auszusprechen. Für beide Blickrichtungen sollen im Folgenden Beispiele angeführt werden.

Nach dem oben skizzierten Verständnis innerpsychischer Prozesse wäre es die zentrale Aufgabe der Kirche, der menschlichen Kongruenzerfahrung in jedem einzelnen Fall ein **religiöses Fundament** zu geben bzw. die aktuell empfundene Inkongruenz eines Menschen durch eine adäquate seelsorgliche Intervention[91] abzupuffern. Denn was sich hier vollzieht, baut auf elementaren Aspekten der eigenen biographischen Prägung und der gesellschaftlichen Sozialisation auf: Jeder Mensch entwickelt bereits im Lauf seiner Kindheit ein Bild von sich selbst, das stets weiter gezeichnet wird. Dieses „Bild" wird in der Psychologie **Selbstkonzept** genannt. Menschen machen Erfahrungen durch Begegnungen mit anderen Menschen, die wiederum unterschiedlich auf sie reagieren. Dadurch entsteht ein Konzept von dem, was „ich" bin und wie „ich" wirke. Diese zwischenmenschlichen Kontakte beeinflussen unbewusst das Verhältnis zu den eigenen Gefühlen, zu „mir" selbst, „meinen" Haltungen und auch Bewertungen. Ein positives Selbstbild kann dabei offen für neue Erfahrungen mit anderen Menschen bleiben. Das Erlebte kann dann in das bisherige Selbstkonzept integriert werden, ohne es in Frage zu stellen. Denn tief in jedem Menschen ist der Wunsch nach Entfaltung gegeben: Er möchte sich entwickeln. So überlegen Kleinkinder zum Beispiel nicht, ob sie nach einem Sturz wieder aufstehen sollen: Sie wollen weiterkommen und lassen sich beim Laufen-Lernen nicht aufhalten. Neben dem Bild, das der Einzelne von sich hat, bildet der Mensch auch ein subjektives Gefühl darüber aus, wie seine Einstellung zum eigenen Ich ist. Der gefühlte Selbstwert steht mit dem sozialen Umfeld in Zusammenhang: Als soziales Wesen ist der Mensch darauf angewiesen, von anderen eine wertschätzende und wohlwollende Reaktion zu erhalten. Ist sie echt, erhält er das Gefühl, dass die anderen ihn – nicht nur in seinen Verhaltensweisen, sondern vor allem als Mensch – akzeptieren. Ist dies der Fall, baut sich ein gesundes **Selbstwertgefühl** auf. So lernt der Mensch, in verschiedenen, auch widersprüchlichen Situationen angemessen zu reagieren.

Diese grundlegenden Prinzipien machen deutlich, welch große Bedeutung auch der Kirche für eine gesunde psychische Entwicklung insbesondere junger Menschen zukommt. Neben der unbewussten Wahrnehmung eines Menschen ist es besonders eine **klare Sprache**, die hier wichtig ist. Vor über drei Jahrzehnten betonte Bernhard Welte unter Verweis auf die Sprachtheorie des Philosophen Wittgenstein die Bedeutung einer geschichtlich ausgeprägten Sprachgemeinschaft: „Ich spreche [...], wenn ich zu dir spreche, auch die Sprache der Gruppe, der ich angehöre. Und ich spreche über diese Gruppe hinaus die Sprache meiner Glaubensgemeinschaft. In deren Sprache aber liegt eine alte Geschichte mit alten Prägungen und Präferenzen. Alles dies spricht mit".[92] Welte wies bereits in den 1980er-Jahren darauf hin, dass die katholische Kirche zwar „über mehrere epochale Schwellen hinweggegangen" sei und sich dabei mit ihren Anfängen bereits „über sprachliche Räume, die untereinander so verschieden waren wie etwa das Griechische und Lateinische gegenüber dem Syrischen oder dem Armenischen oder dem Koptischen", ausgebreitet habe, sah aber auch bereits klar den Nachteil dieses weltkirchlichen Charakters: „Andererseits wird durch die lange zeitliche und räumliche Ausbreitung der christlichen Lehre auch die **bewegliche Seite der Sprache** aufs höchste beansprucht."[93]

Obwohl – oder vielmehr weil – dies also vor vier Jahrzehnten bereits erkannt worden ist, darf man sich fragen, weshalb eine solche theoretische Erkenntnis in der pastoralen Praxis keine durchschlagende Wirkung erzielt hat. Kinder und Jugendliche nehmen die Sprache der Kirche als oft *„nur noch kultisch"* wahr, sie kommt ihnen *„wie aus einer anderen Zeit"* vor. Und wer kennt das Phänomen nicht, dass ein Pfarrer oder sonstiger pastoraler Mitarbeiter *„mal wieder einen Singsang veranstaltet da vorn"*, obwohl er *„auf der Straße oder beim Bäcker absolut ganz anders redet"*. Diese kunstvolle „Liturgiesprache" bekommt nicht nur durch die spezielle Betonung einen besonderen Klang, sondern auch durch eine ganz eigen(artig)e Form der „Weichheit", die „Mann" dabei in die Sprache legt. Durch diese aber gehen Authentizität und Natürlichkeit verloren. Das Gegenüber weiß dann im Alltag unter Umständen nicht recht mit dem Geistlichen umzugehen, kann seinerseits nicht authentisch auf ihn zu reagieren. Wie soll man – vor allem Kinder und Jugendliche – auch jemandem begegnen, der „*wie ein Wachsgesicht*" (O-Töne) erscheint?

Liturgiezauber und pastorale Begriffswolken

Viele Missbrauchsfälle reichen zwei bis drei Generationen zurück. Für die betroffenen Menschen hatte die Liturgie eine weitaus größere Bedeutung als für heutige Heranwachsende. Damit soll kein direkter Zusammenhang zwischen Liturgie einerseits und Missbrauch und Übergriffigkeit andererseits hergestellt werden. Allerdings ist doch zu bedenken, dass auch die Sprache in der Liturgie eine **prägende Wirkung** auf die Psyche eines Menschen hat. Das bedeutet aus der Perspektive von Missbrauchsgeschädigten, dass „*schon einzelne Wortfetzen in der Messe oder auch das Hinknien [als] demütigend*" (O-Ton) empfunden werden können. Um nicht einseitig verstanden zu werden: Es gibt eine Reihe von Liedern, die ein positives Gefühl vermitteln können. Ein Paradebeispiel ist „Der Himmel geht über allen auf"[94], das mittlerweile zum Ohrwurm nicht nur in Kinder- und Jugendgottesdiensten avanciert ist. Wirft man aber einen Blick auf den katholischen Messkanon, so findet man starr vorformulierte Sätze wie zum Beispiel:

> *„Ich bekenne Gott, dem Allmächtigen, und allen Brüdern und Schwestern, dass ich Gutes unterlassen und Böses getan habe. Ich habe gesündigt in Gedanken, Worten und Werken, durch meine Schuld, durch meine Schuld, durch meine große Schuld"*[95]. *Dabei wird als zu vollziehende Geste vermerkt: „[A]lle schla-*

gen an die Brust"[96], was entsprechend der gestuften Wiederholung auch drei Mal erfolgt. Einladend und das Schuldbekenntnis an dieser Stelle, zu Beginn des Gottesdienstes, begründend, führt der Geistliche aus: „Damit wir die heiligen Geheimnisse in rechter Weise feiern können, wollen wir bekennen, dass wir gesündigt haben."[97] Das bedeutet für die Dramaturgie der Liturgie, dass der Mensch zuerst an seine „Erbärmlichkeit" erinnert werden soll, bevor er „recta intentio"[98], also vor allem reue- und ehrfurchtsvoll, die Messe feiern kann. Auch finden sich im (fast ein Jahrzehnt lang) überarbeiteten und im Jahr 2015 deutschlandweit neu eingeführten Gesangbuch ähnliche Texte und Aussagen. Als Beispiele können genannt werden: „Mach rein mich bis zum Herzensgrund, im Innersten mach mich gesund. Denn meine Sünde brennt in mir; ja, schuldig ist mein Herz vor dir", und weiter: „Nimm an, was ich zum Opfer bring: das Herz, zerschlagen und gering, den Geist, der seine Ohnmacht kennt".[99] An anderer Stelle des neu überarbeiteten Gesangbuchs heißt es, mit einem Lied aus dem Jahr 1530: „O Mensch, bewein dein Sünde groß"[100], oder, ein paar Jahre jünger: „Uns reuet unsre Missetat, die dich, Herr erzürnet hat"[101]. Selbst in einem Lied von Hub Oosterhuis[102], das im Grundton auf Vertrauen setzt, finden sich Stellen wie diese: „Von Zweifeln ist mein Leben übermannt, mein Unvermögen hält mich ganz gefangen…".[103] Oder im Kapitel „Hilfen zur Gewissenserforschung für Kinder"[104] des neuen „zeitgemäßen Gesang- und Gebetbuches"[105] kann man lesen: „Jesus will unser Bruder und Freund sein. Aber wir spüren, dass es uns nicht immer gelingt, gut zu sein. Deshalb ist es wichtig, dass wir uns von Zeit zu Zeit auf unser Leben und unser Verhalten besinnen und unser Gewissen prüfen."[106] Im abschließenden Block dieses Kataloges zur „Gewissenserforschung", der heutzutage bewusst Kindern an die Hand gegebenen wird, erscheint als Leitfrage: „Was ist mein größter und häufigster Fehler?"[107] Und im Rituale für die Tauffeier findet sich das Exorzismus-Gebet:

„Wir bitten dich für dieses Kind. In unserer Welt ist es vielfältigen Versuchungen ausgesetzt und muss gegen die Nachstellungen des Teufels kämpfen".[108] Und die Eltern und Paten des Täuflings werden – wiederum drei Mal – befragt: „Widersagt ihr dem Satan [...] und all seinen Werken [...] und all seinen Verlockungen?", mit der Begründung: „damit die Sünde nicht Macht über euch gewinnt".[109] Falls der Geistliche nicht so frei ist, eine modernere, lebensweltlichere Formulierung zu wählen – was ihm genau genommen kirchenrechtlich untersagt ist, da nach katholischem Verständnis das Sakrament an die Form und die approbierten Gebete gebunden ist –, werden die Angesprochenen auch darauf verwiesen, entsprechend – wieder drei Mal und persönlich in der Ich-Form – zu antworten: „Ich widersage."

Bereits vor vier Jahrzehnten definierte Werner Jetter den „Gottesdienst als Indikator der kirchlichen Lage"[110], und Klemens Richter fragte zehn Jahre später provokativ, ob die „Liturgie ein vergessenes Thema der Theologie"[111] sei. Offenbar gänzlich unbekümmert enthält die katholische Liturgie auch heute noch, sowohl im gesungenen wie im gesprochenen Wort, sprachliche Formulierungen und ganzheitliche Gesten, die aus dem alltäglichen Erleben wohl niemand mehr kennen dürfte, die aufgrund ihres ganzheitlichen Charakters aber Wirkungen hinterlassen, noch bevor die ihnen zugrunde liegenden Inhalte auf der rationalen Ebene reflektiert worden sein können. Die Psychologie spricht in diesem Zusammenhang von **Mustern**. Darunter wird das „Zusammenspiel zwischen gedanklichen, emotionalen und physiologischen Vorgängen" verstanden, was „einer neuronalen Aktivierung im vernetzten Gehirn" entspricht, „das durch vorhergehende Bahnungen entstanden und relativ stabil ist"[112]. Neurowissenschaftlich ausgedrückt heißt das: „Muster des Erlebens und Verhaltens, die wir häufig aktivieren, werden verstärkt und als neuronale Verschaltungsmuster verankert", was konkret und plastisch bedeutet, dass sie „im Gehirn ‚verkörpert'"[113] werden.

> *Ein weiteres Beispiel kann in der Formulierung „Herr, ich bin nicht würdig, dass Du eingehst unter mein Dach" gesehen werden. Diese Antwort spricht die Gemeinde, nachdem der Priester ihr die geweihte Hostie gezeigt hat, worauf die Gläubigen ergänzen: „Aber sprich nur ein Wort, so wird meine Seele gesund."[114] Wie an vielen anderen Stellen wird eine biblische Formulierung (hier Mt 8,8 bzw. Lk 7,6) aus ihrem Kontext genommen und auf einen anderen bezogen. Was der damalige Sprecher – im biblischen Zeugnis der Evangelisten der „Hauptmann von Kafarnaum" – damit ausdrücken wollte, wird unreflektiert auf das liturgische Geschehen übertragen. Dabei handelt es sich nicht um eine einmalige, sondern – beim gewissenhaften Kirchgänger – um eine womöglich tagtägliche Aussage.*

Um die Brisanz dieser wiederholten Bekundung der eigenen „Unwürdigkeit" in ihrer psychischen Wirksamkeit nachzuvollziehen, kann ein Vergleich mit zwischenmenschlichen Themen hilfreich sein. Man stelle sich eine Beziehung vor, in der man jeden Tag zu hören bekommt, dass man „unwürdig" sei. Oder einen Menschen, der sich dies tagtäglich selbst vorsagt und sich damit die eigene Würde immer wieder abspricht. Welche seelischen Zustände dabei entstehen, dürfte auf der Hand liegen. Auch der immerwährende Anfang dieses Zirkels vermag das Gefühl des Gläubigen nicht zu steigern, sondern ihn von Mal zu Mal hinter sich selbst zurücklassen, bis jedes Mal erneut das erbetene „Wort Gottes" – aus dem Munde des „Vermittlers" – an ihn ergeht. Wenn das Ganze nicht angemessen reflektiert wird – und selbst dann darf es nicht unterschätzt werden, ist dieser innerpsychische Prozess für die Ebene der Vernunft doch nur bedingt zugänglich –, kann eine solche „liturgische Konditionierung" tiefe Spuren in der Seele hinterlassen. Sowohl die meisten Lieder wie auch die kanonischen Texte entstammen anderen Zeiten mit anderen Erfahrungen und anderen gesellschaftlichen Kontexten. Eine – unbewusste – Möglichkeit des Umgangs mit der liturgischen Kirchensprache besteht darin, sie als Subkultur zu leben. Dann ist Gottesdienst **Kult**, und da Kult die Kultur prägt, wird es unter Umständen nicht als Widerspruch erlebt, Texte zu singen, die die Theologie des Hochmittelalters und auch ein entsprechendes Gottesbild transportieren. Problematisch wird es aber dann, wenn Formulierungen und Gesten den Menschen – je nach seiner Vorgeschichte – *„runterziehen"*, *„klein halten"*, auf ihn *„echt erdrückend"* wirken – und ihn so im Selbsterleben *„klein machen"* (O-Töne). Kippt die Offenheit für die menschlich immer auch gegebene Unvollkommenheit in eine Fehlerfixierung und zusätzlich in ein negatives Gottesbild um, kann eine solche Sprache die religiöse wie überhaupt die Entwicklung eines Heranwachsenden entsprechend nachhaltig negativ beeinflussen.[115]

Klassische kirchliche Lieder transportieren Schwerpunkte, die sich oft wiederholen. Zwei besondere sind die Haltung des **Aushaltens** und die **Opfertheologie**. Eine solche Haltung führt aber jemanden, der unter seiner Situation leidet, nicht aus ihr heraus. Seine Ressourcen[116] bleiben verschüttet, er selbst wird in der sogenannten „Problemtrance"[117] gehalten. Dann baut Liturgie nicht auf, *„sondern zieht runter und triggert brutal"*. Der Opferbegriff, der in der katholischen Tradition zugleich sehr wichtig wie schillernd und ambivalent war und ist, beinhaltet eine psychologische Dimension, die im Falle eines Missbrauchs *„nicht zum Aushalten ist, das zerreißt einen regelrecht"* (O-Töne). Unabhängig davon, dass man sowohl in der Theologie als auch in der Liturgie auf diesen Begriff verzichten könnte, ohne von wichtigen Glaubensinhalten Abstand nehmen zu müssen, ist seine Verwendung bei Kindern und Jugendlichen grundsätzlich nicht zu empfehlen. Er ist nicht nur unbiblisch (im Hinblick auf das Neue Testament), sondern auch religionspädagogisch fragwürdig.[118]

Diese Muster lassen sich auch in der seelsorglichen[119] Begleitung finden. Seelsorge kann als „pastorale Lebensberatung" definiert werden, „eingebettet in religiöse Wert- und Glaubensvorstellungen"[120]. In dieser Beschreibung ist bereits im Wort enthalten, was Seelsorge von ihrem Selbstverständnis her tut und will: Rat geben. Dieser Rat ist immer auch eingebunden in weltanschauliche Fragen. Inhaltlich ranken sich die – zumeist persönlichen – Fragestellungen in der Seelsorge um Glaubens- oder existenzielle Lebensthemen, oft an persönlichen Lebensknotenpunkten, die mit Themen wie Trauer, Abschied, oft auch Schuld und Vergebung verbunden sind. In der Regel wird, wenn auch nur unbewusst, ein Rat erwartet. So erhoffen sich Menschen von einem Seelsorger zuerst ein offenes Ohr und Verständnis, dann aber auch ein „Abladen" ihrer Sorgen und ein „*Mittragen im Gebet*" (O-Ton). Die **Ratgeberfunktion** hängt mit dem Selbstverständnis des kirchlichen Sendungsauftrags und dem Rollenverständnis des Seelsorgers zusammen. Dieser erlernt seine Rolle wie selbstverständlich und ist – anders als im Coaching, das sich bemüht, mit Ratschlägen zurückhaltend zu sein[121] – daher schnell dabei, seine Empfehlungen auch als Rat zu verbalisieren. Es mag sein, dass diese Art und Weise hier und da zielführend ist, sie birgt aber Fallstricke: Der Ratgebende versteht sich als Fachmann, und das selbst dann, wenn er von dem Ratsuchenden nicht viel weiß. Damit entsteht ein Gefälle in der Kommunikation, das für andere Zwecke ausgenutzt werden kann.

Was grundsätzlich gelten sollte, sollte in der Seelsorge bei Menschen, die Missbrauch in der katholischen Kirche erfahren haben, umso mehr beherzigt werden: eine sensible Wort- und Liedwahl. Nur so kann vermieden werden, dass die Liturgie eine Triggerwirkung entfaltet.

In der Seelsorge sollte darauf geachtet werden, dass man auch als Ratsuchender der „Chairman" bleibt. Alles, was vom Seelsorger vorgebracht wird, ist lediglich als Vorschlag zu verstehen. Wenn ein seelsorgliches Gespräch als unangenehm empfunden wird, hat man jederzeit das Recht, es abzubrechen.

Klienten benötigen mitunter lange, um neue Muster auszubilden,[122] doch die Veränderung von Mustern ist dem Menschen grundsätzlich möglich. Ressourcenorientierte Seelsorge kann zur Musterzustandsänderung beitragen.[123]

Kirche, kirchliche Sprache und kirchliches Handeln müssen in jedem Fall Menschen aufbauen. Wird dieser Maßstab nicht erfüllt, bleiben Kirche und kirchliche Vertreter hinter ihrem basalen Auftrag zurück.

Da traditionelle kirchliche Beschreibungen wie etwa das – vermeintlich biblische – Ideal, sich (und seine Gefühle) selbst zu „verleugnen", innerpsychische Inkongruenzen befördern, sollte sehr auf die Sprache geachtet und deren Bedeutung reflektiert werden.

Zuckerbrot und Peitsche

Die Liturgie hat eine grundständige Bedeutung im kirchlichen Milieu. Es wäre daher verwunderlich, würden die liturgische Sprache und die liturgischen Haltungen nicht auf den sonstigen Bereich der Kirche „abfärben". Insofern erlernen kirchliche Mitarbeiter – ebenso wie die „Laien" in den Gemeinden – diese Milieu-Sprache; dies unterscheidet sich nicht von allen anderen Lebens- und Arbeitswelten. Ein grundlegendes Problem des kirchlich-katholischen Milieus ist es, dass sich hinter weichgespülter, an **Unkonkretheit** nicht zu überbietender kirchlicher Sprache oft eine Haltung der Übergriffigkeit verbirgt. Sie lässt sich anfangs nicht erkennen, ja oft nicht einmal erahnen. Man bemerkt sie zuerst an der Mimik des Gegenübers, dann an einer plötzlich veränderten Stimmlage, bis sie mit voller Wucht ausbricht, um den Mitarbeiter nun, nachdem die subtile, insinuierende Führung durch zuckersüß säuselnde Worte nicht möglich war, *„mal fester an die Leine zu nehmen"*. Dieses oft geschilderte *„Kippen im Ton"* steht in Zusammenhang mit einer bis dahin an den Tag gelegten *„Andeutungskultur"*. Es kann in der Kirche Monate oder Jahre dauern, bis Dinge, die einer Klärung bedürfen, *„auch mal auf den Tisch gebracht werden"*. Bis dahin redet man *„eigentlich nur hintenrum, jeder weiß es, nur du* *selbst nicht*" (O-Töne). **Intransparenz** ist ein Markenzeichen kirchlicher Kommunikation; sie geht auf die vermeintlich „gut gemeinte", im Resultat aber oft sich verheerend auswirkende Haltung zurück, jemanden „schonen" zu müssen. Kirchliche Mitarbeiter sehen sich dadurch zu einem besonderen Aushalten von **Widersprüchlichkeit** gezwungen. Dahinter liegt eine unzureichend ausgeprägte kirchliche **Konfliktkultur**,[124] die diesen Namen kaum verdient. Denn es passiert sehr lange nichts, man scheint den Fall auszusitzen. Wird schließlich doch reagiert, „*dann aber mit der Brechstange*", „*über alle Vorstellung persönlich und übergriffig, ohne alle Würde*", anstatt sich dem sachlichen Austausch der Fakten zu stellen. Wenn überhaupt, würden Fakten und Gründe „*sehr weit hergeholt und auch konstruiert*". So kann es nicht wundern, dass in Coachings wiederholt von einem „*Angriff auf das Rückgrat*" (O-Töne) die Rede war und sich entsprechende Erfahrungen auch psychosomatisch niedergeschlagen haben. Denn wenn es Dinge zu klären gibt, ob in der Familie, in der Partnerschaft, unter Freunden oder auch in der Arbeitswelt, geht man als gesunder Mensch von einer relativ zeitnahen Klärung aus. Dieses Bedürfnis liegt im Menschen, weil er Umstände bevorzugt, die abgeschlossen – die Gestaltpsychologie würde sagen: „nicht offen" – sind. Die **Führungsprinzipien** „Clarity" und „Agility"[125] kennt die katholische Kirche jedoch *nicht*. Dinge buchstäblich offen, in der Schwebe zu lassen, geben den Verantwortlichen eine vom Mitarbeiter nicht kalkulierbare Macht. Empfindet der Mitarbeiter den Zustand als nicht abgeschlossen, wartet er womöglich auf eine Regelung. Das auszusitzen ist ebenso erbärmlich, wie dann irgendwann gänzlich unerwartet und spontan, quasi wie vom Himmel gefallen mit einer Regelung oder Entscheidung konfrontiert zu werden.

Unbewusst geteilte Haltungen und gemeinschaftliche Werte beruhen nach Hofstede auf dem jeweiligen **Menschenbild**. Daher wäre als Erstes hier anzusetzen (siehe Kapitel „Das katholische Menschenbild"). Denn wo der Mensch als grundsätzlich defizitär gilt, da mangelt es wie von selbst – systemtheoretisch plausibel – an Motivation, zwischenmenschliche Konflikte zu bereinigen. *„Es darf nicht donnern, Gewitter ist immer böse!“*, brachte eine Ordensfrau in Leitungsposition dieses Phänomen ins Bild. Das Übel wird dann in der Regel auf die jeweilige Person projiziert, das „bewährte“ Sündenbockprinzip greift verlässlich – allerdings mit entsprechenden Resultaten bei den Betroffenen. In Begleitungen kirchlicher Mitarbeiter und auch Führungskräfte war wiederholt von *„auffälliger Einseitigkeit und Klärung mit dem Mittel der Macht“* die Rede, nicht aber davon, dass man sich sachlich auf die Argumente eingelassen hätte. Im Konfliktfall werde oft nur eine Seite gehört, die Ansichten nicht ausgetragen, sondern sie blieben *„irgendwie im Nebulösen“* (O-Töne), und letztlich entscheidet dann der übergeordnete Geistliche – ohne weitere Anhörung. Dabei lautet doch ein alter juristischer Grundsatz: „audiatur et altera pars“ (lat.: „Auch die andere Seite möge gehört werden“). Jedoch nicht hier. Der faktische Mangel an Wertschätzung und Empathie kann zusätzliche Kränkungen zufügen. Degradiert werden jene, die sich ohnehin schon klein und ausgeliefert fühlen – auch wenn sie vielleicht gerade meinten, diese Gefühle erfolgreich therapiert zu haben.

Tief im kollektiven Unbewussten sitzende Muster werden in Metaphern und Vergleichen transportiert. Aufgrund ihres Alters und ihrer weit zurückreichenden Kultur besitzt die Sprache der Kirche eine große Nähe zur Metaphorik. Das **Bild der Familie** ist dabei zentral. Familie aber wird – unbewusst – mit Heimat verbunden, Heimat wiederum mit Harmonie. Dieses **Harmoniebedürfnis** in der Kirche drückt sich in vielerlei Weise aus – und ist zunächst einmal an sich nicht nachteilig. Der Testfall aber tritt dann ein, wenn der einzelne Mitarbeiter eine andere Meinung als der Mainstream (oder der leitende Pfarrer) vertritt – und sie gar noch öffentlich äußert. Rasch zeigt sich dann, dass es nicht die Familie im Allgemeinen ist, die als Leitbild dient, sondern eine spezielle Familienform. Klassisch findet sich diese im römisch-antiken Modell des „**pater familias**“. Nicht nur im religiösen Sprachgebrauch findet sich der Pater, auch umgangssprachlich kommt er heute noch vor: als „Familienvater“.

Genau genommen ist der Begriff heute nicht mehr politisch korrekt, da man als Vater zwar ein Vater von Kindern ist, aber nicht automatisch der ganzen Familie. Wo bleiben da die Frau und ihr Erziehungsrecht? Im römischen Modell ist es der Pater (lat.: Vater), der die **Erziehungs- und Entscheidungshoheit** hat, vor allem in wirtschaftlichen Angelegenheiten. Und genau diese Bedeutung steht hier im Hintergrund. Nur so sind wiederkehrende Phänomene wie die folgenden erklärbar:

Wer sich *„zu weit entfernt vom heimatlichen Stall"*, könne kritisch beäugt und schnell *„als Quertreiber abgestempelt"* werden. Ihm wird dann unterstellt, dass das **sentire cum ecclesia** (lat.: „Fühlen mit der Kirche") nicht mehr gegeben sei – und plötzlich steht das Kirchenrecht und mit ihm eine – wieder unausgesprochene – Drohung im Raum. Auf Rückfragen nach der Konkretisierung des Vorwurfs erfolge in der Regel keine angemessene Reaktion. Von einem *„problematischen Lebenswandel"*, von *„fehlender kirchlicher Haltung"* oder, bei Diakonen oder deren Ehefrauen gern benutzt, *„mangelnder Demut"* ist dann die Rede (O-Töne). In jedem dieser Fälle waren die Vorgesetzten zu substanziellen Aussagen und damit Begründungen ihrer Beurteilungen nicht bereit, wahrscheinlich auch nicht fähig. Was von jedem weltlichen Arbeitsgericht als nicht hinreichend substantiiert abgewiesen worden wäre, hat im katholischen Kontext im Konfliktfall System. Dabei lehrt bereits die Geschichte eines Jesus von Nazareth, dass der Vorwurf zu Fall bringt und nicht die Fakten – man erinnere sich nur an Jesu Verhör, bei dem Pilatus auch keine Anklagepunkte gesehen haben soll (vgl. Joh 18,38). Zumindest beim Wort des Jahres 2016 „postfaktisch" scheint die katholische Kirche up to date zu sein. Was gegenüber kirchlichen „Laien"-Mitarbeitern mit solch kryptischen Vorwürfen funktioniert, greift gegenüber Geistlichen bereits mit der – bloßen – Feststellung fehlender Loyalität oder nicht vorhandenen Gehorsams (der aber als Verpflichtung Bedingung für die Weihe war, siehe Kapitel „Demut als Kadavergehorsam"). Wiederholte Situationen zeigten, dass Loyalität dabei meist sehr einseitig als „nach oben" gerichtet verstanden wird. Eine „Loyalität nach unten" wurde dabei den wenigsten katholischen Pfarrer zugestanden. Auf die Frage, woran sich dies zeige, wurde beispielsweise genannt, dass sie *„im Zweifelsfall nicht hinter den Mitarbeitern"* stünden, sondern sich *„von der Meinung der Leute beeinflussen lassen"* würden. Dass Gemeindemitglieder Pfarrern *„was über Mitarbeiter zugetragen"* hätten, käme dabei oft gar nicht heraus; die Gemeindeleiter behielten solche Gespräche oft für sich. Bemerkt der Betroffene doch etwas, werde er gebeten, dem Pfarrer *„doch zu vertrauen, das ist dann immer das Totschlagargument, da kommen Sie nicht gegen an"* (O-Töne).

> *Herr A. berichtete, dass „sein" Pfarrer „ganz nebenbei" geäußert habe, dass er „schon damals, als Frau X. sich über den Tonfall (des Mitarbeiters) beschwert" habe, „vermittelnd auf sie eingewirkt" habe. Im Coaching war es für den Klienten eine größere Herausforderung, mit diesem „gefühlten Vertrauensbruch des Pfarrers" umzugehen, als das eigentlich eingebrachte Anliegen (ob er im kirchlichen Dienst bleiben oder lieber wieder in die freie Wirtschaft zurückkehren soll) zu bearbeiten. Als er dem Vorgesetzten von seinem Gefühl berichtete, wirkte dieser „wie angeekelt", da er doch „alles getan und ihn geschützt" habe; er sei „empört gewesen", dass der Mitarbeiter sein „Vertrauen nicht schätzt". Auch habe er es abgelehnt, seinem Mitarbeiter vom Inhalt des Gespräches mit der Frau zu berichten. Um ihn sei es „ja eigentlich nur am Rande gegangen", und überhaupt, das wisse er ja auch genau, habe er als Pfarrer Schweigepflicht (O-Töne).*

Analysiert man diesen Fall, so werden folgende Eckpunkte deutlich: Kirchliche Mitarbeiter stehen nicht auf derselben Ebene wie der Vorgesetzte. Das mag in anderen Unternehmen nicht anders sein. Doch bedeutet es hier zugleich, dass den „Unterstellten" auch weniger Rechte als Mensch zukommen: das Recht auf Gegendarstellung, auf **informationelle Selbstbestimmung** und konkret auf Auskunft über sie betreffende Fakten auf der rechtlichen Ebene. Es fehlt die grundlegende Verfasstheit, erst einmal Subjekt – und nicht **Objekt** – zu sein. Ein Vorgesetzter, der einen Mitarbeiter in Fällen wie diesen über Äußerungen nicht informiert und nicht einbindet, „macht" ihn zum unmündigen „Kind" oder zu einem objektivierten „Fall". Fordert er zudem **Vertrauen** ein, ohne dies in gleicher Weise zu erwidern, nutzt er einen der grundlegenden persönlichen Werte kirchlicher Mitarbeiter für seine Macht aus. Ebenso kommt er seiner **Fürsorgepflicht** nicht nach, weil er sich nicht dafür interessiert, wie der Mitarbeiter die Dinge sieht, und er vernachlässigt den Rechtsgrundsatz „in dubio pro reo" (lat.: im Zweifel für den Beschuldigten). Da die Unschuldsvermutung wie auch die Schuldsetzung im katholischen Milieu nicht auf der Basis der Prinzipien der Gewaltenteilung, sondern seit zweitausend Jahren im Grundsatz unverändert absolutistisch erfolgen, muss auf solche für eine Demokratie unerlässlichen Aspekte im Zweifelsfall offenbar kein besonderer Wert gelegt werden. Das Urteil des die Gewalten geballt verwaltenden „Regenten" ersetzt die – weltlich – bewährten Prozesse.

Mit einer besonderen Intensität wirken diese milieuspezifischen Sprach- und Symbolmuster und damit die hinter ihnen befindliche Ebene der Macht auf Menschen, die in der Kirche **Traumata** erfahren haben. Denn in der Anwendung dieser Muster wiederholen sich in der Seele bzw. Psyche die er- und durchlebten Übergriffigkeiten. So beschreibt Norbert Denef, der als erstes offizielles Missbrauchsopfer von der katholischen Kirche anerkannt worden ist, sein Gefühl, als ihm der Papst auf einen Brief persönlich antwortete:

> *„Zunächst war ich davon beeindruckt, dass der Papst persönlich für mich betet, ich fühlte mich kleiner als das kleinste Teilchen auf dieser Welt. Was ist, wenn dieser Heilige Vater doch Recht hat und ich um Vergebung bitten sollte […]. Erst nach Tagen des Sich-Klein-Fühlens habe ich […] gemerkt, wie leicht es ist, mein altes Programm wieder abzurufen."*[126]

Auch wenn die sexuelle Übergriffigkeit die perfideste Form von Macht- und Amtsmissbrauch darstellt, erstrecken sich die hier aufgezeigten Muster der Macht nicht auf die „Spitze des Eisbergs". Der kirchliche Mitarbeiter Herr B. berichtete Folgendes:

> *Der Tonfall seines Vorgesetzten hatte sich „von Mal zu Mal verschärft", weshalb er darum bat, nicht mehr über E-Mail zu kommunizieren, sondern sich zu einer Aussprache zu treffen. Die Antwort des leitenden Pfarrers wurde so geschildert: Leider (sic!) könne dieser in der nächsten Zeit keinen Gesprächstermin anbieten, da er (der Mitarbeiter) ihn in seinen Mails „wieder und wieder nicht verstehen wollte" (O-Töne).*

Was nicht nur Kommunikationsexperten aufhorchen lassen dürfte und was hier nur durch einen Wechsel des Kommunikationsmittels aufzuheben gewesen wäre, verdeutlich ein anderes Phänomen: Die Kommunikation spiegelt das System. Ist es – wie hier – hierarchisch verfasst, wird die Kommunikation – zumindest dann, wenn Haltung und Menschenbild sich bewähren müssten, also gerade in „schwierigen Situationen" – von oben bestimmt und Faktizität auch von oben gesetzt. In diesem Fall: Der Pfarrer entschied und begründete, wenn auch logisch abstrus, entsprechend seiner **Konstruktion** der Fakten und vor allem seiner Interessen. Das Motiv bestand darin, sich den querdenkenden Störgeist vom Hals zu halten und seine kleinen „pastoralen Kreise" nicht stören zu lassen. Anstatt seiner Fürsorgepflicht nachzukommen – was nicht nur moralisches Gebot, sondern auch dienstrechtliche Pflicht gewesen wäre – und auf den Gesprächswunsch einzugehen, hat ihn seine eigene Feigheit – oder, wertfreier ausgedrückt: seine nach über 30 Jahren im Kirchendienst fehlende Erfahrung, mit Konflikten konstruktiv umzugehen – geleitet. Machttheoretisch betrachtet, wollte er keine Klärung; er wollte sein Recht (behalten) und demonstrierte dies durchaus überzeugend, indem er dazu keine Logik und keine Argumentation benötigte, sondern sich schlichtweg seiner **Amtsmacht** bediente. Darüber hinaus benutzte er seine Macht auch dazu, vermeintliche Objektivität mit dem Anspruch der Verbindlichkeit zu setzen. Was der Mitarbeiter sah und in den Veränderungsprozess einbringen wollte, war für den Pfarrer *„undenkbar"*, weil es das *„noch nie gegeben"* habe (O-Ton). Die Meinung und die Deutungen des Mitarbeiters hatten mit diesem Autoritätsargument nicht nur weniger Bedeutung, sondern gar keine mehr.

An Beispielen wie diesen lässt sich zeigen, dass im **Konfliktfall** die „Gleichheit der Gläubigen" (siehe Kapitel „Kirchenrecht – paralleles Recht?") ein frommer Wunsch ist. Die verinnerlichte Vorstellung eines im Prinzip sündhaften Menschen, der auf die Gnade Gottes angewiesen ist – eine Gnade, die aufgrund apostolischer Sukzession amtstheologisch wiederum vom eingesetzten Geistlichen „vertreten" wird – (siehe Kapitel „Berufung und Sukzession"), macht die Bedeutung des Menschenbildes besonders in Konflikten deutlich. Mitarbeiter erleben sich hier oft auf sich selbst zurückgeworfen. Haben sie genügend Selbstbewusstsein, holen sie sich externe Unterstützung. Besonders in solchen Situationen bedarf es einer Begleitung, die an den Ressourcen des Mitarbeiters interessiert ist und sie für ihn bergen kann. Denn wenn das System und die Systemträger Fürsorge verweigern, fallen denkbare Möglichkeiten in dieser Dimension schlicht und ergreifend weg.

Herr C., der seine aktuelle Stelle wechseln wollte, wusste nicht genau, wie er diesen Entschluss seinem Vorgesetzten gegenüber am besten kommunizieren konnte. Dieser war als narzisstische Persönlichkeit bekannt, von daher waren seine Reaktionen schwer einzuschätzen. Entsprechend suchte der Mitarbeiter ein Coaching auf, um die Kommunikation vorbereiten zu können. Nachdem der Priester die „persönliche Kränkung einigermaßen verarbeitet hatte", wäre Herr C. gar zu einer Verlängerung der aktuellen Stelle bereit gewesen, um die Kollegen und Projekte nicht allein zu lassen. Der Priester hätte ihn darum nur freundlich bitten müssen. Stattdessen gab er ihm in einem her-

rischen Tonfall zu verstehen: „Ich entscheide, wann es für Sie das Beste ist, zu gehen ...“ Er habe schließlich den Gesamtblick, und an der anderen Stelle werde man ruhig noch warten können, er habe bereits – natürlich in „seinem Sinne“ – mit dem dortigen Kollegen telefoniert. In diesem Fall wurde dem Mitarbeiter zumindest noch eine Begründung – für die Nichtberücksichtigung seiner ureigenen Entscheidung – genannt (O-Töne).

Dass konstruktive Vorschläge als Bedrohung der Integrität gewertet werden und dazu führen, dass das System sich abschottet, lässt sich systemtheoretisch erklären (siehe Kapitel „System und Systemgrenzen“). Ebenso, dass *„die Kirche immer Mittel und Wege“* finde, ihre Systemstabilität zu erhalten. Ein übersteigertes Wir-Gefühl zeige sich dann oft als erstes Anzeichen, gepaart mit *„verbalen Spitzen bei geeigneten Anlässen im Team“* auf der Beziehungsebene. Wo der Mut zu solch direkten Äußerungen fehle, werde *„man in Sitzungen gern geschnitten“*, oder es werde kolportiert, dass eine bestimmte *„Person schwierig“* sei oder eine *„problematische Persönlichkeit“* (O-Töne) habe. An dieser Stelle wird deutlich, dass es dann nicht nur um Sprache, nicht nur um Regeln, auch nicht mehr nur um gepredigte Werte geht, sondern um den gelebten Wertekern des katholischen Systems und um das sich selbst gegebene „selbstverständliche“ Recht, über das Intimste, die Persönlichkeit und die Privatsphäre eines Menschen zu urteilen. Bei jeder anderen Institution würde man sich dies verbieten, die katholische Kirche und kirchliche Vertreter fühlen sich indes im Zweifelsfall über diese Standards erhaben, weil sie sich, ausgesprochen oder unbewusst, als göttliche Vertreter legitimieren.

Im Beispiel von Herrn D. ging die Übergriffigkeit so weit, dass der Geistliche – nach bereits eingegangener schriftlicher Kündigung seines Mitarbeiters – seinerseits eine Kündigung schrieb. Dabei wäre es ihm leicht möglich gewesen, mit einem Gespräch eine Einigung im beidseitigen Einvernehmen zu erzielen. Doch Gespräche lehnte er aufgrund persönlicher Kränkung mehrfach ab. Die Kündigung – die, so der Anwalt des kirchlichen Mitarbeiters, rechtlich gesehen keine Kündigung im eigentlichen Sinne war, weil das Dienstverhältnis bereits von Herrn D. gelöst worden war – wurde dem Mann postalisch zugestellt. Sie zumindest bekam er also noch zu Gesicht. Der Eintrag in der Personalakte des Mitarbeiters, den der kirchliche Vorgesetzte über die entsprechende Zuständigkeit vornehmen ließ, wurde ihm nicht bekannt gegeben. Von diesem persönlichen Sperrvermerk erfuhr der Mann erst nach Jahren, als er sich aus Anlass einer Bewerbung auf eine andere kirchliche Stelle seine Akte von der Personalverwaltung zeigen ließ.

Und wieder ist die Tendenz zur Konstruktion einer eigenen, **dem System passenden „Wahrheit"** deutlich. Wie die sogenannte MHG-Studie mit ihrem aufgrund der relativ bescheidenen Datenmenge begrenzten Einblick festgestellt hat, gehört – im Kontext Missbrauch – die Manipulation von Akten zur Praxis kirchlicher Behörden.[127] In diesem Fall wäre es also nicht unwahrscheinlich gewesen, dass die erste und damit rechtlich maßgebliche Kündigung später einfach aus der Personalakte verschwunden wäre. Für alle folgenden Generationen wäre der Eindruck entstanden, dass man dem Mitarbeiter kündigen musste. Der – ihm nicht transparent gemachte – Nachtrag durch den Vorgesetzten hätte ohnehin für Interpretationen jedweder Art genügt, obwohl es in diesem Fall schlichtweg darum ging, dass der Vorgesetzte mit der Art und dem Wesen des Mitarbeiters nicht umgehen konnte. Die persönlichen Interessen und die schwach ausgeprägte Führungspersönlichkeit des Vorgesetzten waren Grund genug, dem Mann *„einen Strick zu drehen"*, wie der ehemalige kirchliche Mitarbeiter es heute formuliert (O-Ton). – Ein eindrückliches Beispiel von kirchlichem **Machtmissbrauch** mit nachhaltigen Folgen.

Das Motiv einer solchen Handlung kann man systemisch interpretieren, mit der Macht des Vorgesetzten erklären oder mit zusätzlichen, selten bewusst reflektierten Ebenen seines „inneren Teams"[128]:

Während der Auseinandersetzung eines leitenden Pfarrers mit dem kirchlichen Mitarbeiter Herrn E. wies dieser den Priester sachlich darauf hin, seine Beleidigungen bitte zu unterlassen. Der Pfarrer reagierte darauf emotional: Der Mitarbeiter wolle ihn „doch einfach nicht verstehen", obwohl er „jetzt auch mal persönlich werden musste". Unbewusst hatte sich hier ein hierarchisches Familienmodell von Vater und Sohn eingeschlichen, denn der Pfarrer hatte seine letzten Ausführungen so eingeleitet: „Ich muss wohl mal wieder streng werden", und hinzugefügt: auch, wenn er „gerade Bauchweh dabei" habe (O-Töne). Trotz der eigenen somatischen Hinweise darauf, dass sein Verhalten nicht korrekt war, lebte der Priester seine Übergriffigkeit aus – und rechtfertigte sie auch noch mit der vermeintlichen Schuld von Herrn E.

Die Haltung, auch erwachsene Menschen noch erziehen zu wollen, fiel in Begleitungen öfters auf. Sie kann mit dem **normativen Charakter** des Katholizismus erklärt werden. Religion steht für Regeln, diese gilt es zu setzen und deren Einhaltung zu überwachen – notfalls zu sanktionieren. Das Recht dazu leitet sich aus dem religiösen Selbstverständnis ab, dass die Gebote von Gott selbst stammen (Tradition der „Zehn Gebote") und stellvertretend von der Kirche verwaltet werden, in direkter Anknüpfung an den Auftrag an die Jünger Jesu: „und lehrt sie, alle Gebote zu halten, die ich euch gegeben habe" (Mt 28,20).

Was in anderen beruflichen Kontexten als unprofessionelle Führung bewertet werden würde, gehört bei der katholischen Kirche zur alltäglichen Kommunikation – und damit auch zur Führungspraxis: die **Vermengung von Sach- und Beziehungsebene**. Je offener ein System ist (siehe Kapitel „System und Systemgrenzen"), umso freier geht es mit von „außen" einwirkender Sprache und konfrontierenden Haltungen um; je geschlossener, je mehr „muss" es sich abschirmen und den vermeintlichen „Angreifer" abwehren, würde es sonst doch die gewohnte geschlossene Form verlieren. Allein dieses Bild ist eine Metapher für die kirchliche Sprache. Eckigkeit wirkt bedrohlich, rund und anschmiegsam gilt als ungefährlich.

> *An anderer Stelle wurde davon berichtet, dass ein kirchlicher Vorgesetzter die Kündigung ausgesprochen habe, weil seine Erwartungen nicht erfüllt worden seien. Als Frau F. entgegnete, diese nur unzureichend zu kennen und deshalb auch mehrfach um – eigentlich formal ohnehin obligatorische – Mitarbeitergespräche und Zielvereinbarungen gebeten zu haben, entgegnete der Priester: Wer ihn kenne, wisse, was er erwarte, das habe „bisher immer funktioniert". Vielleicht fehle der Mesnerin auch einfach eine „marianische Haltung" (O-Töne).*

Was nach narzisstischer Persönlichkeitsstörung[129] klingt, ist für Mitarbeiter jedes Mal neu eine gewaltige Herausforderung. Denn sie sehen sich der letztlich nicht einlösbaren Erwartung gegenüber, unausgesprochene Wünsche auf mehreren Ebenen zu erfüllen: auf der inhaltlich-sachlichen, auf der Beziehungsebene zum Vorgesetzten und zudem noch auf der Loyalitätsebene zum System Kirche (und zu ihrem amtlichen Vertreter). Der Schwerpunkt liegt jedoch oft auf der emotionalen Ebene und ist nicht selten verwoben mit dem Bild der hierarchischen Familie. Eine Kollegin, die einen solchen Coachingfall supervidierte, brachte die betreffende Haltung auf den Punkt: „Wer mich liebt, weiß, was ich brauche." Fehlt dem kirchlichen Mitarbeiter das erforderliche „Beziehungswissen" oder wird ihm dies auch nur vorgeworfen, hat er nur noch begrenzte Möglichkeiten. Was er auch anstellt, es steht in der Deutungshoheit des „Meisters". Bedient sich der Priester – bewusst oder systemisch erlernt und verinnerlicht – dabei des kirchenrechtlichen Musters „in persona Christi capitis" (siehe Kapitel „Amt und Macht"), steht all sein Handeln und Tun, Reden und Lassen unter der Legitimation eines höheren, nicht hinterfragbaren Prinzips, ist er quasi „gottgleich". Dies kann man symbolisch verstehen, aber auch persönlich und, qua Ordination, konstitutiv. Dann hängt es von der persönlichen Reife des Geistlichen ab, wie weit er sich innerlich davon distanzieren kann. Kritiker des Zwangszölibats verweisen hier immer wieder auf erschreckende Beispiele an persönlicher Unreife und bleibender Infantilität im katholischen Priesteramt.[130] In solchen Fällen ist der Rückgriff auf das **Autoritätsargument** oft folgenschwer – für die Beteiligten wie auch für die Psyche des Priesters.

In einer Begleitung berichtete der kirchliche Mitarbeiter Herr G., dass ihm der Pfarrer dessen Widerspruch mit dem Argument untersagt habe, dass er jetzt im Moment „als Christus höchstpersönlich" spreche (O-Ton). Wo Psychoanalytiker aufmerken werden, lässt sich nach kirchlicher Logik – formal – nichts einwenden.

Im Konfliktcoaching fielen im Kontext Kirche wiederkehrend zwei Besonderheiten auf: Im Streitfall werden wie selbstverständlich **Fakten geschaffen** und als „Wahrheit" präsentiert. Allen Erkenntnissen des Konstruktivismus[131] zum Trotz wird, egal von welcher Seite, Objektivität beansprucht, ganz nach dem Motto: „Genau so ist es gewesen". Diese Eigenheit bezieht sich nicht nur auf Geschehnisse, sondern auch auf Personen. Immer wieder mussten Ich-Botschaften trainiert werden, die in der Eskalation verschwunden waren. Das Phänomen zeigt an, wie sehr diese Besonderheiten mit der Kultur der katholischen Kirche und mit ihrem Menschenbild (siehe Kapitel „Das katholische Menschenbild") verwoben sind und wie weit sie damit in den Wertekern hineinreichen.

In einem Konfliktcoaching außerhalb der betreffenden kirchlichen Einrichtung wurden beide Seiten gebeten, ihre Wahrnehmung auszurücken. Herr H. ergriff das Wort wie folgt: „Also, dieses Verhalten war mal wieder nur exemplarisch für das Persönlichkeitsmuster dieser Frau" (O-Ton).

Darin zeigt sich, dass die Tendenz der Objektivierung durch die Anmaßung, den anderen nicht nur in seinem Verhalten, sondern auch als Mensch bewerten zu können und zu dürfen, durchaus noch steigerungsfähig ist. Die **Bewertung** aber ist Teil des normativen Charakters dieser Milieus und erklärt sich mit den dargelegten Aspekten des Amtsverständnisses, der Sukzession und des Wahrheitsanspruchs. Obgleich diese Bausteine zunächst einmal Teil des katholischen Lehrgebäudes sind, prägen sie eben auch den Umgang mit anderen Menschen – vor allem im Arbeitsleben und in der pastoralen Arbeit. Das besondere Verhältnis zwischen der Bedeutung der **Gemeinschaft** gegenüber der des **Einzelnen** macht dieser Fall deutlich:

> *Frau I. glaubte, nach ihrer pastoralen Ausbildungszeit gute Aussichten auf die Anstellung zu haben. Man hatte ihr diese, da es einen hohen Bedarf gab, bei einer guten Bewährung auch zugesagt. Als es so weit war und die Frau sich mit ihrem Partner ansiedeln wollte, wurde der Stellenplan zufällig geändert. Ihre Stelle gab es nun nicht mehr. Als Frau I. damit ihren Vorgesetzten konfrontierte, bekam sie ins Gesicht gesagt: „Als Theologin und Christin verstehen Sie ja, dass die Gemeinschaft wichtiger ist als Ihre persönlichen Pläne." Sie erwiderte, dass sie sich unter diesen Umständen damals nicht beworben hätte. Worauf ihr Vorgesetzter nur meinte, dass er das „auch nicht ändern" könne. Schließlich gebe es in der Gemeindearbeit „immer mal wieder Umzüge" (O-Töne).*

Die Frau trauerte nicht so sehr um die verlorene Aussicht auf die Stelle als vielmehr um das fehlende Mitgefühl. Hierbei muss man wissen, dass die „berufliche Sesshaftigkeit" nirgends so hoch ist wie in der katholischen Pastoral. Nicht nur Priester bleiben oft über Jahrzehnte in ihrer angestammten Gemeinde, sondern auch Mitarbeiter aus allen anderen Berufsgruppen im kirchlichen Dienst. Die Ordenstradition spricht hier von der „stabilitas loci", einer gewissen Beständigkeit in der Bindung an ein bestimmtes Kloster. Doch hat dieses Prinzip, wie auch die „evangelischen Räte", seinen eigentlichen „Sitz im Leben" nicht in der Gemeindearbeit. Auch die Erwartungen der jungen Frau daher vielleicht nicht in jedem Fall berechtigt waren: In keinem der biblischen Berichte hat sich ein Jesus von Nazareth für eine Gemeinschaft stark gemacht. Er war ganz und gar – im Kontext dieses Blickwinkels gesprochen – „Einzelcoach". An diesem Anspruch gemessen, sind die kirchlichen Vorgesetzten hier ganz offensichtlich gescheitert. Denn gerade sie katholische Soziallehre betont die „Personalität" als wichtigstes der Sozialprinzipien.

Eine besonders perfide Form der Ausnutzung von Macht zeigt sich an folgendem Fallbeispiel:

> *Herr J. war vor zwei Jahren eine Teilverantwortung übertragen worden. Durch diese hatte er auch die Möglichkeit, an einem begehrten Führungskurs teilzunehmen. Sowohl der Vorgesetzte als auch der kirchliche Mitarbeiter versprachen sich dadurch eine Reflexion der eigenen Führungskompetenz. Maßnahme und Finanzierung waren mit dem Priester abgesprochen, die verbindliche Anmeldung zum Kurs war auch erfolgt. Daraufhin fiel der Mitarbeiter für zwei Wochen krankheitsbedingt aus. Das Auftakttreffen der Fortbildung war jedoch erst nach seiner Krankschreibung, so dass es keinen direkten Zusammenhang gab. Als der Mitarbeiter zurück ins Büro kam, fand er auf seinem Schreibtisch eine Notiz seines Vorgesetzten mit dem Hinweis: Er habe ab jetzt keine Verantwortung mehr und gehöre damit nicht mehr zur Klientel der Fortbildungsausschreibung. Die Information über die Absage erhielt der Mitarbeiter im Übrigen von der kirchlichen Verwaltungsstelle. Der Vorgesetzte ignorierte im weiteren Zusammentreffen dieses Thema einfach, es wurde nie mehr darüber gesprochen. Nur am Rande fiel eine Bemerkung: Dass er sich durch den Umgang mit seiner Krankheit „als Führungskraft disqualifiziert" (O-Ton) habe.*

Das Perfide dieser Situation bestand darin, dass eine andere, aufstrebende Mitarbeiterin am Führungskurs teilnehmen durfte. So sparte sich die kirchliche Verwaltung zudem erhebliche Stornogebühren. Der Kollegin wurde nicht verraten, dass der Kurs eigentlich für eine andere Person vorgesehen war. In diesem Falle erfuhren beide Beteiligten erst Jahre später davon, und es war für beide unangenehm. Die Leitung hatte mit dieser intransparenten Umbuchung zusätzlich negative Energie zwischen den beiden verursacht und der Frau suggeriert, dass die Fortbildung eine Wertschätzung für ihre bewährte Arbeit sei.

Im vorliegenden Erfahrungs- und Begleitungskontext wurde dieses Muster nur noch durch das folgende Beispiel übertroffen:

Der leitende kirchliche Mitarbeiter Herr K. erlitt eine chronische Erkrankung und fiel darauf für einige Zeit aus. Daraufhin stellte er einen Antrag auf Wiedereingliederung, der mit einer ermäßigten Arbeitszeit und der stundenweisen Erhöhung der Wochenarbeitszeit verbunden gewesen wäre. Der Antrag wurde durch drei Ärzte unterstützt, darunter ein von der bischöflichen Behörde beauftragter Amtsarzt. Herr K. ging also davon aus, dass es sich um eine übliche Maßnahme handle. Da bis zum Wiedereinstieg keine Lösung gefunden war, begann er seine Arbeit zu 100 Prozent, was seiner Gesundung nicht zuträglich war. Er musste mehrfach bei der Behörde nach dem Stand der Bearbeitung nachfragen – bis er vom direkten Vorgesetzten (auf Rückfrage) hören musste, dass es keine Wiedereingliederung gebe. Als Herr K. eine Begründung verlangte, meinte sein Chef, dass er „ohnehin nur simulieren" (O-Ton) würde. Er glaube ihm einfach nicht, das genüge.

An diesem Beispiel zeigt sich die maximale **Ausnutzung** der rechtlich – als Körperschaft des öffentlichen Rechts – garantierten **Dienstherrenfähigkeit**. Allerdings bestehen deutliche Unterschiede gegenüber dem staatlichen Dienstverhältnis. Da der Mann leitender kirchlicher Mitarbeiter war, stand ihm keine Mitarbeitervertretung zu. Er konnte seine Rechte nur intern mit Vertrauten besprechen oder durch einen Anwalt einfordern, der sich mit dem ganz eigenen kirchlichen Arbeitsrecht auseinanderzusetzen hatte. Die erste Möglichkeit zeigt an, weshalb solche Umstände in der Regel auch im eigenen System verbleiben. Viele wissen dann von der Sache, auch redet man hinter vorgehaltener Hand darüber, aber es wird nicht dagegen vorgegangen. Einige „Mitbrüder" des Vorgesetzten zum Beispiel versuchten im Sinne des Mitarbeiters auf dessen Chef einzuwirken, doch es blieben letztlich nur „mitbrüderliche" Gespräche. Einem war es einmal so peinlich, dass er sich dem Mitarbeiter gegenüber so anvertraute: Er solle ihm bitte glauben, dass er *„alles Erdenkliche unternommen"* habe. Sein Kollege sitze *„halt wie ein angeschossener Kater auf dem Baum"*, und er habe keine Handhabe, ihn dort herunterzuholen. So sei er eben, er nehme solche Dinge *„immer auch sehr persönlich"* (O-Töne).

Eine andere Situation verweist auf den zweiten Punkt der MHG-Studie in diesem Kontext, und zwar die „Versprechung oder Gewährung von **Vorteilen**"[132]. Hier zeigt sich exemplarisch, dass dieses Muster nicht nur für den Bereich des sexuellen Missbrauchs in der katholischen Kirche greift:

> *Herr L. war auf eine kirchliche Stelle mit der Zusage geholt worden, dass sich der Vorgesetzte in jedem Fall „für eine adäquate Anschlussstelle verantwortlich" fühle. Denn der neue Mitarbeiter hatte für diesen Schritt in der alten Anstellung Perspektiven ziehen lassen. Als Herr L. sich nach Jahren darauf beziehen wollte, meinte sein Chef unumwunden zu ihm: Er wisse noch sehr gut, dass er das zu ihm gesagt habe, aber das sei „damals ein Fehler" gewesen (O-Töne).*

Im Coaching belastete den Mann nicht so sehr die Inkonsequenz seines Vorgesetzten. Er hätte vielleicht gar Verständnis dafür gehabt, wenn *„der es einfach vergessen hätte“*. Aber es *„so eiskalt wegzuwischen, ohne mit der Wimper zu zucken, sogar mit einem frechen Grinsen auf dem Gesicht“*, das setzte ihm am meisten zu. Er hatte damals keinen Grund gehabt, seine alte Stelle zu verlassen, war von dem aktuellen Priester direkt angefragt worden, insofern sah er bei diesem *„auch eine Fürsorgepflicht, und wir hatten dies zu Beginn ausgehandelt, doch ich musste begreifen: sein Wort war nichts wert, und er sagte mir dies auch noch“*. Dabei bestehe doch die Kirche darauf, dass ein einmal gegebenes Wort zum Beispiel bei Eheleuten ein Leben lang eingehalten werde, egal wie das Leben spielt. Aber selbst nehme man ein als Amtsträger gegebenes Versprechen nach wenigen Jahren schamlos zurück. Dieser Fall war so einschneidend, dass der Mann seinen *„Schnitt mit diesem Laden“* (O-Töne) machte.

Übergriffigkeit zeigt sich an diesen Beispielen an mehreren Punkten. Jeder für sich hätte bei jedem anderen Arbeitgeber Widerstände durch die Arbeitnehmervertretung hervorgerufen. So stand nicht nur beispielhaft Herr J. in dieser schwierigen Situation – bis er ins Coaching kam – ganz allein. Die bitterste Erfahrung für ihn war, dass er *„so gar keine Handhabe“* gehabt habe, weil *„es aus heiterem Himmel“* auf ihn hereingestürzt sei, *„ohne jede Vorahnung“*. *„Und dann noch die Feigheit, einfach einen Fresszettel hinzulegen“*, beschäftige den Mann zutiefst. Dabei ist ein solcher **Wechsel der Kommunikationsebene** ein wiederkehrendes Muster: ab einem gewissen Punkt schlagartig auf die Verwaltungs- und Rechtsebene zu springen und formale Gründe anzuführen. Das *„eigentliche Problem“* mit ihm blieb der Priester dem kirchlichen Mitarbeiter schuldig. Es war ihm zu keiner Zeit, auch im Vorfeld der Eskalation, eine offene und ehrliche Aussprache möglich gewesen. Die bittere Erkenntnis des Mitarbeiters lautete: *„Vorsicht vor den Freundlichen. Die Butterweichesten unter den Priestern sind die Unberechenbarsten“* (O-Töne).

Die Vermengung von **geistlicher Leitung** und **Mitarbeiterführung** (siehe Kapitel „Von Hirten und Schafen“) wird auch an folgendem Fallbeispiel deutlich:

Frau M. war nach wiederholten Ausbrüchen ihres Chefs nicht mehr zu dessen Gottesdiensten gegangen. Es war für sie „einfach unerträglich, ihn davor so ganz anders" zu erleben. Denn „sobald der dieses Gewand übergestreift" habe, sei er „ein anderer Mensch". Er rede dann von Worten wie Nächstenliebe, Wertschätzung, Vertrauen und Liebe, doch im Alltag sei es „genau anders herum". Für die Mitarbeiterin war die Spannung zwischen „diesem Liturgie-Ich und dem, wie er sonst mit uns umspringt", „nicht mehr zum Aushalten". Wie der Priester seine „geistliche Schizophrenie selbst aushielt", war der betroffenen Frau ein zusätzliches Rätsel. Wenn der Vorgesetzte sie wenigstens gefragt hätte, warum sie nicht mehr zum Gottesdienst gekommen war, hätte Frau M. entsprechend reagieren können. Doch der priesterliche Chef kam mit diesem Thema in einem gänzlich unerwarteten Moment. Ihn interessierte auch nicht die Haltung der Mitarbeiterin, sonst hätte er sich fragend an sie gewandt. Vielmehr stellte er fest: „Ich bin schon sehr irritiert, das muss ich Ihnen schon sagen. Als Katholikin sind Sie zum Sonntagsgebot verpflichtet." Und die Frau tappte in die Rechtfertigungsfalle. Dass sie zurzeit in eine andere Gemeinde fahre – wobei dieser Hinweis den Chef auf der persönlichen Ebene noch mehr in Rage brachte –, war ihre erste Reaktion. Worauf sie nachlegte, dass sie „einfach keine Andacht" habe, so lange dieser Konflikt zwischen ihnen stehe. Doch der Priester ging auf diese menschliche Ebene überhaupt nicht ein. Vielmehr konterte er nochmals mit dem Kirchenrecht: Dann wisse die Mitarbeiterin wohl, dass sie sich „faktisch exkommuniziert" habe, das müsse er ihr „jetzt so feststellen" (O-Töne).

Dieser Fall macht den **spirituellen Missbrauch** deutlich, eingebunden in den Missbrauch von Macht im kirchlichen Arbeitsfeld. Das kirchliche Arbeitsrecht hätte auch hier vom Vorgesetzten erwartet, den Konflikt „im Geiste christlicher Nächstenliebe" zu bereinigen – eine

Formulierung, sie sehr **offen** und damit **unkonkret** ist. Diese „Nächstenliebe“ bestand bei dem Priester darin, die Frau an ihre Pflicht als „gute Katholikin“ zu erinnern. Da die „Pflicht zur sittlichen Lebensführung“ auch immer Teil eines kirchlichen Dienstverhältnisses ist, beinhaltet eine solche Machtstrategie implizit die Androhung möglicher Konsequenzen. Der klerikale Chef ging hier aber noch einen Schritt weiter, befreite sich von seinen eigenen Verpflichtungen als Vorgesetzter und zitierte das Kirchenrecht[133] schlechthin. Die Verpflichtung, als Katholik am Sonntag die Messe zu besuchen, ergibt sich aus can. 1246 und can. 1247 des CIC. Der – auch kirchenrechtlich hier unsinnige – Verweis auf die „Exkommunikation“ macht nur „Sinn“, wenn der Priester die „Communio“ (lat.: Gemeinschaft) der Mitarbeiterin auf sich persönlich hin versteht. Insofern lag hier ganz klar eine **Fixierung auf das Amt** dieses Priesters vor. Sein „Problem“ mit der Frau lag hingegen auf einer ganz anderen Ebene, da er als Chef mit ihrem Selbstbewusstsein nicht zurechtkam.

An dieser Stelle ist ein Exkurs angebracht, weil er, wenn auch nicht direkt, mit dem Thema dieses Kapitels zusammenhängt: Denn das Beispiel verdeutlicht, wie das Muster der **Intransparenz** in der aktuellen Kirchenkrise **gespiegelt** wird, und zwar durch einen Hang zur **Anonymität**. Derzeit gibt es etliche Gruppierungen, die sich – mehr oder weniger eng organisiert – treffen, um sich über die gegenwärtige Lage der Kirche auszutauschen.

> *So traf sich auch diese Gruppe von – haupt- und ehrenamtlichen – „Laien“, um einen „offenen Leserbrief“ zu schreiben. Beim Formulieren brachten die Theologen im Dienst der Kirche ihre Kernkompetenz – den eloquenten Umgang mit dem Wort – noch sehr gut ein. Als es dann an den Versand und an die Namen ging, war einer nach dem anderen auf wichtigen Terminen und sah auch – entgegen der sonstigen Zuverlässigkeit – in den kommenden Tagen sein E-Mail-Postfach nicht ein. Es sei ihm „in dem Stress um die Kommunionvorberei-*

tung einfach untergegangen", meldete der erste der hauptamtlichen Teilnehmer auf Nachfrage, eine Frühlingsgrippe hätte sie „voll erwischt", gab die zweite an, bis der dritte der Hauptamtlichen irgendwann meinte, es sei ihm „bei dem neuen Pfarrer halt ein bisschen zu gefährlich", weil er ihn noch nicht einschätzen könne (O-Töne).

Einer von drei hatte zumindest angedeutet, was das eigentliche Thema war: Angst. Diese Erfahrung – aus der Perspektive von Einzelcoaching und Teambegleitung betrachtet – ist symptomatisch für die aktuelle Krisenlage. Die Lage ist angespannt, und da möchte *„niemand was riskieren, man weiß ja nie"* (O-Ton). Das System hat seine Schäfchen erzogen, das System funktioniert – selbst in der Krise. Als in diesem Beispiel die lokale Presse auf die Initiative aufmerksam wurde, war es zwar ein Hauptamtlicher, der sich für ein Interview zur Verfügung stellte. Aber er nahm dem Journalisten im Vorfeld das Versprechen ab, seinen Namen in keinem Fall zu erwähnen.

Auch hier stellt sich die Frage nach den tiefer liegenden Werten. In der kirchlichen Verkündigung wird die Bedeutung des Namens immer sehr wichtig genommen, was auch biblisch begründet ist. Insofern besitzt der Umstand, in die Anonymität der Masse zu flüchten, doch eine bedenkliche Symbolik. Die Subjekthaftigkeit wird diesmal nicht direkt vonseiten des Systems, sondern vom Mitarbeiter selbst aufgegeben – und damit alles, was zum Subjektsein dazugehört: vor allem seine Freiheit, theologisch gesprochen: **Personalität** und **Taufgnade**.

Um es nicht falsch zu deuten: Hier soll mit keinem Satz Kritik an derartigem Verhalten geübt werden. Das Beispiel zeigt aber die Macht eines Systems und seine subtilen Möglichkeiten, sie durchzusetzen. Wer weiß, was ihn erwartet, hat weniger Angst als der, der stets und ständig das Damoklesschwert über sich weiß. Deutlich wird auch das doppelseitige Spiel mit dem **Vertrauen**. Kirchliche Mitarbeiter sind oft so sozialisiert, dass sie ein kritischeres Verhalten als illoyal interpretieren. Also machen sie lieber das, was zum

Grundverhalten der katholischen Kirche in unsicheren Momenten gehört: nichts.

Die kirchliche Sprache[134] ist spezieller Natur. Der Ton kann im Konfliktfall ohne vorherige Ansage schnell kippen. Eine verbale – oder auch körperliche, durch Gestik vorgenommene – Abgrenzung ist wesentlich, aufgrund von Hierarchie und Abhängigkeit aber auch nicht einfach. Daher benötigen Begleiter, seien es Coachs für kirchliche Mitarbeiter oder Präventionskräfte für Kinder und Jugendliche, eine hinreichende Milieukompetenz für das in vielem sehr spezielle katholische Milieu.

Dabei muss berücksichtigt werden, dass zum Teil Männer rein aufgrund ihres kirchlichen Amtes in Führungspositionen sind. Ihr Führungsverständnis legitimiert sich durch das Amt – und seine vordergründige Stellung.

In allen hier exemplarisch angeführten Beispielen zeigt sich das, was in der MHG-Studie als durchgängiges Muster benannt wird: „Ausnutzung von Autorität"[135]. Sexueller Missbrauch – als Arbeitsgrundlage der Studie – ist dabei „nur" die Spitze des Eisbergs. Auch der kirchliche Arbeitskontext ist nicht frei von diesem Phänomen. Je höher dabei die amtliche Position des Vorgesetzten, umso autonomer ist die formale und rechtliche Stellung – und umso größer sind damit die Möglichkeiten des Amtsmissbrauchs. An den Fallbeispielen zum kirchlichen Missbrauch von Macht lässt sich zudem eine Vermischung von Amts- und spirituellem Missbrauch erkennen.

Eine Veränderung der Sprache[136] setzt eine Reflexion der tiefer liegenden Werte voraus. Sie muss an einen kulturellen Veränderungsprozess angebunden werden. Doch dieser muss gewollt sein. Sprache gehört lediglich zu den äußeren Schichten der kulturellen Matrix, weshalb es wenig nachhaltig ist, nur sie verändern zu wollen. Das würde kirchliche Rede und Verkündigung in der Wirkung nur noch weniger authentisch machen.

Zwischenertrag

Kirchliche Mitarbeiter berichten immer wieder, dass das Klima in kirchlichen Häusern *„eigentlich ein sehr harmonisches, ja warmes"* sei. Wenn es aber mal zum Konflikt komme oder auch nur, wenn man als Untergebener anhaltend auf seine Meinung insistiere, dann kippe die Stimmung oft schlagartig, es werde *„dann auf den Tisch gehauen"* (O-Ton) oder der Vorgesetzte reagiere mit verbalen Angriffen.

Alle Themen, die in der Verkündigung der Kirche relevant sind, sind auch emotionale Themen, weil sie Lebensthemen sind. Deshalb hat die Kirche an dieser Stelle eine gewinnende, „warme", emotionale Sprache. Wer Menschen buchstäblich – und innerlich – ansprechen will, muss dies aber auch auf der Beziehungsebene erreichen. So gilt es in der gesamten Pastoral, also der theologischen Arbeit an der sogenannten Basis, vor allem in den Gemeinden. Gleichzeitig ist die Kirche aber der zweitgrößte Arbeitgeber in Deutschland (nach dem Staat), mit allen Bereichen, die für die Selbstverwaltung notwendig sind. Eine sachliche Verwaltersprache gehört damit ebenso dazu wie die der Juristen.

Unabhängig von diesen Bereichen der Organisation, Verwaltung und des (kirchlichen) Rechts wird also – buchstäblich – auf der Beziehungsebene gearbeitet. Entsprechende Ausbildungen in den praktischen Ausbildungshäusern der kirchlichen Berufe unterstützen diesen Ansatz, so dass viele – vor allem Priester, aber auch so mancher andere kirchliche Mitarbeiter – oft eine ähnliche pastorale Sprache im Munde führen. Sie achtet auf eine gewisse Weichheit in der Intonation, auf eine Sanftheit, die immerwährendes Verständnis spiegeln soll – und lässt dabei zuweilen die eigene Persönlichkeit und den eigenen Charakter, die doch nicht zuletzt im Sprechen Ausdruck finden, verschwinden. Wie eine Predigt bei den Zuhörern nicht zünden wird, wenn sie nicht persönlich ist, fehlt auch in solchen Fällen und bei solchen kirchlichen Mitarbeitern die Authentizität in einem persönlichen Gespräch. Eine Klientin sprach von

„kirchlichen Wachsgesichtern“ (O-Ton), die sie vor sich habe, deren Reaktionen sie aber nie einschätzen könne. Das hatte bei ihr zu starken Verunsicherungen und später zu *„eigenen unauthentischen Verbiegungen“* (O-Ton) geführt. Gut, wo dies rechtzeitig wahrgenommen werden kann. Wenn diese Wirkungen aber bereits bei Erwachsenen deutlich werden, dürften diese Aspekte für die Arbeit mit Kindern und Jugendlichen im kirchlichen Milieu ebenfalls Relevanz besitzen.

Parallel zum *„weichen, säuselnden Nickmännchen-Stil“* (O-Ton) besitzt die kirchliche Sprache aber auch einen starken normativen, fordernden, zuweilen rechthaberischen Ton. Er hängt mit der Haltung zusammen, als Vertreter einer moralischen Instanz auch eine klare Ansage machen zu dürfen. Hier ist jedoch Maß zu nehmen am Führungsstil Jesu. Dessen „Was willst du, dass ich dir tue?“ (Lk 18, 41) verweist auf einen fragenden Stil. Dass er eine solche Art der Kommunikation vor 2.000 Jahren praktiziert hat, muss als außerordentlich bezeichnet werden – und ist genau auf der Höhe der heutigen Führungstheorien.[137] An diesem Stil sollte man auch Menschen messen, die es mit Kindern und Jugendlichen zu tun haben.

Moral und Sittenlehre

„Wer jemandem die Liebe verbieten kann,
hat ihn vollkommen in seiner Hand."

Eugen Drewermann[138]

Moral und Doppelmoral

Sich vor einer gewissen **Doppelzüngigkeit** zu hüten und die kirchlichen Mitarbeiter daran zu messen, wurde bereits im Neuen Testament[139] gemahnt. Anscheinend wussten bereits der Apostel Paulus und seine Schüler um die Gefahr pastoraler Wortsalbereien und Maskeraden. Und offenbar leitete sich, woher auch immer, ein Anspruch an die „Berufschristen" ab, der so überhöht ist, dass man ihn mit der alltäglichen Einfachheit des Seins, aus der spirituelles Leben doch erst entsteht, nicht mehr leben zu können meint. Bei Friedrich Nietzsche hört sich dieses Phänomen so an: „Die Christen müssten mir erlöster aussehen. Bessere Lieder müssten sie mir singen, wenn ich an ihren Erlöser glauben sollte."[140]

Die Morallehre der katholischen Kirche orientiert sich am sogenannten **sittlichen Gesetz**. Dieses wird im Katechismus[141] als „väterliche Unterweisung, eine Pädagogik Gottes" vorgestellt. Denn es „schreibt dem Menschen die Wege und Verhaltensregeln vor, die zur verheißenen Seligkeit führen; es verbietet die Wege zum Bösen, die von Gott und seiner Liebe wegführen" (1950). Das „**natürliche Sittengesetz**" wird als „unveränderlich" definiert: Es „überdauert die geschichtlichen Veränderungen; in der Flut der Vorstellungen und der Sitten bleibt es bestehen" (1958). Es gilt als „eine Teilhabe des nach dem Bilde seines Schöpfers geschaffenen Menschen an der Weisheit und Güte Gottes" (1978).

Was hier auf Gott und seine Schöpfung bezogen wird, beruft sich auf die Naturrechtslehre. Sie wurde nach antiken Vorlagen insbesondere im Hochmittelalter von Thomas von Aquin[142] theologisch entfaltet. Er bestimmte die „**lex naturalis**" als „Partizipation des ewigen Gesetzes in der vernünftigen Kreatur"[143]. Da nun das „sittliche Naturgesetz [...] im Herzen jedes Menschen zugegen und durch die Vernunft festgesetzt" (1956) sei, ist es – nach dieser Logik – nur konsequent, dass Verstöße gegen das **Naturrecht** als Sünde interpretiert werden müssen. Im Blick auf die Homosexualität kann man sich das so vorstellen: Weil Gott die Sexualität im Sinne eines „Schlüssel-Schloss-Prinzips" geschaffen habe, sei anatomisch die körperliche Liebe zwischen Gleichgeschlechtlichen – respektive, um in kirchlicher Sprache zu bleiben – „homosexuelle Handlungen" moralisch nicht vertretbar: „Sie verstoßen gegen das natürliche Gesetz, denn die Weitergabe des Lebens bleibt beim Geschlechtsakt ausgeschlossen. Sie entspringen *nicht* einer wahren affektiven und geschlechtlichen **Ergänzungsbedürftigkeit**" (2357). Dieser Begründung kann bereits dadurch begegnet werden, dass nach dieser Logik andere Spielarten der Sexualität auch für heterosexuelle (Ehe-)Paare ausgeschlossen wären. Und dem ist lehramtlich auch so, denn die Ehe zielt auf die Nachkommenschaft ab. Was ein Paar, das katholisch heiraten will, so auch schriftlich bejahen muss. Was aber nicht unterschlagen werden sollte, ist der – ebenso genannte – zweite „Zweck der Ehe: das Wohl der Gatten" (2363). Wäre es zu viel verlangt, wenn die katholische Kirche es erwachsenen – nunmehr verheirateten – Menschen überlassen würde, die Wege zu diesem gemeinsamen Wohl auch im Bett selbst festzulegen? Die kirchliche Lehre verlangt hier, praktisch gesehen, Doppelmoral: Oder geht sie wirklich davon aus, dass die Mehrzahl der katholischen Ehepaare wahrheitsgemäß zustimmen würde, nur dann miteinander zu schlafen, wenn sie an Kinder denken? So können vermutlich nur zölibatäre Philosophen denken. Oder Praktiker, die die freiwillige Keuschheit anstreben. Denn viel Lust dürften solche Lehramtsgedanken nicht wecken.

Doch wie entsteht überhaupt **Moral**? Sie fällt, egal in welcher Gesellschaft und in welchem Milieu, nicht einfach vom Himmel. Moral bündelt das Regelsystem der jeweiligen Gruppierung. Damit ist sie abhängig von der jeweiligen Kultur, den bisherigen tradierten Werten und Normen, aber auch von deren Relevanz für die aktuelle Situation. Wer seine Moral selbst macht, hat auch die Macht, sie außer Kraft zu setzen. Nicht offiziell, nicht grundsätzlich, besser im Einzelfall – eine bewährte kirchliche Strategie. Makaber ist ja, dass ausgerechnet die Keuschheit nicht nur die kirchliche Moral schützen, sondern vor Doppelmoral bewahren soll. Der Katechismus schreibt dazu: „Der keusche Mensch bewahrt die in ihm angelegten Lebens- und Liebeskräfte unversehrt. Diese **Unversehrtheit** sichert die Einheit der Person; sie widersetzt sich jedem Verhalten, das diese Einheit beeinträchtigen würde. Sie duldet kein **Doppelleben** und keine Doppelzüngigkeit" (2338).[144] Allein diese Formulierungen lassen aufhorchen: „Unversehrtheit" geht davon aus, dass ein Mensch, der seine Liebe teilt, etwas aufgibt und dadurch weniger wird – was nicht nur der praktischen Erfahrung Liebender widerspricht, sondern auch allen wissenschaftlichen Befunden zur Bedeutung ganzheitlicher **Bindung**. Bereits an diesen Beispielformulierungen lässt sich sehen, dass Ausführungen zur Sexualmoral vor allem Negativformulierungen sind. Die zweite Formulierung ist gar verräterisch. Sie will sprachlich etwas negieren, das wohl jeder, der im kirchlichen Milieu tätig ist, kennt: jemanden, der außerhalb der offiziellen Sexualmoral der Kirche lebt; Priester, die einen Freund haben oder mit einer Frau liiert sind. Das geht bis hinein in hohe kirchliche Funktionen. Es gibt Paare, da leben beide Wand an Wand, die Lebensgefährtin wohnt im angrenzenden (Doppel-)Haus. Ungewöhnlich sind weder solche „Umstände" noch jener, dass die zuständige kirchliche Obrigkeit darum weiß.

Wenn sich ein Priester oder auch ein Diakon, der von seiner Frau in Trennung lebt, mit seinen Gewissensbissen an seinen Vorgesetzten wendet, kann es vorkommen, dass man ihm rät, die Frau zu verheimlichen: „Der Geist ist eben willig, unser anfälliges Fleisch schwach", wurde einem kirchlichen Mitarbeiter in einem solchen Gespräch zum Beispiel erwidert. Der Mann solle eben *„schauen, dass es in der Gemeinde keine Unruhe"* gebe, solle das *„Thema entsprechend diskret halten"*, dann werde man *„mal weitersehen"* (O-Töne). Ethisch bedenklich ist, dass man dies noch als praktische Nächstenliebe auslegt. Rechtlich problematisch ist es, weil die katholische Kirche damit ihr eigenes Recht (siehe Kapitel „Kirchenrecht – paralleles Recht?") so gebraucht, wie es im Einzelfall praktisch erscheint. Denn im Grunde wird eine Soll-Norm ignoriert, wenn ein Kleriker „in einem eheähnlichen Verhältnis lebt" oder „in einer anderen äußeren Sünde gegen das sechste Gebot" (CIC, can. 1395) und der Bischof davon weiß. Denn dieser ist kirchenrechtlich eigentlich verpflichtet, die Norm durchzusetzen – von der Verwarnung über die Suspension bis hin zur Entlassung aus dem Stand des Klerikers, „wenn die Straftat trotz Verwarnung andauert" (ebd., § 1). Bedenklich ist an einem solchen Führungsverhalten, dass sich der entsprechende Mitarbeiter damit abhängig und angreifbar macht. Eben noch hatte man ihn – im Bild von Eugen Drewermann – in der Hand, weil er seine Sexualität (nicht) im Griff hatte, und nun, weil man intime Details von ihm weiß. Alles ist möglich in diesem kirchlichen „Spiel", nur nicht das Outing – und schon gar nicht eine Hochzeit, da das Kirchenrecht (can. 1042) den Erhalt beider Sakramente – Weihe und Ehe – ausschließt. Bereits ohne kirchlichen Segen gilt diese Norm, denn auch bei dem Versuch einer zivilrechtlichen Eheschließung greifen die kirchlichen Strafbestimmungen. In diesem Fall zieht sich der entsprechende Kleriker bereits die „Tatstrafe der Suspension" (can. 1394) zu. Eine Ausnahme davon existiert kirchenrechtlich nur für Ständige Diakone (nach can. 1042, § 1), wenn sie vor ihrer Weihe bereits verheiratet sind – außer es gibt wieder eine Einzelfallregelung, im Fall der Weihe direkt durch Rom. Insofern hat sich diese Lehre des Katechismus bereits selbst widerlegt. Anders herum wird ein Schuh draus: Die Keuschheit, die zur Pflicht erhoben wird, lädt geradezu zur Doppelmoral und zu einem Doppelleben ein.

Hätten alle, die den Zölibat von Anfang an nicht leben konnten oder sich unsicher waren, ob sie ihn leben können, die Finger von diesem Amt gelassen, hätte sich das Thema **Priestermangel** vermutlich schon viel früher gezeigt. Tatsächlich zieht der Zölibat auch Männer an, die ihre persönliche und sexuelle Unreife hinter dieser Verpflichtung verstecken können, oder homosexuelle Männer, die auch ohne die Kirche keine Ambitionen für eine Ehe (mit einer Frau) gehabt hätten. Und so darf sich niemand wundern, dass die Zahl homosexueller Priester beträchtlich ist. Es ist es eine statistische Logik und keine Aussage über einen inneren Zusammenhang, wenn die MHG-Studie eine deutlich erhöhte Zahl homosexueller Kleriker unter den Missbrauchstätern im Vergleich zu anderen institutionellen Kontexten ausmacht. Neben dieser Besonderheit im katholischen Milieu betont die Studie eine weitere: die enorm hohe Zahl **männlicher** Kinder und Jugendlicher unter den Missbrauchsopfern im Vergleich zu nicht kirchlichen Institutionen.[145] Allerdings wird auch festgestellt, dass Homosexualität „kein Risikofaktor für sexuellen Missbrauch" sei. Dennoch würden es die Ergebnisse der Studie notwendig machen, „sich damit zu beschäftigen, welche Bedeutung den spezifischen Vorstellungen der katholischen Sexualmoral zu Homosexualität im Kontext des sexuellen Missbrauchs von Minderjährigen zukommt".[146] Die Problematik beim Thema **Homosexualität** ist vielmehr, dass sich diese Männer ausgerechnet an ein **homophobes System** binden. Es ist für katholische Priester möglich, eine „geistliche Hausgemeinschaft" mit einem Mitbruder zu bilden – wobei nicht gesagt werden soll, dass alle diese Gemeinschaften Gründungen von homosexuellen Priestern sind – und zusammen zu wohnen, der Lebensstil selbst indes dürfte nie öffentlich gemacht werden. Diese Atmosphäre geht so weit, dass Gläubige in Gemeinden wie selbstverständlich davon wissen, diejenigen auch einladen und in aller Offenheit und Toleranz annehmen – aber alles auf einer zweiten, inoffiziellen Ebene. Wie kann es da wundern, dass in einem System, das diese Art von Doppelleben zwar theoretisch ausschließt, in der Praxis aber perfektioniert hat, auch beim Thema Missbrauch das „**Muster der zweiten Ebene**" lebt?

Vielfach tritt die Kirche als **Moralinstanz** auf, so etwa bei Fragen der Medizinethik, der Erziehung, aktuell auch im Bereich Ökologie und Nachhaltigkeit – alles Gebiete, die für Theologen fachfremd, maximal noch affin sind. Dennoch genießt die Kirche hier aufgrund der bereits dargelegten Machtposition großes Gewicht. In den eigenen Häusern aber kommt es regelmäßig zu arbeitsrechtlich und ethisch bedenklichen Vorgängen. Wer ins kirchliche Milieu einsteigen will, der sollte dies daher nicht ohne eine Rechtsschutzversicherung tun.[147] Systemisch betrachtet besteht die Problematik darin, dass die Kirche als Körperschaft des öffentlichen Rechts mit eigener Dienstherrenfähigkeit (siehe Kapitel „Kirche als System") ihre eigenen Regelwerke aufstellen darf. Wenn diese Systemautonomie nicht mit grundlegenden Spielregeln der Gesellschaft und Arbeitswelt abgeglichen wird, erfolgt keine Korrektur. Je geschlossener ein System, umso weniger kann es den Anspruch erheben, Aussagen über andere Bereiche des Lebens zu treffen. Die Kirche trägt dieses Selbstbild jedoch nach wie vor in sich, Expertin aller Fragen des Lebens zu sein. Schließlich vertritt sie nach eigenem Selbstverständnis den Schöpfer allen Lebens.

Bereits Kinder und Jugendliche spüren Formen von Doppelmoral. Dieses Phänomen verletzt ihr Kohärenzgefühl (siehe Kapitel „Kirche als Erzieherin"). Sie werden als Erstes irritiert und verunsichert reagieren. Doch wenn das jeweilige Vorbild beide Ebenen überzeugend als Normalität darzustellen vermag, nimmt der Heranwachsende dieses Muster als „normal" an. Von daher ist es wichtig, dass zu Hause über alles gesprochen werden kann. Das Kind muss wissen, dass es für nichts, das es seinen Eltern anvertraut, bestraft wird.

Die moralische Überlegenheit der katholischen Kirche wurde mit dem Missbrauchsfällen, mehr noch mit deren Vertuschung und der Intransparenz im Umgang mit den Straftaten zutiefst infrage gestellt. Eine Kirche, die nach wie vor meint, den „Schatz in irdenen Gefäßen“ (2 Kor 4,7) zu verwalten, wird von den Menschen nicht mehr ernst genommen. Echte Demut ist jetzt gefragt. Keinerlei Anmaßung, auch nur irgendetwas besser zu wissen, kann nach und nach vielleicht wieder Vertrauen aufbauen. Vor allem kein Moralin. Denn Moralin ist Gift für den Glauben.

Statt auf Moral zu setzen, könnte sich das Lehramt an der sogenannten Negativen Theologie[148] orientieren. Auch sie gehört zur – theologisch regelmäßig zitierten – Tradition der Kirche. Denn erst das „wissende Nichtwissen“ und das Eingeständnis der „Arbeitshypothese“ Gott kann vor dem erhobenen Zeigefinger und einer dysfunktionalen Systemüberheblichkeit schützen. Wird Gott indes zu oft angeführt, ist die Gefahr groß, dass die Kirche ihn als „Begründungsfigur“ ihrer eigenen Gesetze missbraucht. „Negative“ theologische Denkansätze lehren eine Bescheidenheit im (vermeintlichen) Wissen über Gott. Alle Ansprüche auf „Wahrheit“ enttarnen sich selbst als anmaßend und lächerlich zugleich.

Sexualität und Enthaltsamkeit

Dass die erschreckende Problematik des Missbrauchs mit der katholischen **Sexualmoral** in Zusammenhang stehen könnte, wurde von Anfang an als abwegig zurückgewiesen. Systemisch betrachtet kann das nicht verwundern: Jede einzelne geistliche Leitungsposition auch noch an der letzten Stelle ist in der katholischen Kirche mit einem Junggesellen besetzt.[149] Von einem Priester, der sich für die Kirche und damit, zumindest formal, gegen das Ausleben von Sexualität, gegen einen Partner oder eine Partnerin und gegen eine Familie entschieden hat. Doch er muss sich fragen lassen, ob er die sexuelle Enthaltsamkeit überhaupt – frei – gewählt hat, wie vonseiten der Kirche suggeriert wird, oder ob er sie vielmehr als notwendiges Übel in Kauf nimmt. Immerhin, Belohnungen dafür werden reichlich in

Aussicht gestellt: Die Karrierechancen stehen gut, es existiert keine Frauenquote, und überhaupt ist das Priesteramt – zumindest so lange man sich an die Regeln hält und gute Freunde im System hat – der sicherste Beruf der Welt. Bis heute gibt es Bischöfe, die den Zölibat als **Pflicht** bestreiten. Sie tun so, als würde der Wille zur Enthaltsamkeit zur priesterlichen Berufung selbstverständlich mit dazu gehören, obwohl es keine hinreichende biblische Begründung dafür gibt. Sie geben vor, das „Ja", das ihnen als kirchenrechtliche Verpflichtung abverlangt wird und ohne das sie nicht zum Priester geweiht werden dürfen, sei eine „freie Entscheidung" gewesen. Das wäre, als würde man bei der Einstellung einer Krankenschwester das Dreischichtsystem als Bedingung angeben und später, wenn sie mit dem Wechsel der Schichten Probleme bekommt, behaupten, sie habe doch aus freier Entscheidung unbedingt – als Zeichen ihrer Hingabe – alle drei Schichten belegen wollen.

Ethisch betrachtet ist eine Entscheidung dann frei, wenn man zwischen zwei Optionen wählen kann. Das hieße hier: Priester mit oder Priester ohne Zölibat. Sich beim Pflichtzölibat auf Jesus von Nazareth zu berufen, von dessen Leben gerade einmal ungefähr drei Jahre bekannt sind, ist ebenso anachronistisch, wie in den Ratschlägen eines Paulus verpflichtende Anweisungen zu sehen. Er ist wie ein Besessener durch die damals bekannte Welt gereist, um möglichst viele Menschen für den neuen christlichen Glauben zu begeistern. Paulus ging von der Parusie aus, das heißt von der Naherwartung der Rückkehr Christi, um Gericht über die Welt zu halten. Es passt weder zu einem missionarischen Leben noch zur Annahme des Weltendes, auf Brautschau zu gehen und Kinder in die Welt zu setzen. Überhaupt ist es theologisch wichtig, sich den Kontext einer Bibelstelle genau anzusehen, die als Beleg angeführt wird. Im Matthäusevangelium wird Jesus mit den berühmten Worten zitiert, die gern zur Begründung der Enthaltsamkeit herangezogen werden: „Denn es gibt Verschnittene, die von Mutterleib so geboren sind; und es gibt Verschnittene, die von Menschen verschnitten sind; und es gibt Verschnittene, die sich selbst verschnitten haben um des Himmelreiches willen. Wer es fassen kann, der fasse es" (Mt 19,12). Der Kontext ist hier aber die Regelung bei einer Scheidung, die Versorgung der entlassenen Frau durch einen Scheidebrief und die Frage der Scheidung überhaupt. Würde man den Bedenken der Jünger folgen, so hieße die Logik: Aufgrund der Gefahr einer möglichen Trennung ist es besser, erst gar nicht zu heiraten. Das müsste dann aber statistisch für die Hälfte aller Deutschen gelten, nicht nur für Geistliche.

Würde seitens der Kirche aber die Möglichkeit eines Zusammenhangs zwischen verpflichtendem Zölibat und sexuellem Missbrauch eingeräumt werden, stünde jeder einzelne Kleriker unter Generalverdacht. Insofern ist die Abwehr dieses Gedankens durchaus verständlich. Zum Auftakt der „Antimissbrauchskonferenz" ging der Vorsitzende der Deutschen Bischofskonferenz im Interview mit dem ZDF[150] nicht auf die – als Frage formulierte – Möglichkeit eines Zusammenhangs mit dem Zölibat ein. Es gebe auch viele andere, die missbraucht hätten und die nicht die Lebensform der Ehelosigkeit lebten. Dabei sind die Zahlen der sogenannten MHG-Studie, wenngleich sie aufgrund des Datenmangels nur die Spitze des Eisbergs beschreiben konnte, aussagekräftig: Während bei Priestern der Anteil der Beschuldigten bei 1.588 Personen lag, werden lediglich 24 Diakone genannt.[151] Sie sind die einzigen unter den Klerikern, die ihre – wie es im Jargon der Kirche heißt – Lebensform frei wählen. Für den Priester gehört der Zölibat verpflichtend mit dazu. Heutzutage ist es nicht selten, in reiferen Jahren, oft auch nach einem Erstberuf, in den Priesterstand zu wechseln. In diesen Fällen kann sicher davon ausgegangen werden, dass die Kandidaten in der Regel die nötige Reife besitzen, um zu wissen, wogegen sie sich entscheiden. Im Idealfall haben sie dann ihre – auch sexuellen – Erfahrungen gemacht. In Zeiten, in denen ein sehr früher Eintritt in ein kirchliches Internat mit dem ausdrücklichen Ziel des Priesteramtes noch üblich war – in manchen Ländern, wie zum Beispiel Spanien, noch sehr lange –, dürften die Knaben und jungen Männer selten eine vergleichbare Möglichkeit gehabt haben. Ihre Laufbahn war klar vorgegeben und Sexualität hatte da schlichtweg nicht vorzukommen. Die MHG-Studie hält fest: „Die Verpflichtung zu einer zölibatären Lebensführung erfordert [...] eine intensive Auseinandersetzung mit der eigenen Emotionalität, Erotik und Sexualität." Die „Implementierung zeitlich begrenzter Weiterbildungsmodule in den Priesterseminaren" decke eine solche ganzheitliche Auseinandersetzung nicht ab. Vielmehr sei „eine themengerechte, lebenslange professionelle Begleitung und Unterstützung"[152] wichtig. Dieser Befund kann nicht überraschen, da das Kirchenrecht die **Ausbildung** für Männer, „die den Diakonat und den Presbyterat[153] anstreben", in erster Linie auch auf der rechtlichen Ebene regelt: „nach Maßgabe des Rechtes" (can. 1027), wie es dort heißt.

In diesem Zusammenhang kommt ein zusätzlicher (siehe Kapitel „Milieu-Sprache") interessanter, eben bereits angeschnittener Begriff auf: die „**Lebensform**". Allein diese sprachliche Verniedlichung drückt aus, wie wenig Bedeutung dem menschlichen Grundbedürfnis der Sexualität beigemessen wird. Man kann sich dafür entscheiden, in der Großstadt oder auf dem Land zu wohnen, Sport zu treiben oder lieber zur Jagd zu gehen, täglich Süßigkeiten oder Salat zu essen, einen Schulmediziner oder lieber einen Naturheilkundler aufzusuchen, im gemeinsamen Bett zu schlafen oder lieber getrennt vom Partner, als Single oder zusammen mit einem anderen Menschen durchs Leben zu gehen – all dies und vieles mehr könnte man als „Form" zu leben definieren. Doch eine – freie oder zwangsweise, durch Wahl für einen Beruf – gelebte sexuelle Enthaltsamkeit ist eine so gravierende Entscheidung, dass sie einen Begriff verdient, der ihrer existenziellen Bedeutung deutlichen Ausdruck verleiht. Wichtige – menschliche – Umstände werden in der Kirche indes nicht selten verniedlicht. Wer sich in die „Lebensform" des Zölibats begibt, geht einen unheiligen Tausch ein: Er gibt seine Sexualität auf und erhält dafür eine gesellschaftliche Stellung und Privilegien. Es ist, dem Prinzip nach, ein Frondienst, so wie er im Römischen Reich üblich war.

Wenn schon die **Naturrechtslehre** nach wie vor so eine starke Bedeutung hat, kann auch hier ein Bild aus der Biologie nützlich sein: Tief in den Genen der katholischen Kirche steckt eine Missachtung der Leiblichkeit. Die weitaus längste Zeit der Kirchengeschichte hat sie diese Verachtung in Predigten und Texten deutlich gezeigt. Die wenigen Jahrzehnte, in denen sich dies verändert hat, wirken wie ein Luftzug im Laufe einer langen, größtenteils – für die Gläubigen, die eigenen Leibeigenen und auch den Klerus – unheilvollen Geschichte. Das philosophische Denken eines Platon hielt sich lange, es wurde restauriert in der Dogmatik des Hochmittelalters und poppt immer da wieder auf, wo der Leib weniger wert ist als der Geist oder die Seele. Wo das Irdische weniger Bedeutung hat als das Jenseitige – wie voll sind davon die Gebets- und Gesangbücher katholischer Kirchen –, und auch, wo Sexualität und damit oft auch die Frau an sich in irgendeiner Form Angst macht.

Biblisch verstanden gehört zur **Leiblichkeit** des Menschen ganz klar die Sexualität, wie man in den erotischen Dichtungen im Hohelied des Alten Testamentes – aus dem agrarischen Erfahrungskontext – sehr schön sehen kann: „Mein Freund ist mir ein Myrrhenbüschel, das zwischen meinen Brüsten ruht“ (Hohelied 1,13). „Du bist schön, meine Freundin, [...] wie Granatapfelhälften sind deine Wangen [...]. Deine beiden Brüste gleichen zwei Rehkälbchen, Gazellenzwillingen, die zwischen den Lilien weiden“ (Hohelied 4,1.3.5). „Mein Freund ist weiß und rot [...]. Seine Wangen sind wie Balsambeete, in denen würzige Pflanzen wachsen [...]. Seine Schenkel sind Marmorsäulen [...]. Sein Gaumen ist süß, und er selbst lauter Lieblichkeit“ (Hohelied 5,10.13.15–16). „Dieser dein Wuchs ist der Palme gleich, und deine Brüste den Trauben. Ich denke, ich will die Palme besteigen und ihre Zweige erfassen“ (Hohelied 7,9). Auch in der Bibel gehört Sexualität damit zum Schönsten, was Natur und Schöpfung zu bieten haben. Sie hat nichts mit „Anfälligkeit“ zu tun. Die Vorstellung – wie oben zitiert –, die „Unversehrtheit“ seiner „Liebeskräfte“ dadurch erhalten zu sollen, dass man seine Sexualität unterdrückt, geht vielmehr von einem eindimensionalen und mechanistischen Menschenbild aus. Als ob man – bildlich gesprochen – den Hahn einfach zudrehen könnte. Jeder, der Sexualität lebt, weiß, dass man in der – auch körperlichen – Liebe mehr erhält, als man gibt. **Erfüllte Sexualität** ist ein tiefer Brunnen der Lebensenergie, ganz unabhängig von den gesundheitsfördernden Nebeneffekten. Anders die katholische Lehre, die auf die Funktionalität einer Ehe abzielt. Der Eros, den die beiden biblischen Protagonisten des Hohelieds, die die Liebe soeben entdeckt haben, spüren – und leben –, gehört da nicht mit hinein. Denn das Lehramt orientiert sich an Moral und nicht am glückenden Leben der Gläubigen.

So sprach der Papst jüngst von „Situationen der Anfälligkeit"[154]. Anfällig kann man bei einer Sucht sein oder bei einer psychischen Störung. Werden aber im Falle einer gesunden Sexualität nicht Natur und Schöpfung – und letztlich Gott – mit diesem Begriff beleidigt? Und da hier der Missbrauch durch Priester gemeint war, wurde damit nicht indirekt mögliches **krankhaftes Sexualverhalten** von Klerikern eingeräumt? Dann müsste man sich fragen, weshalb die entsprechenden Bischöfe ihrer Fürsorgepflicht nicht nachkamen. Für die Verwehrung der Weihe von Priesteramtskandidaten kann der zuständige Bischof sich – im Gegensatz zur Ablehnung von Diakonatsanwärtern – lediglich auf einen sogenannten „kanonischen Grund" berufen. Ein solcher kann eine „**Irregularität**" im Sinne einer kirchlichen oder weltlichen Straftat sein, oder eben auch, „wer an irgendeiner Form von Geisteskrankheit oder einer anderen **psychischen Erkrankung** leidet" (can. 1041, § 1).[155] Dieses Hindernis bedeutet jedoch nicht, dass psychische Erkrankungen die Weihe letztendlich unmöglich machen! Denn weiterführend heißt es: „[…] bis der Ordinarius nach Konsultation eines Sachverständigen die Ausübung dieser Weihe erlaubt" (can. 1044, § 2). Das bedeutet, dass es der Kirche offenbar wichtiger ist, neue Priester zu bekommen, um den Kult zu pflegen, als auf so etwas wie eine Bestenauslese zu achten, die übrigens im staatlichen Berufsbeamtentum rechtlich grundgelegt ist.

Tief in den Fundamenten des katholischen Lehrgebäudes sitzt ein archaisches Denkmuster des antiken **Opferkultes**, wonach der, der das Opfer darbringt „unbefleckte Hände" haben muss, also keine Frau berührt haben darf. Der Grundsatz lautet: Kult vor Sexualität. Er geht davon aus, dass Sexualität ein Widerspruch zum Heiligen ist, das sexuelles Leben Transzendenzerfahrung unmöglich macht. Dieser Zusammenhang macht auch deutlich, weshalb ein Diakon, der ja das „Opfer" der Eucharistie nicht selbst darbringt, sich nicht wie ein Priester sexuell enthalten muss. Gleichzeitig verrät dieses alte Muster viel von der Einstellung der katholischen Kirche gegenüber der **Frau** an sich. Eugen Drewermann hat diese Spannung mit der Polarität aus „Hure oder Heilige" gefasst. Denn die traditionelle Sicht auf die „Jungfrau" **Maria** (hebr.: „junge Frau") verklärt einerseits die „Reinheit" der Frau, andererseits sieht sie in ihr – am Beispiel Eva – die Ursache der Versuchung.

Schon Paulus wies den Frauen eine **dienende Rolle** zu,[156] und die katholische Tradition kürte Maria immer mit neuen Tugenden. An diesen hatte sich die katholische Frau fortan zu orientieren. So wurde die katholische Frau besonders in der Rolle als Mutter in der klassischen katholischen Lehre auch nicht geschont. Sie war für den christlichen Geist und die christliche Erziehung im Haus verantwortlich. Das brachten die Kirchenmänner auf den Kanzeln auch so zum Ausdruck. Idealisierende Wertschätzung stand dabei nicht selten unrealistischen Ansprüchen und dem jederzeit über der Mutter schwebenden Damoklesschwert entgegen, indem ihr damit die Verantwortlichkeit sowohl im Falle des Gelingens als auch des Scheiterns der Erziehung aufgebürdet wurde: „Immer wenn schlechte Zeiten kamen, hat man nach guten Müttern gerufen", predigte beispielsweise ein süddeutscher Bischof im Jahr 1934. Solche Mütter erkenne man daran, dass sie dafür eintreten, „das sittliche Leben zu heben, das Gute zu fördern, dem Bösen zu wehren." Und er fuhr fort: „Ob die Familie [...] gesund ist, das hängt so viel von der Mutter ab"; er meinte freilich die sittliche Gesundheit. Darum müsse „das ganze Leben, der ganze

Wandel der Mutter […] vorbildlich und mustergültig sein."[157] Und er begründete es mit seinem Bild von Maria: „Unser Ideal ist Maria, die Jungfrau u[nd] Mutter zugleich ist. Sie muss Vorbild sein für die Jungfrau wie für die Mutter." Denn: „An der **sittlichen Reinheit** der Jungfrau und der Frau hängt das Wohl der Welt."[158]

Klerikern ist es laut Kirchenrecht geboten, „die besondere Verehrung der jungfräulichen Gottesmutter zu pflegen" (CIC, can. 276, § 2). Insofern sind Priester bereits formal auf Maria hin verwiesen, von der her sich ihr Frauenbild prägen soll. Der Missbrauch von **Ordensfrauen** zeigt, wie problematisch eine solche vormoderne Haltung der Frau gegenüber ist. Gehorsam, Demut, Schweigen, Unterordnung, kein Widerspruch, immer bereit zum Dienst zu sein, das sind marianische Tugenden, die im Falle der Übergriffigkeit durch einen Priester nicht gerade eine Haltung der Selbstverteidigung und des Nein-Sagens nahelegen und stützen. Diese Frauen haben das dienend-demütige Muster in ihrer Sozialisation in Mark und Bein verinnerlicht. Sie sind „Bräute Christi", und der Priester ist derjenige, der ihnen „in persona christi" machtvoll gegenübertritt – ein Ungleichgewicht auf vielen Ebenen tut sich auf.

Neben der traditionellen Fixierung auf die „Jungfrau" Maria sind es oft die Priestermütter, die diese Rolle – aus der Sicht und in der Emotion des Sohnes – ausfüllen. Denn sie stellen, ebenso wie ganz bestimmte Frauen in der Gemeinde, die mit der gebotenen „Sittlichkeit" ihren Dienst verrichten und ihre Weiblichkeit nicht „zur Schau" stellen, keine sexuelle „Gefährdung" für das Gefühlsleben des Priesters dar. So werden sie zu Protagonistinnen einer religiös stilisierten Vorstellung von „**Reinheit**". Diese Vorstellung ist bereits deshalb bedenklich, weil damit Sexualität automatisch – ob gedacht, gefühlt oder ausgelebt – mit dem Etikett der Unreinheit verbunden wird. Das Reine ist dann das Asexuelle, wie es Heiligendarstellungen insbesondere im Nazarenerstil anschaulich belegen. In der priesterlichen Entwicklung zeigt sich dies dann durch eine Zunahme an menschlicher Weichheit und Wärme in Stimme und Körpersprache. Leicht wird dies mit Empathie verwechselt, in Wirklichkeit gibt sich darin die Abspaltung von Geist und Seele, Ratio und Gefühl zu erkennen. Das Kohärenzgefühl geht verloren, in der Sprache der Psychologie setzt sich der Priester nun **kognitiver Dissonanz** aus. In der Einleitung wurde die Reaktion eines kirchlichen Verantwortlichen auf die Betroffenheit beim Thema Missbrauch beschrieben, die darin bestand, nach der Anzahl der Kinder zu fragen, bevor er zu verstehen gab, dass die Missbrauchsrate innerhalb von Familien viel höher liege. Er maß damit das Ausmaß der Verfehlungen allein an der Zahl. Emotional konnte er sich gar nicht auf das Thema einlassen. Daran wird beispielhaft deutlich: Die Leugnung der Sexualität bzw. der Versuch, dieses gesunde menschliche Grundbedürfnis zu zügeln, sei es durch Ablenkung, so genannte **Sublimierung**, religiöse Praktiken oder wie auch immer, kann zu emotional-neurotischen Störungen führen.

Nicht in der Sexualität an sich besteht also das Problem, sondern in der **platonischen Vorstellung** von Reinheit. Besonders gefährdet sind Männer, die ohne jede sexuelle Erfahrung in den geistlichen Stand eingestiegen sind. Es mag sein, dass sie ihre Sexualität jahrelang erfolgreich abspalten können oder glauben, sie gut sublimiert zu haben. Und dann begegnet ihnen in der Jugendfreizeit zum Beispiel ein Knabe, der in ihnen Gefühle auslöst, die sie bislang so nicht kannten. Ihre Gedanken und Wünsche werden sie entsprechend der kirchlichen Lehre noch als „lässliche Sünde" einstufen. Hier ist bis auf das Kopfkino – man denke an den Beichtspiegel, den man als Heranwachsender mitbekommen hat – noch nichts „passiert". Sie sehen in der erotischen Gestalt des jugendlichen Gegenübers ein Abbild der Reinheit, vollkommen vom Schöpfer erschaffen, und haben ihre eigenen sexuellen Präferenzen bislang unzureichend reflektiert. Weitere Regungen werden daher verdrängt, doch irgendwann kommt der Wunsch nach Berührung auf, nach Ergänzung, die ihnen aber verwehrt ist – und gleichzeitig Raum einfordert. Ist es da ein Wunder, dass man auf den Gedanken der „Anfälligkeit" kommt?

Doch diese Energie an sich ist nicht bedenklich, sie ist nur menschlich. Bedenklich ist, dass sie bislang noch keine Bahnen gefunden hat, sich zu entfalten. Und so quälen sich diese jungen Männer mit einem Druck, dem sie nicht Herr werden können – zumindest nicht, ohne ein schlechtes Gewissen zu bekommen, ganz egal, wie sie das Dilemma auch lösen.

Sexualität lebt immer aus der Spannung heraus, Abenteuer zu sein – und Abenteuer zu bleiben. Die Beschreibungen des katholischen Katechismus klingen demgegenüber eher wie die Anleitung zu einer Produktionsstätte. Sexualität bewegt sich auf dem schmalen Grat zwischen Erlaubtem und Verbotenem, zwischen Führen und Verführen. All das setzt Erfahrung voraus, ein Einspielen aufeinander, ganzheitliche Wahrnehmung, Offenheit und Rückmeldung, in einem Wort: Liebeskunst.[159] Wenn dies bereits für die im Alltag eingespielte Sexualität gilt, um wie viel herausfordernder ist es dann für das Feld der verbotenen Liebe? Was hier, ohne Übung in dieser Kunst, explosiv wie aus dem Nichts aus einem herausbricht, übermannt sicher nicht nur den abhängigen, minderjährigen, ausgenutzten jungen Menschen, sondern auch den Priester. Diese Erklärung soll – und kann – keine „Entschuldigung" sein. Doch sie verweist darauf, dass man ohne sexuelle Vorerfahrung lieber im eingeschlossenen Bereich bleiben sollte.

Kirchengeschichtlich hat der Zölibat seinen Ort im **Kloster**, wo er auch – nicht nur im Christentum – Sinn macht. Die längste Zeit der Kirche gab es in der katholischen Kirche beides: verheiratete und nicht verheirate Geistliche. In den orthodoxen **Ostkirchen** war der Zölibat von Anfang an nicht üblich, was zeigt, wie sehr die Begründung der römisch-katholischen (lateinischen) Kirche auf die eigene Tradition eingegrenzt ist. Von den fünf altkirchlichen Patriarchaten[160] war Rom in den ersten Jahrhunderten – bis zur Konstantinischen Wende – keineswegs die wichtigste kirchliche Metropole. Bis heute kommen in den Ostkirchen die Bischöfe aus den Klöstern – und sind damit zölibatär. Die Diakone und Priester hingegen dürfen selbstverständlich heiraten. Und auch die mit Rom unierten (lat.: „verbundenen“) orthodoxen Kirchen leben diese ältere Tradition.

Mit der letztendlich verpflichtenden Einführung des Zölibats kamen im 16. Jahrhundert auch Priesterseminare auf – die Alumnen wurden quasi kaserniert. Eine freiheitliche Entscheidung für oder gegen die zölibatäre „Lebensform“ war damit bereits praktisch erledigt. Noch heute kann man beobachten, dass die Priesteramtskandidaten in den Ausbildungsstätten fürstlich bekocht werden – bei geringen Mieten. Die Mehrzahl nimmt in dieser Zeit körperlich auch deutlich zu. Die Bindung über den Kochtopf hat schon zu allen Zeiten funktioniert. Besonders diejenigen, die ein normales Theologiestudium an einer staatlichen Universität leistungsmäßig nicht schaffen würden, sind den Ausbildungshäusern dankbar, gibt es in ihnen doch eigens angestellte Repetenten – junge Priester, die (trotz des Priestermangels) von der Gemeindearbeit freigestellt werden, um die angehenden Mitbrüder in spe durch ein Hochschulstudium zu schleusen. Auch hier sind hinreichend Möglichkeiten gegeben, Abhängigkeiten aufzubauen. Möglich ist, dass die ganze Hochschule Bescheid weiß und ein Priester mit homosexueller Orientierung in der Szene der Stadt ein- und ausgeht, die Vorgesetzten jedoch offiziell nichts davon wissen. Ein solcher Priester nun kann als Ausbilder das Vertrauensverhältnis dazu nutzen, die sexuelle Orientierung seiner Alumnen zu „testen“. Da das Thema Zölibat in erster Linie mit den Themen Frau und Ehe in Verbindung gebracht wird, sind solche Beziehungen – zumindest solange sie hinter verschlossenen Türen ablaufen und keinen Anstoß erregen – in der Regel kein Problem. Doch im Prinzip beginnt bereits hier der Weg der Doppel- oder besser, angesichts der kirchlichen Haltung zum Thema Homosexualität, der Dreifachmoral. Denn die Verpflichtung zum Zölibat meint nicht, wie landläufig gern angenommen, die Ehelosigkeit, sondern die ständige sexuelle **Enthaltsamkeit**. Anders als ein formaler – zivilrechtlicher oder kirchlicher – Eheschluss oder die Geburt von Kindern ist diese Vorgabe freilich nicht überprüfbar. Zölibatär zu leben wird neben der rechtlichen Normierung also dem Gewissen des Geistlichen überlassen.

Die deutschen Priesterseminare begannen laut der MHG-Studie erst in den Jahren 2001 bis 2003 „als Reaktion auf die Missbrauchsvorwürfe" mit der Implementierung von sexualpädagogischen Ausbildungsmodulen, allerdings in sehr unterschiedlicher Qualität und Intensität.[161] Anders als Ordenspriester und -brüder kommen sogenannte Weltpriester eben auch mit der „Welt" in Kontakt, mit ihren Reizen und Freuden. Dennoch verpflichtet sie das Kirchenrecht zu einem klosterähnlichen Lebensstil. Die Rechtsgrundlage geht auf die Jahre 1917 und 1983 zurück (siehe Kapitel „Kirchenrecht und Tradition"), jedoch suggeriert die Formulierung im Kirchenrecht (CIC, can. 277) ein **ewiges Gesetz**: „Die Kleriker sind gehalten, **vollkommene und immerwährende** Enthaltsamkeit um des Himmelreiches willen zu wahren; deshalb sind sie zum **Zölibat verpflichtet**, der eine besondere **Gabe Gottes** ist, durch welche die geistlichen Amtsträger leichter mit ungeteiltem Herzen Christus anhangen und sich freier dem Dienst an Gott und den Menschen widmen können." Ein Pfarrer meinte auf die Argumente zur Abschaffung des Pflichtzölibats: „*Was soll ich dann machen? Ich habe keine Frau, also auch nicht heimlich. Dann bin ich ja wieder der Depp*" (O-Ton). Das Beispiel belegt, dass der Zölibat in der Regel nicht frei „gewählt" worden ist. Für den – hypothetischen – Fall einer echten freien Wahl hätten diese Pfarrer in der Tat einen zeitlichen Nachteil. Denn sie müssten zuerst aus einem Muster herausfinden, das ihnen als normal offeriert worden ist. Für viele käme die Zusicherung einer wirklich freien Entscheidung vielleicht zu spät. Aus seelsorglichen Gründen wären auch diese persönlichen Problematiken mit zu berücksichtigen, sollte der Zölibat doch einmal gelockert werden. Grundsätzlich sollte aber berücksichtigt werden, dass die sogenannten **evangelischen Räte** – Armut, Keuschheit und Gehorsam –, die nicht nur der Ordensgeistliche zu leben hat, sondern auch der Weltklerus, unter deutschen Verhältnissen bereits bei der ersten Regel nicht mehr greifen. Wie an anderer Stelle ausgeführt, werden Pfarrer wie Beamte im höheren Dienst besoldet, Bischöfe analog zur ministerialen Ebene. Damit dürfte je nach Sprengel das Gros der Schäfchen ärmer sein als der Hirte; ein Familienvater zum Beispiel mit gleichem Einkommen hat weniger für sich im Geldbeutel. Echte Armut sieht auch aus Perspektive des Evangeliums anders aus. Den Fokus von den anderen beiden Regeln, von dem Gehorsam und der Enthaltsamkeit weg auf die Armut zu richten, wäre gerade in Deutschland ein innovativer theologischer Ansatz auf dem Weg zu einer vielleicht wieder glaubwürdigeren Kirche. Wer aber nicht weiß, wie lange er sein Doppelleben leben kann, der bringt seine – materiellen – Schäfchen natürlich ins Trockene. Der spart sein Geld oder kauft sich ein Haus, das er gut vermieten kann – so lange er selbst noch im Pfarrhaus wohnen darf. Somit verhindert der verpflichtende Zölibat echte – geistlich inspirierte – Armut.

Die kirchenrechtliche Problematik beim Thema sexueller Missbrauch kann bei dieser Stilisierung der Enthaltsamkeit nicht wundern: Das kirchenrechtlich vorrangige Vergehen im Fall Missbrauch ist der Bruch des eigenen Versprechens der sexuellen **Enthaltsamkeit** (siehe Kapitel „Kirchenrecht – paralleles Recht?"). Ein Priester, der sich am Sittengesetz und am Kirchenrecht orientiert, kommt unter Umständen gar nicht auf die Idee, dass er gegenüber dem Kind eine Straftat verübt hat. Er wird den Bruch seiner Pflicht als Kleriker einem Mitbruder beichten und es dabei bewenden lassen. Nur am Rande sei bemerkt, dass die **Beichte** insofern eine Möglichkeit des Vertuschens eröffnet und dem schuldig gewordenen Priester zusätzliche Sicherheit gewährt. Als „Verstöße gegen die Keuschheit" kennt die katholische Lehre zu allererst die **Unkeuschheit**. Sie wird im Katechismus als „ungeregelter Genuss der geschlechtlichen Lust oder ein ungeordnetes Verlangen nach ihr" definiert (2352). An zweiter Stelle wird die Masturbation aufgeführt, definiert als „absichtliche Erregung der Geschlechtsorgane", wobei ein moralisches Urteil darüber die „affektive Unreife […], Angstzustände und weitere psychische oder gesellschaftliche Faktoren berücksichtigen" soll, „welche die moralische Schuld vermindern oder sogar aufheben" (2352). Der Nachsatz öffnet damit für Alleinstehende – auch in moralischer Hinsicht – gewisse Türen. Als Drittes wird Unzucht, „die körperliche Vereinigung zwischen einem Mann und einer Frau, die nicht miteinander verheiratet sind", genannt und als „schwerer Verstoß gegen die Würde dieser Menschen" befunden (2353). Auch hier ist interessant, dass es nach katholischer Lesart nur heterosexuelle „Unzucht" gibt[162] – in der Logik der Naturrechtslehre ist dies freilich nur konsequent. Als Viertes kommt der Katechismus der katholischen Kirche auf die Prostitution zu sprechen (2355), als Letztes dann auf Vergewaltigung. Trotz dieser Reihenfolge und obwohl sie unter der Überschrift „Verstöße gegen die Keuschheit" steht, wird Vergewaltigung nicht verharmlost. Sie gilt als „gewaltsamer Einbruch in die geschlechtliche Intimität" und wird als „tiefe Verletzung des jedem Menschen zustehenden Rechts auf Achtung, Freiheit, physische und seelische Unversehrtheit" bewertet: „Sie fügt schweren Schaden zu, der das Opfer lebenslang zeichnen kann. Sie ist stets in sich zutiefst verwerfliche Tat" (2356).

Unter die Kategorie „Verstöße gegen die Keuschheit" würde auch der sexuelle Missbrauch fallen, jedoch nur im Falle einer **Vergewaltigung**. Diese wird, anders als die anderen Verstöße, die zum Teil fantasievoll erklärt werden, jedoch als Tat nicht definiert. Zu klären wäre daher – unter nochmaligen seelischen Qualen der Missbrauchten und Betroffenen –, inwiefern der Straftatbestand gegeben ist. Aufgrund der Betonung der Aspekte Unkeuschheit und Masturbation in der Morallehre und der oft vermissten sexuellen Reife der Täter ist es denkbar, dass ein Priester seine „Spielchen" im Sinne der ersten beiden „Verstöße" gesehen hat. Vielleicht ist er angesichts der Naturrechtslehre bislang auch noch nicht auf die Idee gekommen, dass sich Vergewaltigung auch auf Knaben und Männer beziehen kann. Denn auch die staatlichen Gesetze sehen hier an erster Stelle den Vollzug des Beischlafs gegen den Willen des Betroffenen – und

Beischlaf bzw. Geschlechtsverkehr mit einem Jungen gibt es nach katholischer Lehre gar nicht. In weiterer Hinsicht gelten jedoch auch solche Handlungen strafrechtlich – nach staatlichem Recht – als Vergewaltigung, die einen anderen Menschen sexuell erniedrigen.[163] Das Strafmaß für erwiesene Vergewaltigung ist daher entsprechend hoch. Alles, was in der Handlung und Bewertung darunter liegt, würde strafrechtlich als **sexuelle Nötigung** eingestuft werden. Doch hier tun sich nun Lücken in der kirchlichen Lehre auf. Wenn es im Fall von Missbrauch „noch keine" Vergewaltigung war, sich die betreffende Person nicht der Prostitution hingegeben hat, es keine Unzucht sein kann, was ist es dann – diesem Katalog zu Folge? Der „Beichtvater" wird den Mitbruder genau befragen, ob es – und wie und wie oft – zu „Handlungen" kam. Und im Zweifelsfall wird der Priester die Buße für seine Unkeuschheit annehmen, vielleicht auch noch für seine Masturbation.

Priester sind gehalten, ihre Leidenschaft in der zölibatären Hinwendung zu Gott zu leben, um sich auf diese Weise „ungeteilt dem Herrn und seiner ‚Sache' zu widmen" (1579).[164] Damit wird im Grunde etwas gefordert, das biologisch fraglich ist. Psychologisch betrachtet ist es durchaus möglich, bestimmte Gedanken zu bremsen oder „abzustellen". Diese „Bremsung" funktioniert bei **Emotionen** jedoch nicht. Jeder Mensch – auch der sachlichste – hat „wunde Punkte", bei denen er emotional reagiert. Es gibt dann einen auslösenden Reiz – die Bemerkung des Partners, die Erinnerung an verinnerlichte Muster oder was auch immer – und das Gefühl ist da. Was einzig funktioniert, ist die Umlenkung der Emotion. Wenn zum Beispiel ein Weg erarbeitet wurde, dass sich Wut in Traurigkeit wandeln kann und Tränen fließen dürfen. Psychologisch wirkungsvoll kann die Arbeit mit Motiven sein, inneren Beweggründen, die mehr oder weniger bewusst sind. Für den Fall, dass gesunde Männer mit einer gesunden Sexualität den Zölibat leben sollen, müssen die entsprechenden sexuellen Gefühle also ebenso umgelenkt und neu gebahnt werden. Ihre emotional-organischen Bedürfnisse werden auf die religiöse Ebene gehoben. Im Gegensatz dazu wird aber an anderer Stelle von einer grundsätzlichen „Ergänzungsbedürftigkeit" des Menschen gesprochen, die er in der körperlichen Liebe – gemäß katholischem Lehramt im Rahmen der Ehe – befriedigt findet. Das heißt: Der Mensch an sich ist laut katholischer Lehre dieser Ergänzung durch einen anderen Menschen bedürftig. Demgegenüber gilt der Zölibat als „Zeichen des neuen Lebens" (1579). Der homosexuelle Mensch – und Priester – darf sich dieser Ergänzung ohnehin nicht hingeben, sondern hat diese „Veranlagung" und „Prüfung" mit Hilfe der „Tugenden der **Selbstbeherrschung** [...] durch das Gebet und die sakramentale Gnade" (2359)[165] zu leben. Für den Fall, dass er sich einmal nicht „unter Kontrolle" hat, wird er so zuerst diesen Aspekt – die mangelnde „Selbstbeherrschung" – beklagen. Und versuchen, die Gedanken, inneren Bilder und Emotionen – wie auch immer – „abzustellen".

Die Bindung an die Sakramente ist nicht unverfänglich. Das erklärt auch, weshalb sich gerade unter Priestern eine große Zahl homosexueller Männer findet. „Gott geweihten Personen" wird die eigentlich doch grundlegende menschliche „Ergänzungsbedürftigkeit" nicht nur nicht zugestanden, sie haben sie in eine spirituelle Ebene hinein bereits transformiert – so zumindest die Erwartung der Lehre. Damit werden Priester auch sexuell schon irgendwo zwischen Diesseits und Jenseits angesiedelt.[166] Aber werden damit nicht die Weihe und der Priester den sonstigen Bedingungen des Menschseins entrückt? Das Ergebnis: Die Verpflichtung zum Zölibat zieht – neben homosexuellen Männern – auch Personen an, die ein gestörtes Verhältnis zu ihrer Sexualität haben. So ist es nicht verwunderlich, dass es nicht selten spezielle Persönlichkeiten unter den Priestern gibt, die in einer eigenen Welt leben und wenig **Empathie** für andere Menschen oder für Probleme von Paaren oder Familien aufbringen können. Doch nicht nur Empathie für andere geht so verloren, sondern auch das Gespür für den eigenen Körper. Denn beides gehört zusammen. Die Grundlage der Empathie ist der Zugang zu den eigenen Emotionen. Ist dieser Zugang verbaut, verliert sich Natürlichkeit, und dieser Verlust wird dann mit dem Amt zu kompensieren versucht. Vieles kann kontrolliert werden; psychologisch spricht man von **Affektkontrolle**. Das Problem ist, dass eine solche antrainierte Verhaltensweise nach dem Reiz-Reaktions-Schema funktioniert. Dieses aber wird außer Kraft gesetzt, je unberechenbarer ein Reiz ist. Missbrauchstäter haben wiederholt berichtet, dass sie die Tat nicht wollten, sondern etwas sie „übermannt" habe, es „passiert" sei. Sexuelle Energie ist an sich unbändig. Kontrollierbar wird sie nur, wenn sie in auslebbare Bahnen gelenkt wird. Je mehr man versucht, sie zu unterdrücken, „abzulaufen", „wegzuschwitzen" oder „wegzubeten", umso mächtiger wird sie. Bis man sie als nicht mehr menschlich empfindet – und ein anderer, der Teufel höchstpersönlich, dafür geradestehen muss.[167]

Es gibt etliche zufriedene Männer, die als Pater oder als Weltpriester im Zölibat Freiheiten entdeckt haben, die ihnen ein spirituelles Leben ermöglichen. In diesen Fällen mag der Zölibat ein Weg sein, als **Mystiker** zu leben. Diesen Pfad kennt nicht nur das Christentum. Mahatma Gandhi ist ein prominentes Beispiel dieses Typs. Seine Askese hatte eine **spirituelle Tiefe**, aus der heraus der konsequente und kontinuierliche Einsatz für Pazifismus und Menschenrechte sicher erst möglich und authentisch wurde. Und auch heute gibt es einzelne Lichtgestalten, die in dieser Form leben. Doch sie haben so wenig mit der institutionalisierten und wohlversorgten Beamtenkirche Deutschlands zu tun wie Gandhi mit dem Glaubensbekenntnis. Wer kennt heute noch Weltpriester und Bischöfe, die als spirituelle Männer auffallen? Den Priestern wird ein hohes Maß an Akkordarbeit abverlangt, um alle Altäre in ihren größer und größer werdenden Pastoraleinheiten noch bedienen zu können. Und die Bischöfe sehen sich der Herausforderung gegenüber, in ihrer absoluten Machtfülle noch geistliche Demut aufzubringen. Mag der Leser selbst bewerten, wem dies noch gelingt. Insofern soll hier auch nicht – und schon gar nicht monokausal – im Zölibat das Übel für den vielfachen Missbrauch gesehen werden. Doch wenn er eine Pflicht und formale Bedingung ist, wird er, systemisch betrachtet, zum Mittel der Machtausübung. Denn wer die Macht hat, über die „Lebensform“ eines Menschen zu bestimmen, ergreift Besitz von einem seiner basalen Grundvollzüge, der Sexualität, und damit grundsätzlich von seiner identitären Selbstbestimmung. Kommt es dann noch zu Gewissensbissen, die vielleicht sogar innerhalb des Systems einem „Mitbruder“ anvertraut werden, kann zur systemischen noch eine emotionale Abhängigkeit hinzutreten. Beide können vom jeweils Mächtigeren ausgenutzt werden. Die Begründung des Pflichtzölibats im katholischen Katechismus klingt angesichts des tausendfachen Missbrauchs[168] durch zölibatär lebende Männer in den Ohren von missbrauchten Menschen nur wie Hohn: „Mit freudigem Herzen auf sich genommen, kündigt er strahlend das Reich Gottes an“ (1579). Die MHG-Studie spricht eine andere Sprache: Als **Risikofaktoren** für beschuldigte Kleriker werden abgesehen von Problemen mit dem Amt **Vereinsamung und Reifungsdefizite** angeführt. Kompensiert würden diese zum Teil auch durch Substanzmittelmissbrauch.[169]

Wie bereits ausgeführt, wird man Kleriker *nicht* – wie oft fälschlich angenommen – erst mit der Weihe zum Priester, sondern bereits mit jener zum Diakon.[170] Häufig wird das kirchliche Amt als gestuftes Amt beschrieben. Die hierarchische Vorstellung kann darüber hinwegtäuschen, dass es nur *ein* Amt und *eine* Ordination gibt. Mit der Wiedereinführung des Ständigen Diakonats – das so bezeichnet wird, weil der Betreffende keine zusätzliche Weihestufe anstrebt, sondern eben „ständig“ in diesem Amt bleiben will – im Zweiten Vatikanischen Konzil hat die katholische Kirche faktisch eine folgenschwere Entscheidung getroffen: Sie hat damit zu erkennen gegeben, dass sich Amt und Sexualität, **Klerus und Ehe** nicht ausschließen. Um aus dieser eigentlich weisen Einsicht nicht die entsprechenden Konsequenzen ziehen zu müssen, verbleibt nur die Möglichkeit, das Diakonat möglichst weit unten zu halten. Die Rede ist daher vom „Amt des Dienstes“ – wobei, recht verstanden, jede kirchliche Aufgabe ein Dienst an den Menschen sein sollte. Wenn aktuell wieder – dieser Gedanke ist theologisch nicht neu – von sogenannten „viri probati" (lat.: bewährte Männer) als denkbarer Möglichkeit in Zeiten des Priestermangels gesprochen wird, hat auch dieser Ansatz einen Haken. Verwandt ist er mit dem seinerzeit päpstlichen Vorschlag, Frauen zu Diakoninnen zu ernennen, aber eben nicht zu weihen. In beiden Fällen würde man Priester und Diakoninnen oder Diakone der „B-Kategorie" schaffen: Hilfsgeistliche, Lückenbüßer. Und all dies nur, um die zölibatäre Tradition verpflichtend aufrechterhalten zu können. Wer mag da noch mitgehen?

Neben dem verpflichtenden Charakter des Zölibats besteht die Problematik in der vielfachen **Unreife** unter jungen Priestern. Neben dem „fixierten Typus" und dem „narzisstisch-soziopathischen" Typus unter den beschuldigten Klerikern führt die MHG-Studie den „regressiv-unreifen" Typus an, der durch eine „defizitäre persönliche und sexuelle Entwicklung" charakterisiert wird: „Die Verpflichtung zum Zölibat könnte Angehörigen dieses Typus eine falsch verstandene Möglichkeit bieten, sich mit der eigenen sexuellen Identitätsbildung nicht hinreichend auseinandersetzen zu müssen. Dazu kommt, dass die Unfähigkeit von Personen dieses Typus, eine reife Partnerschaft einzugehen, im Fall der Priesterschaft sozial nicht weiter begründet werden muss."[171] Jeder, der Theologie studiert hat, kennt ihn, und insofern dürfte diese Erkenntnis niemanden überraschen. Das Verwunderliche ist vielmehr, dass eine solche persönliche und sexuelle Unreife und der Versuch der Kompensation über das angestrebte Amt vonseiten der kirchlichen Verantwortlichen fahrlässig in Kauf genommen wird – immerhin trifft der zuständige Bischof die letzte Entscheidung über die Zulassung zur Weihe allein. Doch die Kirche braucht jeden, der sich für das Priesteramt entscheidet. Eine Auswahl, die dieses Wort wert ist, findet – im Gegensatz übrigens zu anderen kirchlichen Berufen – nicht wirklich statt. Vom Status des Priesters her, der später analog zu einem Gymnasiallehrer vergütet und kirchlicher Beamter wird, müsste seine Ernennung mit der von staatlichen Beamten verglichen werden. Diese müssen, neben der

Erfüllung der Kriterien der „Eignung, Befähigung und fachlichen Leistung", so die Vorgabe im Beamtengesetz, sich einer amtsärztlichen Untersuchung unterziehen. Und beim Verdacht auf Persönlichkeitsstörungen wäre die Bewerbung erledigt. Die MHG-Studie kommt nicht umsonst zu dem Schluss, bei der **Auswahl** und der Aus- und Fortbildung von Priestern externe Fachleute einzubinden: „Die Kriterien und Verfahren zur Auswahl von Priesteramtskandidaten sollten unter Implementierung etablierter psychologischer Methoden vereinheitlicht werden."[172] Ohnehin handelt es sich hierbei nur um eine Empfehlung, es muss aber bedacht werden, dass über allem das Kirchenrecht und letztlich der zur Weihe zulassende Ortsbischof steht. Er könnte auch gegen psychologischen Rat zur Weihe zulassen und die Weihe durchführen. Und diese wäre dann, da ein Sakrament, ein für alle Mal und auch im Fall der späteren Entlassung aus dem Klerikerstand gültig.

Die Sexuallehre der katholischen Kirche baut auf dem „sittlichen Gesetz" und dem „Naturrecht" auf. Der Schwerpunkt liegt auf der Funktionalität und Zielgerichtetheit von Sexualität. Von daher sind homosexuelle Männer von der Möglichkeit der Weihe ausgeschlossen. Praktisch werden sie aber geweiht, sie dürfen ihre Homosexualität – vorab – nur nicht kundtun.

Keuschheit und Zölibat werden im Gegenzug künstlich überhöht und als „um des Himmelreiches willen"[173] (Mt 19,12) gewählt ausgegeben, wie nach der katholischen Lehre auch die „Amtsträger [...] aus den gläubigen Männern [...], die zölibatär leben" (1579)[174], zu bestimmen sind. An dieser Stelle wird ein subjektiver freier Willen suggeriert. Dabei steht ein Pflichtzölibat am Anfang und der eigene „Willen" dazu ist an die Voraussetzung des Zölibats zum Priesteramt gebunden. Liegt die Bereitschaft zum Zölibat nicht vor, wird die Berufung zum Amt automatisch abgesprochen. Ebenso kann – zumindest in Deutschland und Zentraleuropa – von einer echten Personalauswahl keine Rede sein.

Die sogenannten evangelischen Räte werden in der katholischen Kirche nicht in gleicher Weise beachtet. Keuschheit und Gehorsam kommt deutlich mehr Bedeutung zu als der Armut. Dabei wäre – besonders in Deutschland – dieser in Vergessenheit geratene Rat die Basis für eine echte Systemveränderung.

Ein Bischof, der die „Berufung“ zu prüfen hat, entscheidet damit nicht nur über die Befähigung zum kirchlichen Amt, sondern auch über das Sexualleben eines Menschen. Wen wird es unter solchen Machtverhältnissen wundern, dass dieses Muster gegenüber Kindern und Jugendlichen – der am meisten abhängigen Gruppe – weitergegeben werden kann? Im Prinzip maßt sich der Missbrauchstäter selbst nichts anderes an als das, was man mit ihm gemacht hat: Er bestimmt über Sexualität. Wer Macht erlebt, gibt Macht weiter. Eine Steigerung liegt dann, wenn er ihr nicht selbst auch schon ausgesetzt war, in der körperlichen Übergriffigkeit.

Abgeklemmte Sexualität kann zu Perversionen führen, wie die Missbrauchszahlen zeigen. Die Zulassungsbedingungen zum kirchlichen Amt von der Sexualität zu entkoppeln, wäre der große Erkenntnisgewinn aus dem Missbrauchsskandal. Allerdings müsste man dazu bereit sein, entsprechende Zusammenhänge zu sehen und sich einzugestehen. Eine Öffnung des Zölibats würde nicht nur den Dienst als Priester attraktiver machen, die Interessentenzahl steigern und eine Auswahl ermöglichen, die dieses Wort verdient. Sondern sie würde dem Zölibat auch den Wert zurückgeben, den er nach katholischer Lehre besitzt – jedoch nicht übergestülpt, sondern als wirklich freie Entscheidung etwa beim Eintritt ins Kloster. Ein lebensbejahender Umgang mit der eigenen Sexualität wäre dazu ein Anfang – gänzlich unabhängig von der jeweiligen sexuellen Präferenz. Mehr authentische und von innen heraus – buchstäblich – strahlende Geistliche wären vermutlich die Folge, und zwar als Ehelose wie als Verheiratete.

Kirche als Erzieherin

Der Zusammenhang zwischen Kirche und Erziehung ist geschichtlich gewachsen. Besonders mit der Karolingischen Reform (zurückgehend auf Karl den Großen im 8. Jahrhundert) wurden im frühen Mittelalter neue Schulen aus dem Boden gestampft. Es kam verstärkt zu Klosterneugründungen mit dem Ziel, neue Ordensschulen einzurichten. Damit wurden aus Klöstern Bildungseinrichtungen, mehr noch, sie wurden zu Trägern von Bildung und Kultur. Im Hoch- und Spätmittelalter setzte sich dieser Prozess fort bis hin zur Gründung erster Universitäten. Auf diese Weise konnten der Adel und die Patrizier ihren Nachkommen eine standesgemäße Erziehung und Gelehrtensprache angedeihen lassen. Und für Kinder aus niederen Schichten ergab sich die Möglichkeit, durch die Klosterschulen und den Eintritt in den Klerus Bildung zu erwerben und dadurch gesellschaftlichen Aufstieg zu erlangen. Bis in die Moderne setzte sich diese Besonderheit fort, man denke an Kinder von Bauern oder Knechten, die durch die Priesterweihe zu einem Studium, oft dem einzigen in der ganzen Familie, gekommen sind. Natürlich war hier die Bindung an die „Mutter Kirche" von besonderer Dankbarkeit geprägt.

Für den ganzen Zeitraum gilt, dass Bildung mit Erziehung einherging. Denn sowohl für die Germanen als auch für die mittelalterliche Gesellschaft war es wichtig, die Sprösslinge auf ein Leben gemäß den herrschenden Normen vorzubereiten. So war es nur ein selbstverständlicher Prozess, dass mit den übernommenen Vorstellungen – zum Beispiel den sogenannten „freien Künsten" (lat.: artes liberales)[175] der Antike – die kirchliche Tugend- und Sittenlehre mit in das Verständnis von Erziehung eingeflossen ist. Bildung war daher nicht nur die Vermittlung von Wissen oder Umgangsformen, sondern bestand ganz wesentlich auch in **moralischer Erziehung**. Besonders galt dies für die lange Tradition der Internatsschulen. Die Kinder wurden dort quasi als Rohlinge abgegeben in der Erwartung, sie – für den Fall, dass sie nicht Mönch wurden – für die gesellschaftliche

Verwendung entsprechend zurechtschleifen zu lassen. Wie, wurde dem entsprechenden Haus voll und ganz überlassen. Die Vorsteher sahen sich damit freilich einer doppelten Erwartung gegenüber: Neben dem Elternhaus gab es da noch das eigene religiöse Berufsethos. So wurde Erziehung in Klosterschulen über die Jahrhunderte hinweg sakral gefestigt, und die Bereiche – Schüler, Novize, Lehrer und Priester – waren schließlich nicht mehr voneinander trennbar. Sie flossen vielmehr ineinander.

Aufgrund dieser langen Tradition und der Verbindung zwischen Erziehung und Kirche kann es – auch nach der Französischen Revolution – nicht wundern, dass in Europa Klosterschulen florierten. Besonders in Ländern wie Spanien oder Italien war es sehr lange selbstverständlich, sein Kind – seinen Jungen – in katholische Häuser zu geben, oft auch ins Internat. Aber auch in Süddeutschland setzte sich diese Tradition bis in das letzte Jahrhundert hinein fort, vor allem in ländlichen Regionen. So werden bis heute – nach den Eltern und dem Staat – rechtlich auch die Religionsgemeinschaften als **Träger der Erziehung** genannt.[176] Diese hervorgehobene Stellung bedeutet jedoch eine große Verpflichtung der religiös Erziehenden gegenüber den staatlichen Gesetzen.

Parallel legitimierte sich die Erziehung in kirchlichen Häusern aus dem eigenen, religiösen Verständnis durch alles, was mit Erziehung zusammenhängt, vor allem mit dem Verständnis von Regeln, Sanktionen und Strafe. Gerade im Alten Testament lassen sich unzählige Beispiele dafür finden, die die sogenannte Schwarze Pädagogik stützen. Wie sich die Reformpädagogik auf die Aufklärung berief, so galt Aufklärung in der katholischen Kirche lange als Übel – zu viel Freiheit musste schließlich zur Sünde führen. Wichtiger war, sich in Selbstbeherrschung zu üben – und, wo dies nicht möglich war, entsprechend nachzuhelfen. Damit wurde Erziehung vor allem als **Züchtigung** gedeutet, als Weg, um dem noch unfertigen, jungen Menschen eine hinreichende Zucht und Ordnung zu vermitteln, ohne die er in der rauen Welt vor die Hunde gehen würde. Dabei muss auch berücksichtigt werden, dass ein Großteil des Klerus, der in Klosterschulen und kirchlichen Internaten unterrichtete, keine großbürgerliche Herkunft hatte. Die katholischen Priester und Erzieher entstammten in der Regel bäuerlichen Familien, wo es üblich war, im Alltag selbst Hand anzulegen – ganz nach dem Motto: „Wer nicht hören will, muss fühlen."

Deshalb kann eine Aufarbeitung der Schwarzen Pädagogik nicht an der kirchlichen Arbeit vorbeigehen. Vielmehr müsste danach gefragt werden, wo die Kirche und ihre Vertreter dieser Form der Pädagogik noch zusätzliche – religiöse oder theologische – Argumente geliefert haben. Das autobiographische Werk „Gottesvergiftung" des Psychoanalytikers Tilmann Moser[177] ist dafür ein Paradebeispiel. Denn nicht selten wurde mit **Gott als Erzieher** gearbeitet und gedroht. Doch nicht nur kirchliche Mitarbeiter und kirchliche Einrichtungen wären auf diesen Zusammenhang hin zu untersuchen, sondern auch die Verkündigung der katholischen Kirche. Bis heute versteht sie sich als Richtschnur für das Leben der – katholischen – Gläubigen. Ein besonderes Augenmerk liegt dabei auf der Familie, die als „Hauskirche" verstanden wird und in der sich – bis heute – „die Kindesliebe [...] in **Folgsamkeit** und wahrem **Gehorsam**" (2216)[178] den Eltern gegenüber zu zeigen habe. Der Volksmund kennt dafür Aphorismen wie diesen: „Ein braves Kind hört geschwind, wie das liebe Jesuskind." Bei einem deutschen Bischof liest sich die Interpretation von Naturrecht und Sittengesetz (siehe Kapitel „Sexualität und Enthaltsamkeit") zum Ende des 19. und nochmals zu Beginn des 20. Jahrhunderts exemplarisch für die Geistlichen dieser Zeit und in eindrücklichen Bildern so:[179]

> *„Erzieht also Eure Kinder zum Gehorsam mit allen Mitteln, die zum Ziele führen, mit Mahnung und Warnung und Strafe und Züchtigung; wenn Ihr es nicht tut, dann wird es die harte Welt mit ihrer Not, mit ihren fürchterlichen Zwangsmitteln und Zwangsmaßregeln tun, sie wird ihnen einen Gehorsam*

lehren, der nicht auf Liebe, sondern auf Zwang und Gewalt beruht." Dabei knüpfte der Hirte an eine „mustergültige" Ordnung an und forderte einen „dreifachen Gehorsam" – ein Gedanke, der eine göttlich legitimierte innerfamiliäre Hierarchie anzeigt: „Gehorsam der Kinder gegen ihre Eltern, Gehorsam des Weibes gegen den Mann, Gehorsam des Mannes und der Familie [...] gegen Gott". Besonders die Begründung ist aufschlussreich, verweist sie doch auf das Selbstverständnis der Kirche gegenüber der staatlichen Obrigkeit: „Ohne geordnete Familien auch kein geordneter Staat." Die Metaphorik verweist wiederum in Anbindung an das Naturrecht auf die Natur. Dies vermochte der Bischof sehr bildlich auszumalen: „Da hört man oft die grundfalsche Meinung, dass man mit der Gewöhnung an Gehorsam warten müsse, bis das Kind zum Verstand komme [...]. Aber Geliebte! Wartet man denn, bis das Eisen kalt ist, um es zu schmieden? Wartet man, bis ein Stab dürre geworden, um ihn zu krümmen? Nicht wahr, man schmiedet das Eisen, solange es glüht; man biegt den Stab, solange er noch grün ist. Und so, meine ich, muss man auch das Kind gar bald zum Gehorsam ziehen, noch ehe der Ungehorsam groß geworden ist." Das bedeutet für ihn praktisch: „Brich den Eigensinn des Kindes, solange es noch leicht geht." Denn: „Gehorsam musst Du erzwingen, wenn Du nicht Diener Deines Kindes werden willst [...], denn ohne Gehorsam gegen die Eltern wird Dein Kind auch keinen Gehorsam üben gegen die weltliche Obrigkeit, es wird also zum Verbrecher; ohne Gehorsam gegen die Eltern auch keiner gegen Gott, und es wird zu einem lasterhaften Menschen." Und weiter, zur „Elternpflicht": „Du hast schon einen Fuhrmann gesehen; wenn's nichts mehr gehen will, so ruft er den Pferden zu, und wenn das nichts mehr nützten will, so greift er zur Peitsche, um sie anzutreiben. Und wenn beim Kinde gute Worte nichts mehr fruchten wollen, so sollen sie das Spruchwort erfahren:*

> *Wer nicht hören will, muss fühlen. Ach, ein Kind schlagen, denken manche Eltern, besonders wenn's auch noch das einzige ist, das ist zu hart. Ja wenn gute Worte ausreichen, dann freilich ist die Rute entbehrlich; wenn aber nicht, dann helfe, was helfen mag. Oftmals wird schon die bloße Drohung mit der Rute genügen, wie man zuweilen den Pferden die Peitsche bloß zu zeigen braucht." Denn: „Selten strafen, aber hart strafen, dann fürchten die Kinder die Strafe; oft und leicht strafen stumpft sie ab und macht sie gleichgültig dagegen", fügt er als Rat hinzu. „Nur ausnahmsweise wird einem Kinde die Rute ganz erspart bleiben; denn die Kinder, welche zu Hause nie eine Rute gesehen haben, bekommen sie meist in der Schule am öftesten zu fühlen, eben weil sie da noch nachgezogen werden müssen, was dann die Eltern dieser wohlerzogenen Kinder nicht immer begreifen wollen. Wer nicht geschlagen ist, ist nicht erzogen, sagten die alten Griechen."*

Auch wenn es heute schwer fallen dürfte, diesen exemplarischen Text, der ein halbes Jahrhundert vor Abschaffung der körperlichen **Züchtigung** in Deutschland entstanden ist, nachzuvollziehen, so werden die bischöflichen Ausführungen mit der Liebe der Eltern begründet – im Gegensatz zur unliebsamen Wirklichkeit, die die Kinder außerhalb des Elternhauses erwarte. Denn versäumten die Eltern diese **Erziehungspflicht**, würde die „harte Welt mit ihrer Not" dies nachholen, warnt der Geistliche. Der Schlussteil der Predigt verweist beispielhaft auf die oben angesprochene Verbindung zwischen Pädagogik und Religion: „In einer Familie, in der Gehorsam herrscht, da ist Ordnung und Eintracht und Friede, da ist Glück und Segen."[180] Erziehung bedeutet für die damaligen kirchlichen Vertreter, junge Menschen in die richtige Richtung zu biegen. Natürlich ist die Begründung, übrigens 150 Jahre nach dem pädagogischen Vordenker Jean-Jacques Rousseau (1712–1778) und zu einer Zeit, als zum Beispiel eine Maria Montessori (1870–1952) zu ganz anderen Schlüssen kam, heutzutage schwer nachvollziehbar. Doch diese Sätze verdeutlichen, wie tief die entsprechenden Muster im kollektiven katholischen Gedächtnis verankert sind. Dass sie – hier als wiederholte Predigt – von den Gläubigen nicht nur gehört, sondern verinnerlicht und als Maßstab für das häusliche Regelsystem angewandt wurden, davon kann man getrost ausgehen. Denn Pfarrer und gar Bischöfe galten zu dieser Zeit als *die* maßgeblichen Stimmen in Sachen religiöser Erziehung. Und wo Erzieher in den entsprechenden Schulen und Internaten das Gefühl hatten, dass die postulierte Elternpflicht nicht adäquat eingelöst worden war, wurde dies entsprechend nachgeholt. Der folgenschwerste dieser Ratschläge – nach dem praktischen Hinweis zur Verwendung der „**Rute**" – dürfte das Brechen des Willens der jungen Menschen gewesen sein. Denn ab diesem Punkt ist praktisch alles möglich – auf beiden Seiten, Übergriffigkeit jedweder Art und Unterwerfung bis zum Äußersten.

Diese Predigt ist exemplarisch und bedeutet *keine* besondere Tonart bei einem bestimmten Bischof in dieser Zeit. Das Beispiel ist aber als Zeitdokument interessant, weil die – bislang aufgedeckten – Missbrauchsfälle bis zu 70 Jahre zurückreichen. Freilich waren auch Geistliche „Kinder ihrer Zeit" und hatten ähnliche Erziehungsmittel selbst zu Hause erlebt. Zusätzlich muss man ihr Berufsethos berücksichtigen: Sie fühlten sich dafür verantwortlich, dass die Kinder und Jugendlichen eine entsprechende Prägung bekamen und nach dem Verständnis der katholischen Kirche zur **Seligkeit** geführt wurden. Selbst sahen sie sich als religiöse Hirten unter einer göttlichen Erwartung stehend, die sie – wie hier im Beispiel klar zu sehen – an die Eltern und Erzieher weitergaben. Denn nicht nur der Bewältigung des irdischen Lebens galt der erzieherische Einsatz, sondern auch die Vorbereitung für das **Jenseits** war essenziell. Diese Betonung findet sich eindrücklich noch im sogenannten Grünen Katechismus aus dem Jahr 1955/56, der im Frage-Antwort-Stil aufgebaut war. In der Einleitung steht nach der Frage[181] „1. Wozu sind wir auf Erden?" die vorgegebene Antwort:

> *„Wir sind auf Erden, 1) um Gott zu erkennen, ihn zu lieben und ihm zu dienen, 2) um dadurch in den Himmel zu kommen." Worauf folgt: „2. Was müssen wir tun, um in den Himmel zu kommen?" Und wieder als Antwort: „Um in den Himmel zu kommen, müssen wir 1) an Gott glauben, 2) seine Gebote halten, 3) und die Gnadenmittel gebrauchen."*

Alles dreht sich angesichts des Ziels der „ewigen Herrlichkeit" um einen **Gehorsam**, der göttlich legitimiert wird und von Gott – in diesem eigenen Selbstverständnis – auf die religiösen Erzieher übergeht und im Befolgen von **Regeln** mündet. Unter der Überschrift „Die **Ehrfurcht** vor den Vorgesetzten und den älteren Leuten" heißt es dort später:

> *„Im Auftrag der Eltern unterrichten und erziehen uns Lehrer und Meister. Auch ihnen sollen wir stets Ehrfurcht erweisen, ihnen willig gehorchen und fleißig arbeiten. Wir sündigen, wenn wir uns unehrerbietig oder frech gegen sie benehmen, ihnen nicht folgen und bei der Arbeit faul und nachlässig sind."*[182]

Doch all dies rechtfertigt nicht einen einzigen Missbrauch. Wenn die religiöse Aufladung der Erziehung Übergriffigkeit noch befördert hat, dann auch, weil moderne Erziehungsansätze lange aus der Kirche verdrängt wurden. Sie bedeuteten zu viel Eigenständigkeit, zu viel eigener Wille – und damit immer auch Anfälligkeit für Laster. Im oben genannten Beispiel befand sich das Deutsche Reich zwischen Niedergang und dem Weg zur Demokratie. Kirchliche Erziehung hat dazu beigetragen, junge Menschen in eine **angepasste Haltung** zu zwängen, um sie als Staatsbürger gefügig und obrigkeitstreu zu halten. Vormoderne Muster, die zum Teil aus biblischen Geschichten und Metaphern abgeleitet wurden, konnten so auch als Erziehungsmittel gegen freiheitliches Denken genutzt werden. Und wie immer, wenn geistiger oder geistlicher Ehrgeiz zu groß ist, kann auch diese

Haltung, die eigentlich gut gemeint war, kippen. Denn was der entsprechende Erzieher – im Falle dieser Predigt der Vater – daraus für sich angewandt hat, hatte die kirchliche Obrigkeit nicht mehr in der Hand. Doch was beabsichtigt war und was aufgegriffen wurde, war dasselbe: die als göttlich gewollt interpretierte und religiös gebilligte, mehr noch: mit **religiöser Autorität** beauftragte „Züchtigung".

Auch heute geschieht religiöse Erziehung in der Gemeindearbeit, der Seelsorge und der Religionspädagogik mit pädagogischen Zielen und nach religiösen Vorgaben. Dabei bedeutet praktische Theologie, insbesondere im Elementarbereich oder mit behinderten und alten Menschen, immer auch **emotionale Nähe**. Denn die Vermittlung des Glaubens ist kein kognitives Geschehen. Rein rational ist das Andocken an biblische Sprachbilder zum Beispiel nicht möglich. All dies ist nicht infrage zu stellen und für die emotionale Entwicklung von Kindern und Jugendlichen wie für die emotionale Begleitung Alter und Kranker auch durchaus sinnvoll. Die Intensität bzw. Intimität dieses religiösen Lernens trägt aber ein hohes Potenzial der Kindswohlgefährdung in sich und fordert daher eine besondere Aufmerksamkeit für Warnhinweise von Missbrauch und Übergriffigkeit jeder Art ein. Nicht alle Räume lassen sich als bis ins Letzte geschützte Räume gestalten. Man denke nur an Beichtgespräche, an Möglichkeiten auf Freizeiten, an verborgene Anspielungen und vieles mehr. Doch nicht nur auf den letzten Schritt ist dabei zu achten, da vor jeder Handgreiflichkeit und vor jedem sexuellen Missbrauch **subtile Übergriffigkeit** steht. Diese zu erkennen helfen und zum „Stopp-Sagen" erziehen ist ein wichtiger religionspädagogischer Auftrag (geworden). Denn der Gott eines Jesus von Nazareth ist vor allem ein aufrichtender, ermutigender, bestärkender Gott. Aspekte, die in eine andere Richtung gehen, vermitteln alles Mögliche: Normen, Werte, Tradition und eben auch Macht, aber nicht den Gott, der in der Befreiungstheologie treffend als „dios de la vida" (span.: „Gott des Lebens") bezeichnet wird.

Die MHG-Studie hat bestätigt, dass ein Tätertypus in einer persönlich und sexuell unreifen männlichen Persönlichkeit gesehen werden muss.[183] Männliche Heranwachsende werden – besonders in Ganztagseinrichtungen und Internaten – mit diesen Personen als Erzieher aber konfrontiert. Sie spüren aufgrund ihres instinktiven Kohärenzgefühls zwar, dass *„mit dem irgendwas nicht stimmt, dass der komisch ist, ein religiöser Freak halt"* (O-Ton), aber sie haben letztlich keine andere Chance, diese Sonderlichkeiten als „normal" – zumindest in diesem Milieu und Kontext – hinzunehmen. Der Schritt, dann irgendwann auch seltsame Bemerkungen, Kontaktversuche oder mehr zuzulassen, ist relativ klein.

Zu klären wäre folglich, worin die katholische Kirche heute, im 21. Jahrhundert, die Legitimation für ihr pädagogisches Wirken sieht. Versteht sie sich und ihre Einrichtungen als Ersatzschulen gegenüber dem Staat – immerhin werden sie bis zu 80 Prozent aus öffentlichen Geldern gefördert? Oder beansprucht sie eine eigene pädagogische Grundhaltung, die sie Jugendlichen angedeihen lassen möchte? Da in der kirchlichen pädagogischen Arbeit der erzieherische Aspekt immer auch mit dem religiösen verbunden ist und damit mit einer normativen Sprache und einem fordernden Ton oder gar mit subtilen Führungspraktiken einhergehen kann, sollten sich die pädagogischen Konzepte künftig an den Vorstellungen des Evangeliums und an denen des religionsneutralen Staates gleichermaßen messen lassen. Pädagogische Ansätze, die nicht mehr zeitgemäß bzw. erziehungswissenschaftlich nicht fundiert sind, sollten auch in privatrechtlichen Einrichtungen kirchlicher Häuser abgestellt werden (müssen).

Ein wiederkehrendes Motiv bei Menschen, die im katholischen Milieu Missbrauch erfahren haben, war die Angst vor kirchlichen Vertretern, oft mit Drohungen verbunden; ein weiteres war die Scham. Die weltliche Gesetzgebung hat die Reihenfolge der Träger der Erziehung festgesetzt. Die beste Präventionsarbeit besteht daher in einer angstfreien Erziehung bei den Eltern (als ersten Trägern der Erziehung). Wenn zu Hause über alles gesprochen werden kann und die Kinder wissen, dass ihr Vertrauen nicht ausgenutzt wird, hat der Mechanismus aus Macht und einem schlechten Gewissen wenig Chancen. Gleichzeitig sollte jungen Menschen ein Gefühl für Recht und Unrecht (entsprechend den Gesetzen des Staates als des zweiten Trägers der Erziehung) vermittelt werden.

Der traditionellen kirchlichen Erziehung ging es nicht um die Förderung starker Ich-Identitäten, sondern um Fügung und Demut. Dieses Muster ist auch heute nicht durchgängig ausgestorben. Es war nicht die vordergründige Aufgabe kirchlicher Erzieher, individuelle Anlagen zur Entfaltung zu bringen, sondern jungen Menschen Gehorsam, Moral und Drill anzutrainieren. Im Vordergrund stand die innere Zustimmung zum System, nicht die Annahme seiner selbst. Insofern kann es nicht wundern, dass die traditionelle religiöse Erziehung für die gesunde menschliche Entwicklung weniger Bedeutsamkeit hatte und insofern auch keinen Schutz vor Übergriffigkeit darstellen konnte.

Religiöse Erziehung aber muss immer stärkende Pädagogik sein. Eine Erziehung von wem auch immer (Kirche, Schule, Eltern), die sich religiös legitimiert, dem Kind aber das Gefühl gibt, klein zu sein und gefälligst klein bleiben zu müssen, ist an sich Missbrauch. Wenn der Staat die Religionsgemeinschaften als Träger der Erziehung ansieht, sollte er auch auf eine besondere Einhaltung der staatlichen Gesetze achten – im Zweifelsfall durch Ausübung seiner Aufsicht.

Aufbauen oder klein halten

Nach den Schilderungen des bereits angesprochenen Psychoanalytikers Tilmann Moser hat Religion immer beide Möglichkeiten: Sie kann zu einem selbstbestimmten Leben erziehen, das Ur- oder Grundvertrauen stärken, sie kann aber auch Menschen und ihre Entwicklung klein halten. Letzteres geschieht durch Drohung, Angst, Aufbau von Abhängigkeit, Arbeit mit Schuldgefühlen – und vieles mehr.

In der pastoralen und religionspädagogischen Arbeit ist die Theorie der **Glaubensentwicklung** nach James W. Fowler[184] ein wichtiges Modell. Mit seinem Ansatz baut der US-amerikanische Theologe auf den Erkenntnissen von Jean Piaget und Lawrence Kohlberg auf. Dabei unterscheidet er sechs Stufen der Glaubensentwicklung:

> *1. ein intuitiv-projektiver Glaube, dem eine impulsive Daseinsform entspreche; 2. ein mythisch-wörtlicher Glaube, der von einer imperialen Daseinsform geprägt sei; 3. ein synthetisch-konventioneller Glaube, dem ein interpersonales Selbst zugrunde liege; 4. ein individuierend-reflektierender Glaube, dessen Daseinsform institutionell geprägt sei; 5. ein verbindender Glaube mit individueller Daseinsform sowie 6. ein universalisierender Glaube.*
>
> *Fowler geht entsprechend seinen empirischen Befunden davon aus, dass 88 Prozent aller Kinder bis zum 6. Lebensjahr zur 1. und 72,4 Prozent aller 7- bis 12-Jährigen zur 2. Stufe zählen, zur 3. Stufe 50 Prozent aller 13- bis 20-Jährigen und 35,5 Prozent der 51- bis 60-Jährigen. Zur 4. Stufe rechnete Fowler 40 Prozent aller 21- bis 40-Jährigen, 29,4 Prozent der 51- bis 60-Jährigen und 27,4 Prozent der Menschen ab 61 Jahren. In der 5. Stufe lassen sich demnach 23,5 Prozent der 51- bis 60-Jährigen und 16,1 Prozent der Personen ab dem 61. Lebensjahr verorten.*
>
> *Zur letztmöglichen Stufe rechnete Fowler lediglich 1,6 Prozent der Menschen über dem 61. Lebensjahr. Für die seelsorgliche Praxis bedeutet dieser Befund, dass die Stufen 3 und 4 mit ca. 65 Prozent am meisten repräsentiert sind.*

Neben den statistischen Befunden ist Fowlers Ansatz aufgrund seines Verständnisses von Glaube (engl.: „faith“) bedeutsam. Denn auch die katholische Tradition und Theologie unterscheiden wie bereits dargelegt (siehe Kapitel „Von Hirten und Schafen“) zwischen „fides qua“ und „fides quae“. Zu der zweitgenannten Kategorie wären, analog dazu, die zu glaubenden Inhalte (engl.: „belief") zu zählen. Verdeutlichen lässt sich dieser Unterschied mit einem Beispiel:

> *Da ist ein kleiner Junge, dem die Bedeutung des Weihwasserbeckens in einer katholischen Kirche nicht vermittelt worden ist. Denn auf Rückfrage stellt sich heraus, dass er nicht religiös (christlich) erzogen wurde. Das Becken am Eingang der Kirche hatte trotzdem – oder gerade deshalb, weil er bislang keinerlei Modus vivendi verinnerlicht hatte – eine magische Anziehungskraft auf ihn. Denn es hatte „gar nix mit dem sonst zu Hause und in der Schule" zu tun, wie er später erklärte. Der Junge planschte beinahe darin. Und weil es weder die Mutter zu stören schien noch religiöse Vertreter in der Kirche präsent waren – hier waren nur Touristen und ein Führer unterwegs –, hatte der Junge alle Möglichkeit der Erkundung. Später nannte er seine Entdeckung „Kirchendusche" (O-Töne).*[185]

Hätte sich diese Situation in einer „gut katholischen" Region zugetragen, wäre der Junge vermutlich gemaßregelt worden. Bereits in diesem Begriff steckt die Bedeutung der mutmaßlichen Reaktion: In jeder Tradition existieren Maß und Ordnung für Verhaltensweisen und Handlungen. Der Junge kannte keine dieser Regeln, die dem Weihwasserbecken eine besondere religiöse Bedeutung geben. So hätte man ihn nach dem klassischen Verständnis von Unterweisung – religiös: Katechese – und religiöser Erziehung erst einmal entsprechend instruieren, also maßregeln und belehren müssen. Auch heute beginnt religiöse Erziehung im Elementarbereich damit, Kindern zu sagen, wie man dies und wie man jenes berührt, vor welchen Gegenständen man besondere Ehrfurcht haben sollte und, vor allem, wann zu schweigen ist. Das klassische Muster „So oder so musst du es machen!" sitzt sehr tief in den Genen der katholischen Kirche. Ein Vorgehen, das auf den Erkenntnissen der modernen **Hirnforschung** aufbaut, würde hingegen an der Begebenheit oben ansetzen. Denn der Junge war ergriffen und von Neugier angetrieben. So hat er ausprobiert, und seine intrinsische Motivation konnte sich, weil er nicht gestört wurde, voll entfalten. Bildungstheoretisch ausgedrückt: Angelerntes (religiöses) Wissen kann zu einem wissenden Menschen führen, religiöse Erfahrungen indes generieren erst **religiöse Kompetenz**. Kompetenz aber ist – im Gegensatz zu theoretischem Wissen – handlungsorientiert. Um ihre Weiterentwicklung geht es unter anderem in Fowlers Ansatz.

Der Religionspädagoge Albert Biesinger geht davon aus, dass Menschen auf der 3. Stufe ihrer Glaubensentwicklung „die Gottesbeziehung in Begriffen der **Zwischenmenschlichkeit**" definieren und strukturieren. Auch im Erwachsenenalter noch wollen sie daher „Beziehung zu Gott und zu Menschen realisieren, die ihnen wichtig sind, und deren Erwartungen entsprechen; durch Buße wollen sie Gottes Liebe zurückgewinnen"[186]. Von der **emotionalen Bindung** an den Geistlichen erwarten Gläubige dieser Stufe Bestätigung. Biesinger beschreibt sie gar als „**massiv abhängig** von signifikanten anderen und der Gemeinschaft", während sie „Analysen religiöser Erfahrung und der zentralen Symbole des Glaubens [...] als uninteressant, sogar bedrohlich" empfinden. Entsprechend der emotionalen Bedeutung des Wir-Gefühls geraten sie „in schwerste Krisen, wenn zentrale Rollen und Beziehungen verlorengehen"[187]. Für Fowler war der Übergang von der 3. zur 4. Stufe daher besonders brisant. Er ist von Krisen gekennzeichnet und liegt in dem Anspruch, die Verantwortung für die wesentlichen persönlichen Entwicklungsbereiche und existenziellen Erfahrungen als Mensch selbst zu tragen. Wenn aber dieser – pastoralpsychologisch wichtige – Übergang möglich ist, zeigt er sich durch eine zweifache Entwicklung: „Das Ich, das in seinen Identitäts- und Glaubenskonstruktionen zuvor von einem interpersonellen Kreis bedeutender anderer getragen wurde, beansprucht jetzt eine Identität, die nicht länger durch das geordnete Verhältnis der eigenen Rolle [...] zu denen anderer definiert ist. Um diese neue Identität zu stützen, schafft sich das Ich einen Sinnrahmen, der sich seiner eigenen Grenzen und inneren Bindungen bewusst ist und sich selbst als ‚Weltanschauung' erkennt."[188] Biesinger zufolge hat die Seelsorge bei Menschen auf dieser Stufe zu berücksichtigen, dass die so „erreichte Selbstwerdung und Selbstautorisierung nun anerkannt und unterstützt" werden muss und „nicht wiederum externe und konventionelle **religiöse Erwartungen** und **Autoritäten**"[189] aufgedrängt werden dürfen.

Berücksichtigt man bei den Hinweisen zur Krisenkompetenz Erkenntnisse der **Trauma-Forschung**, so manifestieren sich sogenannte menschengemachte (man-made) Traumata tiefer und nachhaltiger als andere Arten (z. B. Naturkatastrophen). Die Kirche und ihre Vertreter besitzen die Macht, Menschen in ihrer persönlichen Entwicklung zu unterstützen oder sie darin klein zu halten. Aufgabe kirchlicher Arbeit ist es, Menschen bei der Ausprägung ihrer Glaubensstufen so weit wie möglich zu befördern. Das hängt letztlich aber von der Haltung ab, ob man überhaupt mündige – und das heißt auch kritisch nachfragende und sich zu Wort meldende – Gläubige will. Diese Aufgabe gilt zwar auch noch im Erwachsenenalter, vor allem aber für Kinder und Jugendliche, insbesondere in der Adoleszenz. Übergriffiges Reden und Handeln, das jeder Art von Missbrauch zugrunde liegt, zwängt den Menschen stattdessen zurück auf die untersten Stufen. Heranwachsende können sich dann nicht wie auf Stufe 4 oder gar 5 verhalten. Sie sehen im Priester den „signifikant Anderen", von dem sie **Bestätigung** erwarten. Diese Form der Abhängigkeit hindert nicht nur den Ausbau einer reifen religiösen Kompetenz, sie kann auch schamlos für eigene Zwecke ausgenutzt werden. Die grundsätzlich wichtige Krisenerfahrung kann sich in diesem Fall nicht zu einem Aufbruch zu einer neuen Stufe entfalten, sondern das Kind oder der Jugendliche bleibt allein in einer tiefen Krise zurück. Insofern ist sexueller Missbrauch auch immer Missbrauch der religiösen Entwicklung eines jungen Menschen sowie seiner ganzheitlichen Persönlichkeitsprägung und Gewissensausbildung.

Neben der Betrachtung der „Glaubensstufen“ von Menschen lässt sich das Fowler-Modell auch auf die Kirche als System übertragen. Mit diversen rückwärtsgewandten Bewegungen bleibt sie selbst auf dem konventionellen Niveau stecken. Nimmt man Fowler und die Bedeutung der Krise ernst, so müsste in der gegenwärtigen tief greifenden Krisensituation im Grunde eine Chance liegen – eine Chance, auf die Ebene des universellen Glaubens zu gelangen.

Philosophie und Theologie kennen für diesen Zustand das Wort der „Krisis“. Damit ist jener Wendepunkt gemeint, an dem – woher auch immer – plötzlich Neues aufbricht: neue Ideen ebenso wie neue Kraft. Die Krisis durchzuhalten, sie anzunehmen und nicht mit Aktionismus zu überlagern, verspricht letztlich erst wirklich Neues. Entwicklungspsychologisch geht es um eine neue Stufe der Glaubensentwicklung, systemisch betrachtet um Veränderungen in entscheidenden Aspekten einer Organisation, hier der Kirche.

Von Tätern und Opfern

Die Frage nach den Tätern und Opfern erscheint auf den ersten Blick schnell beantwortet zu sein. Doch auf den zweiten ist es komplexer. Es wurde vielfach belegt, dass kirchliche Vorgesetzte – zum Beispiel Bischöfe als Leiter eines Bistums und damit Letztverantwortliche – anvertraute und angezeigte Missbrauchsfälle nicht angemessen behandelt haben. Trugen ihnen die jeweiligen Geistlichen, die nach der aktuellen Studie aus dem Jahr 2018 die erste Gruppe der Täter bilden, oder sonstige Mitarbeiter ihre eigene innere Not vor, kamen Gerüchte auf oder wurden gar Vorwürfe laut, so wurde die Fürsorgepflicht des Dienstgebers als falscher Schutz verstanden. Der Betreffende wurde „aus der Schusslinie“ genommen, versetzt – mehr nicht. Die Tat wurde auf der moralischen Ebene als Sünde abgehandelt und dem Priester eine Buße gemäß seinem Amt auferlegt: geistliche Übungen im Kloster, Exerzitien – also Zeiten zum Verschnaufen und

Kräftigen. In einem Fall wurde der Täter zum Beispiel zuerst nach Asien ausgeliehen, später, als ein wenig „Gras über die Sache gewachsen" war, kam er zurück nach Europa, verblieb jedoch noch außerhalb Deutschlands. Der eigentliche Grund für die Versetzung wurde nicht thematisiert, dies hätte der Reputation sowohl des Priesters als auch der Einrichtung geschadet. Dieses Muster wurde zum Teil noch dadurch gesteigert, dass die Täter zu Opfern stilisiert und so vom System geschützt wurden.

Doch wenn keine angemessene Untersuchung geschieht, bleiben Gerüchte zurück. Und auch der Täter wird, systemisch betrachtet, in der Tat zu einem „Opfer": zum Opfer systemischer Abläufe, die er selbst nicht mehr steuern kann. Selbst wenn er sich reumütig in der Gemeinde outen möchte – auch hier greift die Pflicht zum Amtsgehorsam (siehe Kapitel „Demut als Kadavergehorsam"), und wenn ein Bischof anordnet, zu schweigen, und zusagt, den Vorgang zu klären, wird der Täter in der Regel auch den Mund halten (müssen). Und irgendwann, wenn es kein Verfahren – und damit keine Klärung – gab, weiß niemand mehr, was „an den Dingen eigentlich dran" war. Viele dieser Fälle sind so heute verjährt. Die Frage vieler sexuell und spirituell missbrauchter Menschen erscheint daher berechtigt: Ist mit der **Verjährung** der Intensität dieser Taten überhaupt hinreichend Rechnung getragen? Ganzheitlich betrachtet macht es keinen Unterschied, ob der Körper eines Menschen oder dessen Seele Schaden genommen hat. Denn anthropologisch ist der Mensch ein Geist-Leib-Seele-Wesen. Leidet eine Komponente, leiden die anderen zwangsläufig mit. Was als körperlicher Mordversuch bewertet wird, kann daher auch als versuchter „Seelenmord" bezeichnet werden.

Aber auch systemisch dient die Nichtverfolgung von Taten einem Zweck, und zwar wieder der Macht: Beim Wissen um die moralische Disposition hat der Vorgesetzte den sündigen Priester buchstäblich in der Hand. Bei Dingen, die zu klären sind, wird der Chef diesen Trumpf gegen den Mitarbeiter ziehen können. Der Betroffene wird seine Meinung dann nicht frei sagen, weil der Vorgesetzte ihn aus seinem Machtwissen heraus manipulieren kann. Nicht das Argument zählt nun, sondern die Macht. Insofern ist die **Vertuschung** kein Dienst für den Täter, sondern ein Teilchen im intransparenten System der katholischen Kirche. Ohne den eigentlichen „Missbrauchsopfern" auch nur etwas nehmen zu wollen: Als „Opfer" lassen sich die Täter im Talar systemisch auch deshalb bezeichnen, weil sie durch den eigenen Missbrauch und durch das Vertuschen ihrer Tat zu „passiven Tätern" gemacht worden sind – ganz unabhängig davon, dass sich die entsprechenden Bischöfe der Mitwisserschaft schuldig gemacht haben. Jeder Straftäter, der seine Tat einsieht und **Reue** empfindet, hat auch irgendwann das innere Bedürfnis, sich seiner Verantwortung zu stellen und dafür geradezustehen. Wird ihnen das unmöglich gemacht, sind auch sie Opfer eines Systems und Opfer von Übergriffigkeit – und zwar derart, dass ein von Menschen geschaffenes vormodernes Wertesystem über ihre ureigenen, aufrichtigen Bedürfnisse bestimmen darf. Sie sind zudem Opfer ihres vermeintlich eigenen, tatsächlich aber vom kirchlichen Lehrgebäude übernommenen Anspruchs, Sexualität so weit wie möglich zu ignorieren. Sie haben, oft als gesunde Männer, ihre „Sexualität in ihre Personalität zu integrieren", und keiner sagt ihnen konkret, wie dies gehen soll. Diesbezügliche Einheiten in den Ausbildungseinrichtungen angehender Priester richten sich zum Beispiel darauf, wie man neben einer Frau Platz nimmt – konkret, dass man im besten Fall Platz zwischen sich lässt und diesen eventuell durch seine Jacke oder seine Aktentasche schafft. Doch wer ist zugegen, wenn es einen Priester richtig „überkommt"? Und wer hilft, wenn ein Priester nach einigen Jahren voller Idealismus und Tatendrang in eine Krise gerät und am Zölibat zu zweifeln beginnt? Übrigens ist auch das Thema Sucht im Klerus ein großes – und das nicht ohne Grund.

So allein gelassen, leben diese Priester nach ihrer Weihe in zwei „Welten": im Versuch „heilig" zu werden, und in dem, ihre Gelüste zu unterdrücken. Sobald ein Priester sich anvertraut, hat er das Thema nicht mehr in der Hand. Er steht nicht nur in der Gehorsamspflicht seinem Bischof gegenüber, er ist auch in formaler Hinsicht abhängig vom System. Da Priester in der Regel als kirchliche Beamte vergütet und im Alter entsprechend ihrer letzten Gehaltsstufe ruheversorgt werden, zahlen sie keinerlei Arbeitslosenversicherung. Dieser Härtefall ist – wie bei stattlichen Beamten auch – schlicht nicht vorgesehen. Verlassen sie jedoch ihren Status, fallen sie ins Nichts. Denn schließlich sind sie ihrer Verpflichtung und ihrem Weiheversprechen untreu geworden. Und nun liegt es an der Gnade eines Bischofs, wie weich er den jeweiligen Fall beurteilt. In dieser Zerrissenheit mag *ein* Grund dafür zu suchen sein, weshalb bei den meisten klerikalen Missbrauchstätern *keine* **Einsicht** in die eigene Straftat vorlag. Die MHG-Studie belegt, dass „Reuegefühle eher selten waren". Das aber bedeutet: „Betroffene vermissen sowohl bei den Beschuldigten als auch bei der Institution Kirche ein glaubhaftes Bekenntnis zur eigenen Schuld und Reue."[190] Ein über viele Jahre missbrauchter Mann erklärte: *„Hätte er nur ein einziges Mal gesagt, dass es ihm wirklich leid tut. Doch er hat es immer nur runtergespielt. Dass ihn da was überkommen hat, was nicht sein Eigenes war"* (O-Ton). Doch wie soll man aufrichtig um Entschuldigung bitten, wenn man die Schuld nicht bei sich sieht, sondern bei dem sexuellen Reiz, den man nicht im Griff hatte, vielleicht gar bei einem Teufel, der einen „prüfen" wollte? Ein aufrichtiges Gefühl für das eigene Versagen aufzubringen setzt die Einsicht in die eigene Schuld sowie ein entsprechend entwickeltes Gewissen voraus. Je stärker aber äußere Normen in einem System sind, je mehr man es erlernt hat, Regeln zu unterlaufen, doppelte Spiele zu spielen, umso mehr können psychische **Inkongruenzen** entstehen. Ein Kleriker, der sich in einer existenziellen Krise befand, drückte diesen Zustand so aus: *„Ich weiß einfach nicht mehr, was richtig und falsch ist. So, wie ich es gelernt und gepredigt habe, stimmt es einfach nicht mehr für mich. Es ist, als wenn ich das Gefühl für mich selbst und meine Bedürfnisse verloren hätte"* (O-Ton). So gesehen wäre vielleicht gar zu fragen, inwiefern diese Priestertäter – in ihrer eigenen Systematik und religiösen Logik betrachtet – faktisch überhaupt **schuldfähig** waren.

In Berichten von Menschen, die zum Beispiel Missbrauch hinter Internatsmauern der katholischen Kirche erlebt haben, war immer wieder von der **Nacht** die Rede, in der jener gekommen sei, der am Tag als religiöse Lichtfigur aufgetreten war. Die Nacht als Motiv für das Verbotene ist keine schlichte Metapher mehr, sie ist für viele zum Ort der Übergriffigkeit geworden. Die Täter wiederum versuchten im Schutz der Nacht ihre Tat ungeschehen zu machen – am nächsten Morgen war, zumindest für sie, „alles vergessen". Das Bild von Tag und Nacht ist dabei für die Situation der Kirche seit dem Missbrauchsskandal sehr passend. Denn im Moment geschieht nichts anderes, als dass sich die Kirche in ihre eigene „Nacht" hineinschauen lassen muss, in jene Zeit, die von der viel gepriesenen Tradition als Ort des Gebets und der Kontemplation verstanden worden ist. Man beginnt zu begreifen, warum.

Macht und Sexualität sind im System Kirche miteinander verbunden. Bischöfe haben ihre Amtsmacht dazu genutzt, das System Kirche vermeintlich zu schützen. Dadurch ist ihre Macht gegenüber den Tätern zugleich gestiegen.

Die Persönlichkeitsrechte des Einzelnen wurden diesem Schutzinstinkt nachgeordnet. Dieses Vorgehen verweist auf die grundsätzlich geringe Bedeutung individueller Rechte gegenüber denen der Organisation – im Gegensatz zur Haltung eines Jesus von Nazareth.

Kindern Gewalt anzutun, ist – neutestamentlich – eine unüberbietbare Abscheulichkeit, was in der Endgerichtsrede[191] deutlich wird. „Mitbrüder", die auf Augenhöhe oder sogar als Vorgesetzte Missbrauch gedeckt haben, sind mitverantwortlich für diese Taten. Sie müssen sich fragen lassen, wie viele Übergriffe verhindert worden wären, wenn sie entschiedener und früher, ja wenn sie überhaupt gehandelt hätten. Jeder, der bei Missbrauch „weggesehen" hat, hat die Taten seines „Mitbruders" gebilligt. Und damit nicht „nur" die einzelne Tat, sondern auch den Umstand, dass Missbrauch und Übergriffigkeit in der Kirche sein darf.

Zwischenertrag

Im Missbrauchsskandal und in der gegenwärtigen Kirchenkrise tritt diese in vielfacher Hinsicht zu Tage. Es ist zum einen eine **moralische Krise**. Denn nicht Werte, die nach außen hin gepredigt worden sind, haben sich durchgesetzt, sondern tiefer liegende „Werte", die das System katholische Kirche und seine Vertreter zu schützen versucht haben. So wurden Kollektivismus und vermeintliche Harmonie mit der Verletzung der Integrität Einzelner bezahlt. Eine Moral, die nicht selbst gelebt wird, persifliert. Sie wird zu einer PR-Tapete, die jederzeit von der Wand zu rollen droht. Mit der Persiflage katholischer Werte geht die Frage nach der Kirche als erzieherischer Institution einher. Wer will heute noch einer Kirche seine Kinder anvertrauen, die sich durch systemische Vertuschung und Intransparenz dem Ruf ausgesetzt hat, eine weltweite Organisation von Kinderschändern zu sein? Da kirchliche Macht mit der Macht über die Sexualität und mit Männerbündnissen zusammenhängt, müsste Prävention theologisch an den überkommenen, vormodernen Begründungsmustern ansetzen. Die Sexualmoral der katholischen Kirche aber hat so viel mit dem Leben zu tun wie der Teufel mit dem Weihwasser (oder mit dem sexuellen Missbrauch).

Darüber hinaus zeigt sich im Missbrauchsskandal auch eine fundamentale **Führungskrise**. Vorwürfe nicht ernst zu nehmen und selbst (intern) gestandenen Taten nicht nachzugehen, legt ein Verständnis von Leitung nach vormodernen Familienmodellen nahe. Der eigentlich doch erwachsene Täter wird zum unmündigen „Kind", gar zum Untertan, da er etwas „angestellt" hat und nicht zu seiner Tat stehen kann. So kommt es zu einem ähnlichen Phänomen wie bei Kindern, über deren Verhalten man „nicht mehr spricht". Es findet so keine gesunde Regulation zwischen Können und Sollen statt, und die **Gewissensbildung** wird negativ beeinflusst, ja gehemmt.

Da in allen Teilprojekten der MHG-Studie „der relative Anteil beschuldigter Diakone deutlich niedriger als der von beschuldigten Diözesanpriestern" ist, liegt – wenn hier auch sehr zurückhaltend formuliert – „der Befund nahe, sich mit der Frage zu befassen, in welcher Weise der Zölibat [...] ein möglicher Risikofaktor [...] sein kann".[192] Die Typologie klerikaler Täter erscheint für die weitere Aufklärungs- und Präventionsarbeit hilfreich. Die Einführung psychologisch fundierter Eignungstests mit der Verpflichtung, sich als Bischof daran zu binden, ist mehr als überfällig.

Lehramt und Kirchenrecht

„Ich habe durch das Studium der Theologie hinter die Kulissen, ich habe der Kirche und dem Dogma in die Karten geschaut."

Friedrich Theodor von Vischer

Lehramt statt Theologie

Theologie heißt jene Fachdisziplin, die über die – wörtlich – „Rede von Gott" (griech.) wissenschaftlich reflektiert und die in der Überlieferung, also Bibel und kirchlicher Tradition, tradierten Glaubensinhalte auf heutige Gegebenheiten zu transformieren versucht. Sehr schön ist dieses Bemühen in der zeitgemäßen Bibelübersetzung bei Martin Luther zu sehen. Theologie ist damit *nicht* die Lehre der Kirche, sondern steht der Kirche als eigene – wissenschaftliche – Größe gegenüber. Kirchliche Mitarbeiter benötigen in der Regel ein theologisches (oder religionspädagogisches) Studium. Damit bereitet die Theologie auch auf die Seelsorge vor. **Katholische Theologie** wird an katholischen Hochschulen, die staatlich genehmigt sind, oder an staatlichen Universitäten gelehrt. Die Professoren sind in aller Regel Beamte des Landes (oder für den Hochschuldienst von der Kirche freigestellte Priester), wobei in jedem Fall der Kirche – konkret dem entsprechenden Ortsbischof – die Entscheidung über die Erteilung der **Lehrbefugnis** zusteht. Auch über eine **Priesterquote** besitzt die Kirche – trotz grundsätzlicher Freiheit in der wissenschaftlichen Lehre – einen starken Einfluss auf die Stellenbesetzungen an kirchlichen und staatlichen Hochschulen. Im Umkehrschluss sind die Hochschulen auf Projekt- und Bauzuschüsse der Kirche angewiesen. Es besteht somit eine gewisse beidseitige Abhängigkeit.

Dennoch konnte sich (auch) die katholische Theologie ihre **Freiheit** in der Lehre zumindest bis zu einem gewissen Grad bewahren.

Die Theologie ist die geistige Vorreiterin in allen zukunftsrelevanten Fragen der Kirche. Sie beschäftigt sich ebenso mit biblischen und historischen Begründungsfiguren kirchlichen und christlichen Handelns wie – in verschiedenen theologischen Disziplinen – mit der Zukunftsfähigkeit der katholischen Kirche. Eine besondere Verpflichtung zeigt sich in den Aussagen des Zweiten Vatikanischen Konzils (siehe Kapitel „Konziliarer Aufbruch – aktuelle Restauration"). Auch in aktuell relevanten Fragen ist die Theologie der Kirche um Jahrzehnte voraus. Die Frage nach der Möglichkeit der Ordination von Frauen zum Beispiel wurde schon vor Jahrzehnten – sowohl bibeltheologisch wie historisch – klar beantwortet und ist für die katholische Theologie schon lange kein Streitpunkt mehr. Ebenso sieht es mit dem Pflichtzölibat aus. Auch warnen seit etlichen Jahren katholische Theologen vor einem geistlichen Kollaps der Kirche. Ihre konstruktive Kritik drückt sich in etlichen lesenswerten Büchern aus, oft mit eindrücklichen Titeln.[193]

Jedoch bleibt dieses Unterfangen ein Drahtseilakt. Die Liste deutscher katholischer Theologen, denen die Lehrerlaubnis entzogen wurde, ist lang. Unter ihnen finden sich wichtige theologische Vordenker. Auffallend ist – auch in der aktuellen Debatte –, dass sich viele Theologen erst mit ihrem Eintritt in den Ruhestand deutlich zu Wort melden. Eine konstruktiv-kritische Auseinandersetzung mit ihren Ansätzen hätte der katholischen Kirche in der Regel gutgetan. Stattdessen müssen Theologen und Religionspädagogen ständig in der Befürchtung leben und arbeiten, im Falle eines Lehrstreits, der übrigens alles andere als ein wissenschaftlicher Austausch von Argumenten ist, das bischöfliche Machtmittel des **Entzugs der Lehrerlaubnis** zu spüren zu bekommen. Theologie lebt aber, wie jede Geisteswissenschaft, vom Ringen um das bessere Argument. Diese Logik findet indes an jenem Punkt ihr Ende, an dem die kirchliche Obrigkeit ihr spezifisches Argument als systemische Institution auf den Tisch bringt. Eine Auseinandersetzung nach wissenschaftlichen Spielregeln ist dann nicht mehr möglich, ebenso wenig der Verweis auf das eigene Gewissen – immerhin eine Instanz, der ansonsten auch in der katholischen Lehre eine große Bedeutung beigemessen wird.[194] Theologie ist eben (auch) Theorie, und die Praxis ist konkret, auch und im Besonderen, wenn es um (kritische) Theologen geht. Denn das katholische Kirchenrecht hat klipp und klar geregelt, dass die theologische Ausbildung „unter der Führung des Lehramtes [...] zu erteilen" (CIC, can. 252) ist, dass die theologischen Lehrer „bei der Vermittlung ihrer Disziplinen ständig um die innige Einheit und Harmonie der ganzen Glaubenslehre besorgt zu sein" (can. 254) haben und dass ein Theologe, „der sich in seiner Aufgabe schwer verfehlt" hat, „des Amtes zu entheben" (can. 253, § 3) ist. Analog gilt für Religionslehrer, dass sie – auch dann, wenn sie, wie die Theologieprofessoren, staatliche Beamte sind – vom zuständigen Bischof abberufen werden können bzw. ihre Abberufung gefordert werden kann (vgl. can. 805). Das heißt – in beiden Fällen – konkret: Die kirchliche Obrigkeit trifft eine Entscheidung, die der Staat dann „auszubaden" hat, der sich nun überlegen darf, wie er den auf Lebenszeit verbeamteten Professor oder Lehrer versorgt.

Da die Theologie die wissenschaftlichen Zusammenhänge erschließt und das kirchliche Handeln theologisch und hier und da auch konstruktiv-kritisch begleitet, könnte man meinen, dass die Kirche sich in ihren Entscheidungen auf dieses geballte hochreflektierte Wissen stützt. Doch dazu müsste die katholische Theologie in einem anderen Rang stehen. In der evangelischen Kirche hat sie die Rolle, Teil des allgemeinen Lehramtes zu sein – was auch Sinn macht, befasst sie sich schließlich auf wissenschaftlichem Niveau und zudem im regen Austausch mit anderen Fachdisziplinen mit wichtigen, auch zukunftsweisenden Fragenkomplexen. In der katholischen Lehre hingegen genügt die Kirche sich selbst. Das oberste **Lehramt** in einem Bistum nimmt – ausschließlich – der Bischof wahr, weltkirchlich der Papst. Noch so gute Theologen können damit allenfalls als bischöfliche Berater bestellt werden, ob der „Oberhirte" dann aber auch ihrem Rat folgen will, ist seine ureigene Entscheidung, die er nicht einmal begründen muss. Denn „Papst und Bischöfe sind ‚authentische, das heißt mit der Autorität Christi versehene Lehrer, die dem ihnen anvertrauten Volk den Glauben verkünden, der geglaubt und auf die Sitten angewandt werden soll'[195]. Das universale ordentliche Lehramt des Papstes und der in Gemeinschaft mit ihm stehenden Bischöfe lehrt die Gläubigen die zu glaubende Wahrheit, die zu lebende Liebe und die zu erhoffende Seligkeit", fordert der Katechismus der katholischen Kirche an dieser Stelle (2034). Und steht ein Bischof in der „Autorität Christi", welche Bedeutung können dann noch Theologie und Theologen aus Fleisch und Blut haben?

Abb. 4

Vor über zehn Jahren hat der evangelische Theologe Gerd Lüdemann mit seinem Vortrag „Warum die Kirche lügen muss“[196] für Furore gesorgt. Er belegt darin, dass Zusammenhänge mit der Ankündigung Jesu im Alten Testament konstruiert sind, dass das Neue Testament einen anderen Jesus kennt, als er von der Kirche dargestellt wird, und dass pastorale Theologen wie schulische Religionspädagogen einen Spagat zwischen kirchlicher Lehre und anderslautenden theologischen Erkenntnisse bewältigen müssen. Lüdemann spricht daher von einer „doppelten Wahrheit: erstens der Wahrheit des kirchlichen Bekenntnisses, das spätestens im Konfliktfall gilt, zweitens der wissenschaftlichen Wahrheit, die dort, wo kein Konfliktfall vorliegt, vermittelt wird. Beide aber sind [...] schwerlich miteinander zu versöhnen.“ Schließlich kommt er zu dem Schluss: „Theologie kann überhaupt keine kirchliche Wissenschaft sein. Entweder sie ist **freie Wissenschaft** oder sie ist gar keine.“ Denn Theologie sei der Wahrheit verpflichtet und könne „niemals vorweg den **Wahrheitsanspruch** der Kirchen voraussetzen“, was in letzter Konsequenz bedeute, „von Erkenntnisquellen jeglicher Art Abschied“ zu nehmen. Was der Protestant Lüdemann andeutet, trifft für die katholische Kirche aufgrund des Ungleichgewichts zwischen Lehramt und Theologie noch weit mehr zu als für die evangelische. Wie im Hochmittelalter die Philosophie als „ancilla theologiae“ (lat.: Magd der Theologie) verstanden wurde, so sieht die Kirche die Theologie eher als „ancilla“, als eine „Magd“, die man zur Reflexion benötigt, von der man aber bitteschön nicht zu viel kritisches Denken verlangt. Deren Dienste – wohl nicht zufällig ist es grammatikalisch wieder ein weibliches Wesen, das demütig dient – man sich nach Belieben bedient oder eben nicht. Denn die Last der geschichtlichen Überlieferung wiegt schwer, und sie ist es, der die kirchliche Obrigkeit nach ihrem eigenen Selbstverständnis zuerst gerecht werden muss.

Die Bindung des kirchlichen Lehramtes an den jeweiligen Ortsbischof ist in der katholischen Kirche ein 2.000 Jahre altes Prinzip. Zwischen dem 2. und 3. Jahrhundert, spätestens jedoch, als die Kirche unter Kaiser Konstantin zur Staatskirche des Römischen Reiches wurde, entwickelte sich der sogenannte **Monepiskopat** (griech.: „ein [einziger] Bischof"). Während sich nun Diakone – und neu hinzugekommene – Priester bzw. Presbyter um die Gemeinden sorgten, kümmerte sich ein Bischof je geistlichem Territorium um Bewahrung der „reinen" Lehre. Diese Funktion war durch neu aufgekommene Strömungen (z. B. den Doketismus, den Arianismus, den Gnostizismus), die zu einer neuen christlichen Lehre geführt hätten, „notwendig" geworden. Insofern kann in der Ausbildung des Monepiskopats auch eine frühe Führungsstrategie gesehen werden. Ebenso „musste" sich der zu Beginn lediglich gleichberechtigte Bischof von Rom unter den fünf altkirchlichen Patriarchaten (Alexandrien, Antiochien, Konstantinopel, Rom und Jerusalem) machtpolitisch behaupten.

Es wäre kirchengeschichtlich betrachtet anachronistisch, die Struktur des frühkirchlichen Monepiskopats auf die heutigen Organisationsformen von Bistümern und Gemeinden zu übertragen. Der Rang des **Monarchen** jedoch, in den der Bischof damit eingetreten war, ist im Grundsatz erhalten geblieben. Er allein trägt die Verantwortung für die Auslegung – und eben auch Verteidigung – des Lehramtes in seinem Bistum, natürlich in Übereinstimmung mit dem päpstlichen Primat, in kirchlicher Sprache: „in Gemeinschaft" mit ihm. Bischöfe sind daher bis heute im Grunde Territorialfürsten. Hierin besteht auch die strukturelle Problematik der Institution Bischofskonferenz. So oft die Bischöfe eines Landes sich auf dieser Ebene auch treffen mögen, das System verleiht dem einzelnen Regenten in seinem Bistum eine (bis auf den Widerspruch Roms) absolute, uneingeschränkte Macht. Kompromisse sind maximal bei gemeinsamen Erklärungen aller Bischöfe nötig oder, besser gesagt, wünschenswert. Es gibt aber anders als in der Demokratie keine Notwendigkeit eines Konsenses.

Die starke Betonung des kirchlichen Lehramtes gegenüber der theologischen Wissenschaft führt nicht in jedem Fall dazu, dass ein hoch gebildeter Theologe auf dem Bischofsstuhl sitzt. Denn nicht theologische Brillanz ist für diese Aufgabe entscheidend, sondern der persönliche Konsens mit der sogenannten Tradition der Kirche und der Wille zur Macht. Bischöfe, die ihr Bistum entsprechend ihrem Auftrag und dem Evangelium auch theologisch reflektiert führen, sind daher in der Geschichte der deutschen Kirche wohl eher die Minderheit. Das macht gerade der Umgang mit dem Missbrauchsskandal schmerzhaft deutlich. Und der allein flankierende Status der Theologie (und der Theologen) verstärkt zudem den absolutistischen Charakter des Systems Kirche. Diese genügt sich nicht nur selbst, sie blockiert sich theologisch auch selbst.

Dabei fehlt das Korrektiv nicht, es wird nur nicht genutzt. In der Amtskirche geht es nicht um theologische Argumente, sondern um kirchliche Hierarchie und Macht. Selbst wenn ein Priester es zum Professor gebracht hat, bleibt er doch ein einfacher Geistlicher – und ist weiterhin an sein Gehorsamsversprechen gegenüber dem Bischof gebunden. Das führt nicht selten zu inneren Spannungen. Auf den Entzug der Lehrerlaubnis könnte noch die Suspendierung aus dem kirchlichen Amt folgen – zwei nachhaltige Konsequenzen, die beide von ein und derselben Stelle ergehen. Und der Staat bzw. das Land als Dienstherr des Professors muss zuschauen.

Ähnlich wie im synodalen Prinzip evangelischer Landeskirchen wäre es ratsam, Theologen mit entsprechenden Stimmrechten in die Kirchen- bzw. Bistumsleitung aufzunehmen. Sie forschen und lehren an den Quellen des christlichen Glaubens. Theologen müssen den Glauben und das kirchliche Handeln im Spannungsfeld von Identität und Relevanz je neu beantworten. Insofern sind sie näher an gesellschaftlichen Entwicklungen, als es ein Bischof je sein kann. Diese Fragen werden zudem auf wissenschaftlichem Niveau interdisziplinär diskutiert. Das Diskursprinzip könnte für die Weiterentwicklung der Kirche nur nützlich sein; freilich würde es ihren geschlossenen systemischen Charakter infrage stellen.

Die katholische Lehre sieht, in Anknüpfung an den 1. Timotheusbrief, in der Kirche selbst „die Säule und das Fundament der

Wahrheit" (Katechismus, 2032). Ist aber nicht die Wahrheit selbst in Gefahr, wenn den kirchlichen Verwaltern der Wahrheit nicht mehr geglaubt werden kann? Nicht an der – göttlichen – Wahrheit zweifeln die Menschen, sondern an den „Hirten" der Kirche und ihrer Glaub-Würdigkeit.

Von Hirten und Schafen

Was macht einen Hirten zum Hirten? Dieses Motiv aus der biblischen Tradition zählt zu den am meisten verwendeten. Es besitzt eine tiefe und eingängige Bildsprache und wird auch von allen Kulturen verstanden. Der Evangelist Johannes lässt Jesus sagen: „Meine Schafe hören meine Stimme, und ich kenne sie, und sie folgen mir nach" (Joh 10,27). Damit wird zweierlei biblisch legitimiert, der Stand des „Hirten" und die Nachfolge (siehe Kapitel „Berufung und Sukzession"). Auch kirchenrechtlich ist das Hirtenamt fixiert, und zwar mit Blick auf den Bischof[197] wie auf die Pfarrer[198]. Der delegierte Hirtendienst bezieht sich rechtlich auf „Dienste des **Lehrens, des Heilens und des Leitens**". Bei der Ausführung dieser Aufgaben können entsprechend des Kirchenrechts „auch andere Priester oder Diakone mitwirken sowie Laien mithelfen" (CIC, can. 519).

So eingängig das Naturbild des „guten Hirten" von sich aus bereits sein mag, es sollte angemessen ausgelegt werden. Im Kontext des Johannesevangeliums werden die genannten Worte hinsichtlich der Rolle eines Jesus von Nazareth verwendet. Daher lohnt sich der Blick auf eine Vorläuferstelle im Alten Testament, welche die damaligen Hörerinnen und Hörer sicherlich im Ohr hatten: Ezechiel 34,11–17.

In dieser Vorlage ist alles enthalten, was einer guten Beziehung zwischen „Hirt" und „Schafen" zuträglich ist: Der Hirt delegiert seinen ureigenen Arbeitsbereich nicht an Unfähige (Vers 11), er ist in der Mitte der ihm Anvertrauten (Vers 12), er führt

> *sie nicht zu beliebigen Futterstellen, sondern nur zu den besten (Vers 14). Er zeigt sich derart einfühlsam, dass er für das Ruhebedürfnis der Umhergeführten Verständnis hat (Vers 15), er geht den Verlorengegangenen nach, stärkt die Schwachen, verbindet die Verletzten (Vers 16). Dann aber – nach der Zäsur zwischen Vers 16 und 17 und dem zusammenfassenden Resümee (Vers 17b) – schlägt der Ton um: Nun ergehen Vorwürfe, werden Anklagen aufgrund von Maßlosigkeit erhoben. Diese hat ihren Grund aber nicht in der Völlerei der „Schafe", sondern in der Art und Weise, wie sie klein gehalten wurden. Die Mahnung der Bibelstelle lautet: Es gibt eine missverstandene Form von Hirtensorge, die erdrückt anstatt zu befähigen. Ein „guter Hirte" weiß darum und achtet feinfühlig auf die Signale der „Schafe".*[199]

Im Motiv der Schafe liegt auch die landläufige Vorstellung vom „**dummen Schaf**", das allein nicht klarkommt, das daher die Herde wie den Hirten braucht. Spätestens mit der „Generation Y" hat sich hier aber ein anderes Verständnis von Führung eingestellt. Heutige Heranwachsende benötigen Führung in einem befähigenden Sinn. Sie wollen ihre eigenen Antworten finden und brauchen dafür Freiraum und Vertrauen. Auch vor diesem Hintergrund wäre eine Modernisierung der Auslegung angebracht. Heutige kirchliche „Schafe" wollen nicht mehr gesagt bekommen, was zu tun und zu lassen ist. Sie lassen sich nicht mehr wie **Objekte** klein halten, vorher scheren sie aus der Herde aus und gehen als selbstbestimmte **Subjekte** ihren eigenen Weg. Die Kirche benötigen sie dazu nur, wenn das, was vermittelt wird, für ihr Leben relevant ist. Dieser Generationenwechsel und die Stärkung dieser Haltung ist bereits eine gute Basis für nachhaltige Präventionsarbeit.

Werden die Hirten der Kirche daran gemessen, was in der katholischen Kirche an Missbrauch möglich war, bedarf es einer nicht geringen Leistung an neuem Vertrauen. Viele Menschen haben – berechtigterweise – dieses Vertrauen in die kirchliche Obrigkeit verloren. Insbesondere junge Menschen wollen heute nicht autoritär geführt werden. Dem Hirtenmotiv ist jedoch eine gewisse Hierarchie inhärent: Da ist einer, der vorausgeht. Einer, der weiß, wo es langgeht. Doch Menschen wollen sich mitgenommen, in ihren Bedürfnissen befragt, ernst genommen fühlen. Beobachtet man einen Schäfer bei seiner Arbeit, so wird man kaum einen finden, der seiner Herde schnurstracks vorwegläuft. Wenn er ihnen vorausläuft, kann er dies nur tun, indem er regelmäßig **zurückschaut** oder, noch sensibler, indem er an den Geräuschen hinter sich sehr genau spürt, wenn es **Veränderungen** gibt. Kein Schaf wird jemals seinen Hirten fragen, ob es an dieser oder jener Stelle grasen darf. Einem schlechten Hirten aber kann es passieren, dass er vorauseilt und nicht mitbekommt, dass er seine Schafe zurückgelassen, dass sich seine Herde zerstreut hat. Ist das geschehen, wird es – auch mit den besten Hütehunden – schwierig, sie wieder zusammenzuführen.

Übertragen auf den Hirtendienst der Geistlichen bedeutet das viel; zuerst einmal, dass *nicht* die Schafe für den Hirten da sind – etwa, damit er Hirte sein kann. Es bedeutet, dass Leitung nur möglich ist, wenn der Hirte selbst weiß, wo er seine Herde hinführen will. Dabei darf er sich durchaus auf den **Instinkt** seiner Schafe verlassen. Pädagogisch ausgedrückt: Der Weg und das Ziel benötigen für die „Schafe" eine **Bedeutsamkeit**. Schließlich besitzt der Auftrag des **Heilens** theologische Priorität. Denn wo es Verletzungen gibt, muss man stehenbleiben, innehalten und versorgen. Modern ausgedrückt: Der Hirte sollte **resonant führen**. Doch resonantes Führen geht von **Ressourcen** und Potenzialen in Menschen aus, die ihnen als Menschen gegeben sind. Dieser Ansatz entspricht nicht unbedingt der katholischen Vorstellung vom Menschsein (siehe Kapitel „Das katholische Menschenbild"). Belehrungen hat dabei weder das einzelne Schaf noch die Herde nötig, wenn es darum geht, wieder satt zu werden – und dies auch in einem übertragenen, spirituellen Sinne. Aus der Perspektive von Coaching und Beratung wird deutlich, dass es sich bei der gegenwärtigen Kirchenkrise nicht zuletzt und insbesondere um eine **Führungskrise** handelt. Das wird dadurch unterstrichen, dass gute Führung einige Aspekte benötigt, die durch die gegenwärtige Situation weitestgehend verloren gegangen sind: Vorbild sein, Wertschätzung leben und Menschen in ihrer Selbstbestimmung fördern.

Leitung bedeutet kirchenrechtlich und pastoralpraktisch eine **Vermengung von geistlicher Leitung und Mitarbeiterführung**. Wer als Geistlicher führt, ist zugleich Seelsorger. In der Logik der oben zitierten drei Bereiche (vgl. zu Beginn des Kapitels) wäre diese Qualität der Dienst des Heilens – nicht in einem medizinischen, sondern in einem seelsorglichen Sinne. Bleibt man konsequent bei den biblischen Zeugnissen, so wird einem auch bei Jesus diese Tätigkeit als Erstes auffallen. Wie später bei den Aposteln fällt oft der Begriff, dass er „gewirkt" habe. Durch seine Heilungen hat Jesus eine neue Wirklichkeit erzeugt. Die altgriechische Philosophie kannte drei Zugänge zur Wahrheit: die Theorie, die Praxis und die Poiesis (bei Aristoteles „Poietik"). Jesus war kein Theoretiker. Wenn er das Wort ergriffen hat, waren seine Zuhörer gebannt und tief bewegt. Das lässt sich nur dadurch erklären, dass er Menschen im Innersten anzusprechen und zutiefst zu berühren vermochte. Dazu muss man aber Menschen kennen, sich für sie interessieren, ihre Bedürfnisse wahrnehmen und das, was man sagen will, an ihrem Leben festmachen. Hirten, die den „Dienst des Lehrens" damit verwechseln, Menschen zu sagen, wie es ist und wie sie zu leben haben, sind in ihrer Verkündigung weit entfernt von diesem Jesus. Er war aber auch kein Macher – das wäre die deutsche Übersetzung des „Poietikers" –, keiner, der mit produktivem Schaffertum gegen die jeweilige Herausforderung vorgeht. Vielmehr wird Jesus durch und durch als Praktiker beschrieben. Dies ist vor dem Hintergrund der den biblischen Autoren bekannten griechischen Philosophie zu sehen. Die Praxis meint nicht das Tun und Machen, sondern das Handeln. Und zu handeln bedeutet ethisch etwas anderes, als sich zu verhalten. Jesus ist kein Reagierender, er ist ein aktiv Handelnder. Pädagogisch wird dieses Verständnis im Begriff der **religiösen Kompetenz** ausgedrückt.

Jesus zeigt sich in jeder der biblisch genannten Situationen als durchweg handlungsorientiert und handlungskompetent. Und die Bibel verrät auch den Grund dafür: Weil er sich **frei fühlt** – frei von Gesetz und Autorität. Jesus kennt nur ein Gesetz und eine Autorität – die Würde des Menschen und sein Vertrauensverhältnis zu Gott (das im Wort „Abba“, deutsch: „Väterchen“ ausgedrückt wird). Vor allem gelingt es ihm, weil er angstfrei seinen Weg geht. Denn wer Angst hat, der wird innerlich eng (von lat.: „angusta“, Angst, Not, wörtlich: Enge), und die Möglichkeiten seiner Führung werden sich buchstäblich einengen auf einen Stil, der in der Krise – vermeintlich – Sicherheit verspricht: Der Hirte wird autoritär und für den Fall, dass seine vierbeinigen Helfer aufgrund des erzeugten Stresslevels nun zu unkoordiniert arbeiten, gar autokratisch führen. Letztlich hat er dann, wie er glaubt, keine andere Möglichkeit, als gegenüber den umherirrenden Schafen, die nicht so wollen wie er, übergriffig zu werden. Er wird sie packen, zerren, anschreien und es damit begründen, dass er es „doch nur gut“ mit ihnen meine und dass sie sich „doch nicht so haben“ sollten. Jeder kennt vermutlich Beispiele dieses Verhaltensmusters, bei sich und bei anderen. Wie aber würde **Führung nach dem Modell Jesus** heute aussehen? Religiöse Handlungsorientierung bedeutet bei Jesus, dass er – und hier ließen sich alle möglichen biblischen Stellen anführen – immer aus einer **konkreten** Situation heraus handelt und lehrt. Seine Führung ist **situativ** und induktiv, vom jeweiligen realen Beispiel her abgeleitet.

Theologie und Lehramt unterscheiden zwischen „**fides quae**“ und „**fides qua**“, also zwischen den Glaubensinhalten (lat.: Plural) und dem Glauben, durch den (lat.: Ablativ) geglaubt wird. Die wesentliche Energie – man nehme zum Beispiel den hier vielfach zitierten Katechismus oder auch die Erfahrung mit Predigten – wird bis heute für die **Vermittlung von Inhalten** aufgewendet, indem den Gläubigen gesagt wird, *was* zu glauben ist und *wie* sie ihr Leben zu führen haben. Bereits hier hat – in einem pädagogischen Sinne – Übergriffigkeit ihre Wurzel. Die Kirche redet auf die Menschen ein, belehrt sie, egal in welcher Lebenssituation sie stehen und welchen religiösen Bedarf sie haben. Es gibt die vom Lehramt festgelegte Lehre, und diese gilt es zu glauben. Zu dieser Lehre gehört auch die Moral der Kirche als Garant des sittlichen Lebens der Gläubigen. Und je mehr die Kirche unter gesellschaftlichen Druck gerät, umso stärker wird das **Belehren und das Insistieren** auf das Kirchenrecht.[200] Die Hirnforschung liefert seit Jahrzehnten klare empirische Erkenntnisse, dass eine derartige Vermittlung allein auf der Ebene des Großhirns eine verschwindend geringe Nachhaltigkeit bewirkt. Doch hier greifen andere Muster, und das Hauptmuster ist Angst – aus durchaus nachvollziehbaren Gründen. Und so reagiert die kirchliche Obrigkeit auch, wie Menschen seit der Steinzeit auf Angst reagieren: durch das Einschließen in der Höhle, hier in Klöstern, durch Erstarrung, Flucht oder auch im verbalen Angriff. Man wird lange suchen müssen, um ähnliche Verhaltensmuster auch bei Jesus, auf den sich alle obersten Hirten der Kirche persönlich berufen, zu finden.

Die katholische Kirche hat als weltweit älteste Organisation die historisch **längste Erfahrung mit der Führung** von Menschen. So kann es bei ihrem Ballast an Tradition und ihrer absolutistischen Verfasstheit nicht wundern, dass sie auch in Sachen Führung nicht auf der Höhe der Zeit ist. Würde man jedoch die Berichte über Jesus von Nazareth und die vielen exegetischen[201] Auslegungen zur Grundlage nehmen, anstatt aus der Vollmacht des kirchlichen Amtes zu entscheiden, ließen sich sehr moderne und zukunftsweisende Führungsansätze entwickeln. So handelt es sich bei der **Vollmacht** (griech.: „dynamis"), die Jesus seinen Aposteln verliehen hat – und auf die sich bis heute der Papst und die Bischöfe berufen – nicht um eine pure Übergabe von Macht. Sie war gebunden an die **Weitergabe des jesuanischen Modells**, und besonders in der Fähigkeit zur Heilung musste sich diese Amtsvollmacht bewähren. Nicht nur im sogenannten Missions- oder besser Sendungsauftrag am Ende des langen Matthäusevangeliums (Mt 28,18–20) ist dieser Aspekt durch die Taufe impliziert. Auch die Apostelgeschichte zählt alle paar Kapitel Heilungen auf. Das Drama des Missbrauchsskandals besteht ja darin, dass kirchliche Vertreter, die sich auf den Heilungs- und Leitungsauftrag durch Jesus berufen haben, in einer nicht bezifferbaren Zahl das genaue **Gegenteil getan** haben: Statt zu heilen, haben sie verwundet, statt zu pflegen, haben sie geschändet, anstatt „den Finger in die Wunde" des Systems zu legen, wird in den Wunden der Missbrauchten „herumgestochert", und statt – buchstäblich – Seelen zu umsorgen, haben sie Menschen für ihr Leben lang psychisch gezeichnet. Nicht nur die religiöse Kompetenz von Heranwachsenden wurde geschädigt, sondern auch ihre psychosoziale Entwicklung. Die **perverse Paradoxie** ergibt sich daraus, dass die Täter all dies nicht als Privatpersonen getan, sondern ihre Legitimation für den spirituellen Missbrauch und die körperliche Übergriffigkeit aus ihrem Amt und ihrer Vollmacht als „Lehrer, Hirten und Heiler" der Kirche gezogen haben.

Seit nunmehr einem Jahrzehnt befindet sich die katholische Kirche in einer **epochalen Krise**. Bezeichnenderweise geht die Notwendigkeit zur vielfachen Systemveränderung theologisch gesprochen von einem **Skandalon** (griech.: „etwas zutiefst Anstößiges") aus. Seit Jahrzehnten bemühen sich Theologen und Laienverbände um Reformen. Viel wurde geschrieben, gesprochen und debattiert, im Kern verändert wurde nichts. Der Preis dafür ist systemisch so nachvollziehbar wie menschlich bedauerlich: Es musste offenbar erst zu dieser skandalösen Entwicklung kommen, damit die Obrigkeit der Kirche den jahrzehntelangen **Reformstau** endlich einsieht. Auf Zeit zu spielen, zu taktieren, um sich dann auf kleine und kleinste Schritte einzulassen, wird nur noch mehr und mehr Menschen aus der katholischen Kirche treiben. Viele Menschen sind erschüttert und angeekelt, sie erwarten jetzt Veränderungen in den Fragen, die den Wertekern der katholischen Kirche ausmachen – allen voran in der Sexualmoral, dem Zusammenhang zwischen Pflichtzölibat und sexuellem Missbrauch und strukturell hinsichtlich der Fragen von Macht und Amt. Auch wenn es viele leitende Vertreter noch nicht wahrhaben wollen, die katholische Kirche befindet sich in einem **tief greifenden Veränderungsprozess** – hoffentlich, so muss man wohl sagen. Während es in der Wirtschaft seit Jahrzehnten dazugehört, als Führungskraft zugleich auch „Change-Manager" zu sein, lässt sich diese Qualifikation und Qualität bei der Mehrzahl der Oberhirten nicht finden. Damit die Unruhe, die mit Veränderungsdynamiken einhergeht, eine produktive und – positiv gesehen – spannungsreiche sein kann, damit Erwartungen, die solche Prozesse auslösen, nicht „verpuffen" oder sich im schlimmsten Fall in Enttäuschungen oder Frustrationen entladen, ist das Wissen um typische Phasenverläufe in Veränderungsprozessen aber wichtig – und mehr noch die Beachtung und sensible Berücksichtigung dieser Phasen:

> *Die **Change-Kurve**, die in der Begleitung von Veränderungsprozessen sowohl bei Personen und ihren privaten Veränderungen als auch bei Teams und Gruppen angewandt wird, geht von Mustern aus, die sich ähnlich gelagert immer finden. Sie geht zurück auf ein Phasenmodell der Trauerforschung[202] und findet sich in verschiedenen Ausformungen. Der Verlauf[203] gleicht einer nach unten und nach oben sich abbildenden Fieberkurve, was anzeigt, wie sehr Veränderungen jedweder Art Achterbahnen der Gefühle mit sich bringen. Die erste Phase drückt sich in einem Gefühl der Vorahnung oder der Sorge aus. Dies ist jener Zeitpunkt, an dem man meint, es sei irgendetwas im Busch. Wenn die Vorahnung nicht bloß ein Gerücht war, sondern sich als offen kommunizierter Veränderungswunsch ausdrückt, ist die übliche Reaktion – hier die zweite Phase – der **Schockzustand,** die **Lähmung**, das Gefühl, dass etwas nicht wahr sein kann. **Ärger, Schmerz,** auch Zorn folgen als direkte Emotionen, darauf **Abwehr** gegenüber dem nicht für wahr gehaltenen Zustand. Die Kurve der Veränderung hat ihren Tiefpunkt erreicht. Hier stagniert der Prozess – wobei an diesem Punkt viele, oft die meisten Energien freigesetzt werden.*

Über eine erste Phase der Einsicht hebt sich die Kurve wieder – andere Modelle sehen hier noch den Zustand der Verhandlung und auch der ***Depression*** *–, worauf die Phase der Akzeptanz folgt. Erst ab diesem Punkt macht es organisationspsychologisch Sinn, Ziele miteinander zu entwickeln, denn erst jetzt wandelt sich Emotionalität in Sachlichkeit, sind die Beteiligten buchstäblich wieder ansprechbar. Gelegentlich wird von einer zwischengelagerten Phase der Heilung gesprochen, in der auf das geschaut werden kann, was zuvor, am Tiefpunkt, emotional offengelegt worden ist.*

Dieses Modell ist in der Organisationsentwicklung, im Coaching und in der Beratung weit verbreitet und breit akzeptiert. Insofern könnte auch die katholische Kirche in der aktuellen Krise daraus lernen. Dabei gibt es – meist reiche – Bistümer, die seit zehn Jahren einen Veränderungsprozess nach dem anderen ins Leben gerufen haben. Zu der selbstverständlichen, natürlichen Unruhe über die Missbräuche wurde damit zusätzlich eine künstliche, gemachte Unruhe in die Gemeinden getragen. Anstatt sich über seine Entrüstung, seinen Ärger, Schmerz und Zorn austauschen und seinen Schock bearbeiten zu können, wurde die Parole ausgegeben: Weitermachen und sich verändern! Damit hat die Kirche denselben Fehler gemacht wie viele Unternehmen: Statistisch werden die meisten Change-Projekte in der „Phase der Verneinung“ abgebrochen. Das „Tal der Tränen“ nicht – miteinander – durchwandern zu können, bringt dann oft neue Enttäuschungen hervor. Organisationen reagieren darauf nicht selten damit, dass sie zeitnah eine neue Veränderung einführen – und die „Fieberkurve“ beginnt von Neuem. Für Führungskräfte bedeutet dies, in dieser Phase soziale und **emotionale Bedürfnisse** erfüllen zu müssen, die **stabilisierend** wirken. Ärger, Zorn und Schmerz, die der Ablehnung vorausgegangen sind, gehören zu den **elementaren Gefühlen** des Menschen. Sachliche „Hirtenworte“ – so nennen Bischöfe ihre verschriftlichten Predigten, die in jeder Gemeinde von der Kanzel zu verlesen sind – über die Bedeutsamkeit eines Veränderungsprozesses führen zu dieser Zeit in der Regel nicht weiter, weil die emotionale Betroffenheit zu groß ist. Und genau dies ist vielfach geschehen.

Eine kluge kirchliche Führung in der gegenwärtigen Lage würde nicht darin bestehen, sich als Bischöfe zu verbarrikadieren. Sie würde auch nicht bedeuten, neue Papiere zu alten Fragen herauszugeben, die im Kern nichts Neues sagen. **Weise Führung** würde bedeuten, **aktiv zuzuhören**. Die Betonung liegt hier auf „aktiv". Es gibt Bischöfe, die sich damit brüsten, dass sie sich alles anhören würden, dass sie zu jedem Gespräch bereit seien. Tatsächlich lauschen sie geduldig der Meinung des Kirchenvolkes, um dann auf das Kirchenrecht oder auf Rom zu verweisen. Das Gespräch ist damit beendet, ohne jeden Mehrwert. **Systemische Führung** würde hingegen bedeuten, dem eigenen System – in diesem Fall nicht der Versammlung der Bischöfe, sondern dem „gemeinen" Kirchenvolk – Ressourcen für den Weg aus der Krise zuzutrauen. Im Grunde wäre dieser Ansatz ganz auf dem Boden der katholischen Lehre, heißt es doch im katholischen Katechismus zum sogenannten „**übernatürlichen Glaubenssinn**": „Die Gesamtheit der Gläubigen kann im Glauben nicht fehlgehen".[204] Jede Wortmeldung einer Laienorganisation wäre damit als Zeichen der Mitarbeit an der Modernisierung zu werten – die übrigens nach den Vorfällen alles andere als selbstverständlich ist. Weise Führung würde bedeuten, **Mitbestimmung** zu fördern und die **Macht zu teilen**. Stattdessen zeigen sich Hirten der Kirche immer wieder persönlich angetastet, wenn Vorschläge vorgebracht werden, oder gar verletzt. Sie reagieren dann emotional, gekränkt oder mit Ignoranz. Professionelle Führung versteht – und wertschätzt – Querdenker hingegen als wichtige Förderer einer Veränderung.

Die kirchenrechtliche Legitimation zur geistlichen Leitung besitzt ebenso eine klare Zielsetzung wie der biblische sogenannte Sendungsauftrag. Denn die „geistlichen Amtsträger [...] werden dazu geweiht [...], das Volk Gottes zu weiden" (CIC, can. 1008). Dieses ausdrucksstarke (Natur-)Bild scheint eindeutig: Es darf kein kirchliches

Amt um des Amtes willen geben! Und Aufgabe der Hirten ist es, die „Schafe“ auf – biblisch gesprochen – „gute Weide“ zu führen, damit sie – in einem seelischen Verständnis – „satt“ werden, und nicht, dass sich der Hirte (an ihnen) labt! Man mag beklagen, dass diese Formulierung erst am Ende eines längeren Abschnitts und auch Satzes folgt – doch entspricht dies der lateinischen Syntax. Allerdings besitzt die kirchliche Tradition auch die Besonderheit, sich von Gewohnheiten in der lateinischen Sprache abzugrenzen. So ist es im Lateinischen nicht üblich, das Personalpronomen voranzustellen. Am Verb, das am Ende des Satzes kommt, erkennt man erst die Person. Oder das Pronomen wird in den weiteren Satzverlauf eingepasst. Von daher wird in einem lateinischen Text nicht nur die Spannung relativ lange aufrechterhalten, sondern auch die Grammatik muss sitzen. Wenn aber das Pronomen der 1. Person, das „Ego“, explizit gesetzt wird, dann betont das ganz stark die Person. Üblich war dies zum Beispiel bei römischen Regenten und in Erlässen, die sich auf die Amtsmacht der jeweiligen Person bezogen. Die lateinische Formel der katholischen sogenannten „Lossprechung“ nach einer Beichte lautet nun: „Ego te absolvo“, die Legitimation „in nomini Patris et Filii et Spiritus Sancti“ erfolgt erst danach – und kann im gleichzeitig geschlagenen Kreuzzeichen des Priesters auch untergehen.

Dieses Beispiel – eines zentralen katholischen Sakraments – verdeutlicht ganz unabhängig von der Beichte das Selbstverständnis des katholischen Amtsträgers. Er hat Macht über das Seelenheil der Gläubigen: „Welchen ihr die Sünden vergebet, denen sind sie vergeben; welchen ihr sie behaltet, denen sind sie behalten“ (Joh 20,23). Ebenso lässt es sich beim Segen – zum Ende eines Gottesdienstes – beobachten. In Ausbildungskursen wird manchmal darüber gestritten, ab wann man denn jetzt genau segnen dürfe. Diese Haltung, dass etwas – Absolution, Segen oder was auch immer – von jemandem im Amt ausgeht, steckt tief in der „kulturellen DNA“ des katholischen Systems. Doch sie ist nicht biblisch. Denn der Diakon, der Priester, der Bischof oder der Papst segnet „in persona Christi“. Sein Segen ist bei aller „Segensvollmacht" und Formentreue letztendlich immer nur die Bitte um den göttlichen Segen. Ganz so, wie wenn eine Mutter oder ein Vater die Kinder beim Schlafengehen segnet.

Das Kirchenrecht und ein ausgelebter systemischer Absolutismus können geistliche Arroganz sowie Systemignoranz befördern. In diesen Fällen stellt sich der Geistliche auf eine übermenschliche Stufe der Macht. Standesdenken führt dann zu Grenzüberschreitung und Amtsübergriffigkeit.

Die traditionelle Aufgabenzuschreibung durch das Kirchenrecht sollte den aktuellen Umständen Rechnung tragen. Es erscheint nicht mehr einsichtig, an erster Stelle den Auftrag des Lehrens zu vertreten. Viele Wunden sind geschlagen worden, von daher sollte der primäre Auftrag der Hirten im Heilen bestehen. Eine Kirche, die sich empfänglich zeigt für zugefügte Wunden und die auch aufrichtig Schuld und Reue empfindet, hätte vielleicht auch eine zweite Chance bei den Menschen. Ihre vorrangige Aufgabe wäre dann eine ressourcenorientierte Seelsorge, anstatt zu (be-)lehren.

Ebenso sollte der Hirtenauftrag des „Leitens" differenziert reflektiert werden. Denn Leitung ist nicht mit Führung gleichzusetzen. Das Insistieren auf den formalen Leitungsanspruch verweist auf Organisations-, Funktions- und Machtaspekte (und ist damit entsprechend verräterisch). Zu führen bedarf vor allem der Bereitschaft der „Schafe", sich überhaupt (noch) führen zu lassen. Ab diesem Punkt gibt es nur noch zwei Möglichkeiten: die eigene Autorität durch Macht und Status zu unterstreichen – oder eben das genaue Gegenteil.

Was ihr Selbstverständnis als „Hirte" betrifft, könnte die Kirche, falls sie dazu bereit wäre, viel aus ganzheitlichen zukunftsweisenden Führungsmodellen lernen. Beispielhaft sei hier auf das „3x3-Modell" von Olaf-Axel Burow verwiesen, der die Konzepte der Salutogenese,[205] der Selbstbestimmungstheorie[206] und der wertschätzenden Organisationsentwicklung[207] kombiniert. Insbesondere die Komponenten Salutogenese und Selbstbestimmung besitzen für die Sanierung kirchlicher Strukturen und kirchlichen Lebens einen hohen Wert.

Moderne Führung verzichtet auf Machtansprüche und begreift Führungskräfte als Ermöglicher und Förderer. Geteilte, dialogische Führung wäre auch ein Zukunftsmodell für die Kirche. Das setzt aber voraus, aus dem Geschehenen zu lernen, den darin erlebten negativen Umgang mit Macht und die immerwährende Möglichkeit zum spirituellen/geistlichen Missbrauch ehrlich zu reflektieren. Die strukturelle Ermöglichung solcher Dynamiken wäre selbstkritisch zu prüfen und letztlich auch anzugehen. Je mehr „Schafe“ ein „Hirte“ dabei berücksichtigt und „mitnimmt“, umso ausgeprägter ist seine Führungskompetenz.

Kirchenrecht und Tradition

Seit gut einhundert Jahren (1917) existiert der Codex iuris canonici, das katholische Kirchenrecht. Das heißt, die längste Zeit der Kirchengeschichte ging es ohne. Stattdessen regelten tausende einzelne Normen das kirchliche Leben. Beim Ersten Vatikanischen Konzil (1869/70) wurde dieser Umstand als unübersichtlich beklagt, eine Vereinheitlichung sollte geschaffen werden. So entstand ein Gesetzbuch aus über 2.000 Paragraphen („Canones“). Die Tendenz zur Vereinheitlichung auf der rechtlichen Ebene hatte jedoch ihren Preis. Die **Institutionalisierung** und **Verrechtlichung** des kirchlichen Lebens schritten weiter voran – und mit ihnen der **Zentralismus** der römischen Kirche. Unter Papst Johannes Paul II. wurde im Jahr 1983 eine Neufassung des Codex iuris canonici für die lateinische Kirche vorgelegt. Einige Canones verschwanden, neue Aspekte aus der Lehre des Zweiten Vatikanischen Konzils wurden aufgenommen.

Doch wonach richtete sich, welche Inhalte ersatzlos fielen und welche neu berücksichtigt wurden? Dass – um nur ein Beispiel zu nennen – Frauen in der frühen Kirche wichtige Aufgaben und auch Positionen innehatten, war der Theologie – und auch Kirche – bereits zu Beginn der 1980er-Jahre bekannt. Es gab beispielsweise Diakoninnen und auch Gemeindeleiterinnen. Damit stellte die Ständeordnung in der frühen Kirche ein Alternativmodell zur gesellschaftlichen Realität dar. Auch heute wird die meiste – ehrenamtliche – Arbeit in der katholischen Kirche von Frauen geleistet. Doch im überarbeiteten Kirchenrecht von 1983 kommt die Frau nicht vor. Vielmehr hat derselbe Papst, der das Kirchenrecht „modernisieren" wollte, die Weihe von Frauen auf Zukunft hin explizit ausgeschlossen. Der aktuelle Papst müsste sich, um dies zu ändern, somit gegen diese Entscheidung seines „santo subito" und relativ zügig auch (von ihm selbst) heiliggesprochenen Vorgängers stellen. Bei der außerordentlich großen Bedeutung von Tradition, Sukzession und Lehramt in der katholischen Kirche wäre dies ein durchaus steiniger Gang – aber, wenn auch schwierig, keineswegs unmöglich.

Interessant ist folgende Reihenfolge der Gesetzlichkeiten nach katholischer Lesart: Der Katechismus der katholischen Kirche lehrt, dass alle „Ausdrucksformen des moralischen Gesetzes [...] aufeinander abgestimmt" sind. Nun werden der Reihe nach aufgezählt: „das **ewige Gesetz** [...]; das **natürliche Sittengesetz**; das **geoffenbarte Gesetz** [...]", und dann, mit der Einleitung *„schließlich"* – *„die staatlichen* und die kirchlichen Gesetze" (1952). Ebenso aufmerken lässt die Einschätzung der Bedeutung des Kirchenrechts: „Der Kirche kommt es zu, *immer und überall* die sittlichen Grundsätze auch über die soziale Ordnung zu verkünden wie auch über menschliche Dinge jedweder Art zu urteilen, insoweit die Grundrechte der menschlichen Person oder das Heil der Seelen dies erfordern" (CIC, can. 747, § 2). Damit erstreckt sich der **Geltungsbereich** des katholischen Kirchenrechts – zumindest aus Sicht der Kirche – nicht nur auf die Kirche, sondern ist – im kirchlichen Selbstverständnis – **universeller** gesellschaftlicher Natur. Und dies unabhängig davon, ob Gesellschaft, Staat und Menschen dieses Verständnis teilen. Ebenso wird die Einschätzung über das Erfordernis der Anwendung nach dem oben zitierten Paragraphen ausschließlich von der Kirche getroffen.

Es entbehrt nicht einer gewissen Ironie, dass gerade jenes Recht, das den Missbrauch nicht regulieren konnte, einen universellen Anspruch erhebt, und dies auch über den Rechtsrahmen der Kirche hinaus. Anders herum gelesen kann aber auch das katholische Kirchenrecht in die Pflicht genommen werden, da menschliche Grundrechte im Falle von Missbrauch und Übergriffigkeit jeder Art eindeutig verletzt worden sind. Das Lehramt wäre dann gefordert, eine entsprechende Anpassung oder Auslegung des Codex iuris canonici zu erarbeiten. Im Idealfall sollte hier das höchste, das päpstliche Lehramt sich dieser Frage annehmen. Allerdings gäbe es auch die Möglichkeit, hierzu als Bischofskollegium tätig zu werden.

Neben dem Kirchenrecht steht die **Tradition** der Kirche als zweite wichtige Säule. Damit ist das sogenannte „depositum fidei" (lat.: Erbe des Glaubens) gemeint. Die Bedeutung der Überlieferungen von den Ursprüngen der Kirche an hängt mit dem Verständnis der apostolischen Sukzession (siehe Kapitel „Berufung und Sukzession") zusammen. Aus dieser Vorstellung heraus ist es natürlich nur konsequent, an gewissen Linien der Tradition festzuhalten, würde sich doch sonst der Anspruch auf **Sukzession** von selbst auflösen. Der ständige Verweis auf die Tradition ist allerdings ein Hemmschuh in der Weiterentwicklung und in der Berücksichtigung moderner gesellschaftlicher Gegebenheiten. Wo Tradition und Überlieferung zu sehr betont werden, wird der dynamische Charakter der Kirchengeschichte vernachlässigt. Das Zweite Vatikanische Konzil hat diese Dynamik im Bild der „pilgernden Kirche" auszudrücken versucht (Dogmatische Konstitution über die Kirche: Lumen Gentium, abgekürzt LG). In diesem Sinne darf die Kirche nicht als starre „Feste" betrachtet werden, sondern als der „Leib Christi"[208], der sich zu verschiedenen Zeiten an verschiedenen Orten entsprechend verkörpert. Nach biblischem und theologischem Verständnis im Sinne des Zweiten Vatikanischen Konzils ist es dabei legitim, Inhalte den veränderten Bedingungen anzupassen, tradierte Formen zu überarbeiten und neu zu gestalten. Das Insistieren auf dem „ewig Gestrigen" ist so gesehen weder im Geiste der neutestamentlichen Autoren noch im Sinne der Väter des Konzils.

Zur Überlieferung gehört auch der Anspruch des katholischen Lehramtes auf exklusive **Auslegung der Bibel**. Die Theologie und speziell die Bibelwissenschaft, „Exegese" genannt, arbeiten seit 200 Jahren nach der historisch-kritischen Methode, besonders in der evangelischen Bibelauslegung. Insbesondere der Entstehungskontext der biblischen Bücher, die Zeit- und die gesellschaftlichen Umstände wie auch die Gattung des jeweiligen Textes und die Intention des Autors sowie die Adressatenschaft werden dabei berücksichtigt.[209] Anfangs gab es von der katholischen Kirche starke Widerstände gegen diese Methode, gilt doch bis heute grundsätzlich: „Die Heilige Schrift ist Gottes Rede, insofern sie unter dem Anhauch des Heiligen Geistes schriftlich aufgezeichnet worden ist" (Katechismus, 81). Das Zweite Vatikanische Konzil[210] lenkte insofern ein, als es sich zur menschlichen Autorenschaft bekannte und zur Beachtung der jeweiligen Kultur anregte. Allerdings wurde die Interpretation der biblischen Texte ausdrücklich dem kirchliche Lehramt vorbehalten: „Die Aufgabe aber, das geschriebene oder **überlieferte Wort Gottes authentisch auszulegen**, ist allein dem lebendigen **Lehramt** der Kirche anvertraut, dessen Vollmacht im Namen Jesu Christi ausgeübt wird" (Dei Verbum (DV) 10). Zugleich wurde betont, dass die kirchliche Auslegung sich immer an der Tradition der Kirche zu orientieren habe (vgl. DV 12).

Das bedeutet: Selbst, wenn Theologen eindeutig nachweisen, dass Jesus nicht ehelos war und dass Paulus keine Anweisung zur Ehelosigkeit geben wollte, dass es Gemeindeleiterinnen und Bischöfinnen gab, hätte die – nach wissenschaftlichen Standards erfolgte – Bibelauslegung keine Chance gegenüber dem **Traditionsargument**. Maßgebend sind jene Traditionslinien, die der Kirche wichtig waren – die anderen sind im Laufe der Geschichte einfach untergegangen, weil sie vom Lehramt nicht beachtet wurden. Um die anerkannten Traditionen zusätzlich zu schützen, wurden sie im Kirchenrecht festgeschrieben. Dieser doppelte Boden erklärt die systemische und inhaltliche Unbeweglichkeit der katholischen Kirche – eine Eigenschaft, die für den Selbsterhalt der weltweit ältesten Organisation gesorgt hat, die aber nicht sehr krisentauglich ist. Denn in Gefahrenlagen gilt als Notfallregel: Auch wenn Fehler passieren können, steht Handeln vor dem Nichtstun. Beide monolithische Blöcke, Kirchenrecht und Tradition, stehen in der aktuellen, anhaltenden Kirchenkrise aber erstarrt wie Eisberge da. Und neben, über oder unter ihnen findet sich eine nicht weniger starre Größe: das kirchliche Lehramt.

Die Fassung des katholischen Kirchenrechts von 1983 gilt als formaler Abschluss des Zweiten Vatikanischen Konzils. Mit diesem Blick stehen allerdings nicht wichtige, wirklich epochale und für Gegenwart und Zukunft relevante Veränderungen durch das Konzil im Fokus, sondern das Recht.

Eine Kirche, die ihr eigenes Recht an erste Stelle setzt, kann sich aber auch über das Recht anderer (Institutionen und Menschen) erheben und (anderes) Recht brechen – institutionell, verbal oder körperlich. Das eigene Recht stützt den mehr oder weniger geschlossenen Charakter des Systems.

Im katholischen Kirchenrecht schlägt sich der theologische Absolutheitsanspruch der Kirche nieder, und zwar auf räumlich und inhaltlich uneingeschränkte Art und Weise.

Die Überbetonung der Tradition bzw. Überlieferung wiederum kann zu einem rückwärtsgewandten Blick führen. Entscheidend ist dann nicht, was heute – und morgen – für die Menschen relevant und bedeutsam ist und wie die Kirche ihre Identität an die „Zeichen der Zeit“ (Mt 16,3) anpasst. Die Kirche versteht sich dann vielmehr als zeitlose Größe. Das aber ist ein Selbstverständnis, das in der gegenwärtigen Lage letztlich fatal sein muss.

Kirchenrecht – paralleles Recht?

Die strukturell hierarchisch und formal absolutistische Verfasstheit der katholischen Kirche wird durch das Kirchenrecht rechtlich verstärkt. Es kannte nach alter Lesart (vgl. can. 107 CIC 1917) die explizite Trennung in zwei Arten von Gläubigen: die Kleriker und die übrigen Gläubigen. Dahinter stand die Lehre von der „societas perfecta", der perfekten Gesellschaft, in der die Kirche – wie auch der Staat – als vollkommenes Gebilde verstanden wurden.[211] Diese Theorie sicherte der Kirche ein Höchstmaß an **Autonomie** und staatlicher Nichteinmischung zu. Kirche und Staat wurde, da beide Gebilde von Gott eingesetzt worden seien, eine je eigene, anders geartete Ordnung zugestanden – und damit auch das Recht auf ein eigenes Rechtsverständnis. So kann es nicht wundern, dass sich das Kirchenrecht zu einer Art Parallelrecht entwickelt hat. Während sich die Lehre von der Kirche als „societas perfecta" auf deren Legitimation und systemische Abgrenzung bezieht, wurde mit dem Konzept der „societas inaequalis" das Verhältnis der Obrigkeit zum Kirchenvolk definiert. Die Kirche ist als hierarchisch verfasste Institution keine herrschaftsfreie Gemeinschaft gleicher (lat.: „aequalis") Individuen. Das heißt, sie haben nicht die gleichen Rechte. Vielmehr besitzt die Kirche eine eigene Rechtsmacht, die ihr nach eigenem Selbstverständnis nicht nur göttlich verliehen ist, sondern die ihr auch staatlicherseits zugesichert wird.

Zwar hat der Ansatz der Kirche als „Volk Gottes" (LG) mit dem Zweiten Vatikanischen Konzil diese alten Konzepte dem Grundsatz nach überwunden, und es wird (in can. 208 CIC)[212] ausdrücklich die Gleichheit aller Gläubigen qua Taufe betont. Dennoch herrscht bis heute eine Unterscheidung aufgrund **„göttlichen Rechts"** vor (vgl. LG 32).[213] Da die Sprache dieser Texte nach nunmehr 50 Jahren alles andere als aktuell ist, liegt es im Konfliktfall an der Auslegung des Vorgesetzten, wie weit er die Tauf- und die Amtsgnade letztlich als faktisch „gleich" bewerten mag. Nach weltlichem (mitteleuropäischem) Rechtsempfinden wird zum Beispiel der Ausschluss sowohl von Frauen als auch von verheirateten Männern aus dem kirchlichen (priesterlichen) Amt als Diskriminierung empfunden. Denn diese Regelungen grenzen die Selbstbestimmung ein. Unabhängig davon wird durch diese künstliche Vorauswahl auch die Bandbreite der Interessenten und Bewerber für das kirchliche Amt deutlich verringert. Systemisch gesehen mag dies – von innen her betrachtet – sinnvoll erscheinen, doch damit bestätigt sich ein grundlegendes und durchaus problematisches systemtheoretisches Prinzip: der selbstbestätigende Charakter geschlossener Systeme (siehe Kapitel „System und Systemgrenzen").

Der Codex iuris canonici in der Fassung von 1983 besitzt 1.752 Normen, die sogenannten Canones. Darin ist weltweit geregelt, wie Katholiken – Kleriker und sogenannte „Laien" – leben sollen. Der Aufbau des katholischen Kirchenrechts entspricht dem klassischen römischen Dreierschema. Dieses unterteilt die Normen in **Personen-, Sachen- und Prozessrecht**. In den letztgenannten Teil fällt auch das **kirchliche Strafrecht**.[214] Hier fällt zugleich die Reihenfolge auf: Zuerst werden „Straftaten gegen die Religion und die Einheit der Kirche"[215] aufgeführt, darauf „Straftaten gegen die kirchlichen Autoritäten und die Freiheit der Kirche"[216], danach „Amtsanmaßung und Amtspflichtverletzung"[217], worauf das „Fälschungsdelikt"[218], die „Straftaten gegen besondere Verpflichtungen"[219] sowie „Straftaten gegen **Leben und Freiheit des Menschen**"[220] folgen. Von der Thematik sexueller Missbrauch her gesehen fällt dabei viererlei auf: Zunächst geht es in erster Linie um die Autonomie des kirchlichen Lebens, dann um die kirchliche Obrigkeit. Auch die Sorge um Fälschungen fällt darunter. Zweitens wird Übergriffigkeit *nicht* – was sachlogisch wäre – im letztgenannten Kapitel abgehandelt, in dem Leben und Freiheit von Menschen rechtlich abgesichert werden. Es findet sich stattdessen – drittens – im Bereich der **Amtspflicht** des Klerikers. Das bedeutet: Die **Schuld des Klerikers** besteht kirchenrechtlich darin, dass er in einer „äußeren Sünde gegen das sechste Gebot des Dekalogs verharrt und dadurch Ärgernis erregt" (can. 1395, § 1), besonders dann, wenn „er die Straftat mit Gewalt, durch Drohungen, öffentlich oder *an einem Minderjährigen unter sechzehn Jahren* begangen hat" (can. 1395, § 2). Und hier fällt schließlich – und viertens – das Alter auf, so dass man sich fragen muss, wie es um ältere Schutzbefohlene[221] und hierarchisch Abhängige[222] bestellt ist. Im Klartext heißt das: Die Schuld des Missbrauchstäters – wobei es diesen Begriff kirchenrechtlich genauso wenig gibt wie den des Missbrauchs – besteht im Bruch seines **Keuschheitsgelübdes** bzw. – rechtlich gesprochen – in der nicht eingelösten Verpflichtung zur Keuschheit. Hierfür soll er, so sieht es der CIC vor, „mit gerechten Strafen belegt werden, gegebenenfalls die Entlassung aus dem Klerikerstand nicht ausgenommen" (ebd.). Wie diese „gerechte Strafe" auszusehen hat, ist nicht weiter geregelt, dies kann der zuständige Bischof eigenständig entscheiden. Die MHG-Studie belegt, dass in über der Hälfte der Fälle kein kirchenrechtliches Verfahren wegen sexuellen Missbrauchs eingeleitet worden war. Nimmt man die Angaben ohne explizite Aussagen zu dieser Frage hinzu, beträgt die Zahl der Fälle, in denen die Bischöfe entsprechend nicht aktiv geworden sind, bereits 66 Prozent.[223] Bei den Verweisen auf die Studie ist aber immer zu berücksichtigen, dass sie keine Aussage über das Dunkelfeld machen kann, da Akten seitens der Kirche nicht geliefert, manipuliert oder auch vernichtet wurden. Gerade die Dunkelziffer aber dürfte als deutlicher höher anzunehmen sein. Und es ist eindeutig, dass die meisten bekannten Vorfälle „in Kontexten, die der Dienstaufsicht der katholischen Kirche unterlagen"[224], geschehen sind.

Hier zeigt sich wieder das, was an anderer Stelle (siehe Kapitel „Absolutismus – ein geschichtliches Phänomen?") zur absolutistischen Verfasstheit der katholischen Kirche ausgeführt worden ist – und weshalb sich das kirchliche Recht formal nicht mit gültigem Recht in modernen Demokratien vergleichen lässt: Es existiert auch innerhalb der Prozesse *keine* **Gewaltenteilung**. Nach can. 1421 sollten die Diözesanrichter Kleriker sein[225], und entsprechend can. 1420 muss der Bischof einen Gerichtsvikar, den sogenannten Offizial, bestellen, der mit ihm ein Gericht bildet – allerdings nur, wenn der Bischof dies nicht anders verfügt. Denn bei Fällen, „die der Bischof sich vorbehält" (can. 1420, § 2), ist der Gerichtsvikar trotz aller ordentlichen Bestellung aus dem Verfahren raus. Analog verhält es sich auf päpstlicher Ebene. Auch ist *keine* Öffentlichkeit – und damit auch keine sogenannte „vierte Gewalt", die für eine Demokratie wichtigen Medien – vorgesehen, und es gibt auch *keine* **Unschuldsvermutung**. Zudem haben Kleriker „hinsichtlich dessen, was ihnen aufgrund ihres geistlichen Amtes bekannt geworden ist" (can. 1548, § 2,1), ein **Aussageverweigerungsrecht**. Und die vorgetragenen Vorwürfe sind auf Plausibilität hin zu prüfen.[226] Das sogenannte „Amtsgeheimnis" kann die Aufdeckung einer Straftat im katholischen Milieu dabei erheblich erschweren. Denn wenn ein Priester einem „Mitbruder" seine Tat unter dem Mantel des Beichtgeheimnisses anvertraut, kann ihm dieser zwar viele gute Ratschläge mitgeben – aber über das Gehörte wird er in der Regel schweigen[227].

Die Kirche besitzt, staatskirchenrechtlich legitimiert, ein Recht auf ihr eigenes Recht. Dieses gibt sie sich selbst, und sie legt es auch autonom aus. Ein Abgleich mit weltlichem Recht (wessen Landes sollte dies auch sein?) oder mit den Grund- und Menschenrechten (z. B. in der Charta der UN) ist nicht vorgesehen. Insofern besteht – systemisch betrachtet – die Versuchung darin, möglichst viel auch mit dem eigenen Recht zu regeln. Gestützt wird dies zudem durch das Prinzip der Subsidiarität, das Teil der katholischen Soziallehre ist. Nach diesem Ansatz ist die nächsthöhere Ebene erst am Zuge, wenn die untere die jeweilige Aufgabe nicht mehr leisten kann.

Das Kirchenrecht deckt, im Vergleich zum weltlichen Recht, viele Bereiche gar nicht ab, denn es besitzt eine eigene Systematik. Zusätzlich wurde, wie mittlerweile nachgewiesen worden ist, das Prinzip der Subsidiarität überreizt. In Situationen, die der Klärung durch staatliche Gewalt bedurft hätten, wurde einfach nichts unternommen – und nach dem Teppich- oder dem Drei-Äffchen-Prinzip verfahren.

Da die Kirche, legitimiert vom säkularen Staat, ihr eigenes Strafrecht besitzt, hat sie auch das Recht, Missbrauch jedweder Art intern zu regeln. Das erklärt, weshalb die staatliche Beteiligung durchweg gering ausfällt. Noch geringer fällt die Zahl bei Anzeigen durch die Kirche gegenüber dem Staat aus.[228] Die Staatsanwaltschaft wird fallbezogen involviert – oder eben nicht.

Als Körperschaft des öffentlichen Rechts steht die Kirche in einer besonderen Verpflichtung, die rechtsstaatliche Gesetzgebung und Gerichtsbarkeit einzuhalten. Da die Überreizung der rechtlichen Autonomie nicht nur in Einzelfällen geschehen ist, sollten sowohl Kirche wie auch Staat aus diesen Erfahrungen lernen. Der Staat könnte es sich offenhalten, gewisse Bereiche zu kontrollieren – ohne dadurch den Status der Kirche anzutasten. Denn wo das Kirchenrecht über das des Staates gestellt worden ist, ist zusätzlich auch das Vertrauen zum Staat und seinen Organen ausgenutzt und verletzt worden.

Schließlich gibt es formalrechtlich keinerlei Privilegien bei der Strafverfolgung kirchlicher Amtsträger. Kleriker, egal ob ein kleiner Gemeindediakon oder ein einflussreicher Erzbischof, besitzen keinerlei Immunität wie etwa Diplomaten. Die Verhängung kirchlicher Strafe ist Sache der Kirche, die Strafverfolgung nach dem Strafgesetzbuch ist hingegen Aufgabe der staatlichen Gerichtsbarkeit – und zwar in jedem Fall, nicht nur in den (wenigen) weitergeleiteten und angezeigten.

Konziliarer Aufbruch – aktuelle Restauration

Vor über einem halben Jahrhundert fand eine riesige Kirchenversammlung in Rom statt, das von Papst Johannes XXIII. einberufene Zweite Vatikanische Konzil. Sage und schreibe 2.500 Kleriker, die später sogenannten Konzilsväter, nahmen an diesem ökumenischen Konzil – so wird es bezeichnet, weil auch nichtkatholische Vertreter im Beobachterstatus zugegen waren – teil. Es dauerte drei Jahre lang, vom Herbst 1962 bis zum Herbst 1965, und hatte einen ebenso langen Vorlauf an Organisation benötigt. Obwohl der kranke Johannes XXIII. nur das erste Drittel des Konzils erlebte, wird er noch heute als der „Konzilspapst" verehrt. Denn mit seiner wiederholten Rede vom „**Aggiornamento**" (ital.: Erneuerung, wörtlich: Verheutigung) war das Motto des Zweiten Vatikanischen Konzils vorgegeben: Man hatte erkannt, dass sich die katholische Kirche als Weltkirche öffnen musste, um ihren Dienst in der Welt weiterhin verständlich verrichten zu können. In 16 Dokumenten wurde der Nachwelt hinterlassen, wie die Konzilsväter dies unter veränderten gesellschaftlichen Vorzeichen für möglich hielten. Darunter finden sich zum Beispiel Erklärungen über das Verhältnis der katholischen Kirche zu den anderen Religionen („Nostra aetate"), zur Religionsfreiheit („Dignitatis humanae") oder auch zum sogenannten Laienapostolat („Apostolicam actuositatem").[229] Zu den am meisten zitierten Dokumenten zählen die „Dogmatische Konstitution über die Kirche: Lumen Gentium" (Abk.: LG) und die „Pastorale Konstitution über die Kirche in der Welt von heute: Gaudium et spes" (Abk.: GS). Dieser Text bildet das große Finale einer historischen Kirchenversammlung. Und bereits die Auftaktworte dieser Konstitution verpflichten: „Freude und Hoffnung, Trauer und Angst der Menschen von heute, besonders der Armen und Bedrängten aller Art, sind auch Freude und Hoffnung, Trauer und Angst der Jünger Christi. Und es gibt nichts wahrhaft Menschliches, das nicht in ihren Herzen seinen Widerhall fände."[230]

Begonnen hatte das Konzil mit der „Konstitution über die heilige Liturgie: Sacrosanctum concilium", da die katholische Liturgie ausschließlich in der Kirchensprache Latein gefeiert werden durfte. Das Zweite Vatikanische Konzil schaffte diese Verpflichtung ab und eröffnete die Möglichkeit, in der jeweiligen Sprache des Landes die Messe zu lesen. Die Priester mussten fortan nicht mehr zum Hochaltar gewandt zelebrieren, sondern zum Kirchenvolk hin, später auch an neuartig in den Kirchenraum hineingestellten Altären. Der Gottesdienst wurde neuartig als „participatio actuosa" verstanden, als „aktive Teilhabe" der Gläubigen, und an einzelnen Stellen dialogisch aufgebaut. Bis dahin war es üblich, dass man schweigend der Messe beiwohnte und nebenbei für sich den Rosenkranz betete. Das Konzil hat zum Beispiel auch die theologischen Grundlagen dafür gelegt, dass heute wie selbstverständlich Mädchen ministrieren, wenn es zur praktischen Umsetzung auch ein paar Jahre gedauert hat. Im Rückblick kann die Veränderung, die mit dem Konzil eingetreten ist, als epochal bezeichnet werden.

Doch was ist von dieser Aufbruchsstimmung, von dem viel beschriebenen „**Geist des Konzils**" übriggeblieben? Ein alter Pfarrer, nach eigener Beschreibung ein „Altachtundsechziger", der von der unmittelbaren Phase nach dem Konzil heute noch schwärmt, brachte es im Gespräch kurz und knackig auf den Punkt: „*Unsere Kirche ist heute langweiliger als vor dem Konzil. Wie sollen wir so die Jugend hinter dem Ofen vorlocken?*" (O-Ton) Mehr noch: Ähnlich wie in der pluralen Gesellschaft gibt es in Krisenzeiten auch in der katholischen Kirche starke Tendenzen, die vermeintlich „guten alten" Zeiten zu beschwören. Das beginnt auf der Ebene der Zeichen. Liturgische Gewandungen in Gold, Samt und Brokat, die Ältere noch aus den 1960er-Jahren kennen, kamen vor wenigen Jahren relativ schnell wieder auf. Und selbst Geistliche, die sich für „liberal" halten und als „weltoffen" darstellen, haben die „Gipsleiste", den römischen Kragen, in der Kommode ihrer Vorgänger gefunden und für sich entdeckt. Wer dies als Modeerscheinung abtut, verkennt, dass die Kirche eine, wenn nicht die Meisterin der Symbolik ist. Das, was sich so auf der äußeren, zeichenhaften Ebene zeigt, verweist tief nach innen, in den Wertekern dieses Systems. So kann es zum Beispiel auch nicht wundern, dass aus der Zuschreibung „liberal" ganz wie in der politischen Landschaft in einem fließenden Prozess die Bezeichnung „werteliberal" wurde. Und so werden – mit ästhetischen oder verbalen Mitteln – restaurative Tendenzen als up to date und ganz im Sinne der political correctness kaschiert.

Mit dem Zweiten Vatikanischen Konzil wurde auch ein neues **Kirchenbild** eingeführt. Das hierarchische Modell der starren – oben skizzierten – „societas perfecta" sollte der Vorstellung vom „**Volk Gottes**" weichen. Aus dieser ergab sich die sogenannte „Communio-Theologie". Auch wenn in diesem Ansatz vor nunmehr 55 Jahren ein innovativer Gedanke lag, fragen sich engagierte Gläubige heute, was es bringt, wenn die kirchliche Obrigkeit bereit ist, mit dem Kirchenvolk zu reden, „über *Gespräche hinaus aber nichts weiter passiert*" (O-Ton), weil beim Gottesvolk keinerlei Rechte bestehen, die darüber hinausgingen, „gehört zu werden". Die Konzilsväter haben der Kirche ins Stammbuch geschrieben, dass sie selbst „Zeichen und **Werkzeug**" sein soll, und zwar „für die innigste Vereinigung mit Gott wie für die Einheit der ganzen Menschheit" (LG 1). Dieser Satz ist voller Pathos. Dann aber betont derselbe Text das kirchliche Amt, besonders die Stellung der Bischöfe und deren Einheit mit dem Papst. Besonders nachdrücklich klingt der Auftaktsatz von LG: „Christus ist das Licht der Völker. Darum ist es der dringende Wunsch dieser im Heiligen Geist versammelten Heiligen Synode, alle Menschen durch seine Herrlichkeit, die auf dem Antlitz der Kirche widerscheint, zu erleuchten [...]."[231] Um dies als Hirten der Kirche auch persönlich ermöglichen zu können, entstand im November 1965 – noch während des Zweiten Vatikanischen Konzils – der sogenannte „**Katakombenpakt**", der von 40 Konzilsvätern erstunterzeichnet wurde.[232] Darin heißt es zum Beispiel: „Wir lehnen es ab, mit Titeln oder Bezeichnungen angesprochen zu werden, in denen gesellschaftliche Bedeutung oder Macht zum Ausdruck gebracht wird." Und weiter: „Wir werden uns bemühen, so zu leben, wie die Menschen um uns herum leben, im Hinblick auf Wohnung, Essen, Verkehrsmittel und alles, was sich daraus ergibt." Und noch radikaler: „Wir werden weder Immobilien oder Mobiliar besitzen noch mit eigenem Namen über Banknoten verfügen [...] und die Finanz- und Vermögensverwaltung unserer Diözesen in die Hände einer Kommission von Laien legen, damit wir Apostel und Hirten statt Verwalter sein können."[233]

Ein halbes Jahrhundert nach diesen gewichtigen Worten muss sich die Kirche fragen, weshalb es so weit kommen konnte, dass ältere Vorstellungen von Kirche und Amt wieder Fuß zu fassen vermochten. Denn als „Werkzeug" wurde die Kirche in Konzilstexten bezeichnet, damit sie nicht vergisst, wozu sie da ist: den Menschen im Namen Gottes beizustehen und sich nicht an die Stelle Gottes zu stellen oder auf das eigene Wohl bedacht zu sein. Denn nichts strahlt auf ewig nur als Reflektor. Der eben zitierte Satz macht deutlich, woher die Kirche allein ihre Legitimation hat. Es ist – in diesem Verständnis – ihre Ehre, den Glanz eines Größeren ein wenig zu spiegeln. Doch dies sollte nicht, um im Bild zu bleiben, dazu führen, die Sonne mit dem Mond zu verwechseln. Vorkonziliare, barocke Brokatgewänder zu tragen mag für einige Kleriker – warum auch immer – nostalgisch, verzückend oder (auf eine mystische Weise) auch „erotisierend" sein. Die Symbolsprache verweist aber auf den tiefer liegenden Wunsch, wieder in die „klare Ordnung" *vor* 1965 zurückzukehren. Und in die eines Kirchenrechts von 1917, als der Klerus noch ein **eigener Personenstand** war – als was er offensichtlich von vielen bis heute noch verstanden wird (siehe Kapitel „Kleriker und Klerikalismus").

Nach einem Aufbruchsjahrzehnt nach dem Konzil ist heute vieles rückständiger als zuvor. Viele Geistliche haben das Zweite Vatikanische Konzil in seinen Grundaussagen nie in ihre Weltsicht integriert. Andere, auch gerade jüngere Kleriker orientieren sich wieder an vorkonziliarer Theologie. Die „Welt von heute", auf die das Zweite Vatikanische Konzil die katholische Kirche hin öffnen wollte, ist für sie – auch ein halbes Jahrhundert später – zur pluralistischen Bedrohung geworden.

Der Wunsch zur Restauration bleibt nicht bei Gewändern in altem Stil stehen. Dahinter verbergen sich Menschen- und Priesterbilder aus vergangener Zeit. Und in vorkonziliaren Zeiten besaß man auch ein anderes Verständnis von Erziehung, Maßregelung und „Züchtigung". Hinzu kommt bei älteren Priesterjahrgängen, von denen die Jahrzehnte zurückliegenden Missbräuche begangen wurden, dass man ein verändertes Kirchenbild zwar theoretisch und theologisch erlernen kann. Die eigene – strenge – Sozialisation war in solchen Fällen jedoch die erste, unbewusst bleibende Prägung.

Traditionalistisch eingestellte Geistliche unterstützen, auch wenn sich ihre Haltung auf Liturgie und Frömmigkeit richten mag, dieses vormoderne Verständnis mit allem, was dazugehört.

Zwischenertrag

Auch und insbesondere in der aktuellen Krise der katholischen Kirche melden sich namhafte Theologen zu Wort. Neben ihnen bringen sich Laienorganisationen aktiv mit Vorschlägen und konstruktiver Kritik ein. Sie wollen gehört werden – doch nicht nur dies. Eine kirchliche Obrigkeit, die ihre Untertanen und theologischen Denker nicht aktiv in einen vielleicht doch möglichen Veränderungsprozess einbindet, bestärkt den in der Struktur der Amtskirche vorgegebenen Absolutismus.

Die ureigene Aufgabe der kirchlichen Hirten ist es, ihre „Schafe" zu weiden. So pathetisch dieses Bild ist, so eindrücklich ist seine Aussage. Vielen Hirten geht es stattdessen nur um ihren „Stall". Sie sollten, egal in welcher Position und Stellung, auch entsprechend zur

Rechenschaft gezogen werden. Und zwar in jedem Fall, und nicht nur mit medienwirksamen Signalen gegenüber Einzelnen.

Die Fassung des katholischen Kirchenrechts von 1983 gilt als rechtliche Normierung der Neuerungen des Zweiten Vatikanischen Konzils. Entscheidende Passagen können verschieden interpretiert werden. So existieren Formulierungen, die auch rückwärtsgewandte Theologien und Kirchenbilder zulassen. Hier sollten sprachliche Nachschärfungen erfolgen. Sprachlich recht allgemein gehaltene Sanktionen im kirchlichen Strafrecht könnten präziser formuliert werden, zum Beispiel die Bezeichnung einer „gerechten Strafe". Ansonsten kann es vorkommen – wie ja oft geschehen –, dass ein Bischof es für gerecht hält, einen übergriffig gewordenen Priester als Strafe in Exerzitien zu schicken, und damit gilt die Strafe als abgegolten. Das Kirchenrecht verlässt sich theologisch darauf, dass ein Hirte auch weise entscheidet. Ein schöner Idealismus, allerdings hat der Umgang mit dem Missbrauchsskandal die Realität eines Besseren belehrt.

Wie nicht erst durch den Missbrauchsskandal zu erkennen ist, sitzen klerikale Haltungen tiefer im Mark der katholischen Kirche als von manchen gedacht. Auch die schönsten Formulierungen in Texten des Zweiten Vatikanischen Konzils sind zunächst einmal Worte. Sie zu leben und auch in den Zeichen und Riten der katholischen Kirche zu beherzigen, greift tiefer als das, was vor einem halben Jahrhundert auf Papier geschrieben wurde. Das „gemeinsame Priestertum aller Gläubigen" muss erfahrbar(er) sein, damit es gegenüber allen möglichen Anwandlungen des Amtsklerikalismus bestehen kann.

Theologisch wird zwischen Schuld und Strafe unterschieden. Der theologisch bedeutende Aspekt der Schuld kommt an den entsprechenden Stellen im Kirchenrecht jedoch gar nicht vor. Damit wird die Schuld rituell, vor allem in der Beichte, angegangen – was im Kontext Missbrauch zusätzlich zur Verschleierung beiträgt. Denn der „Mitbruder", der die Beichte abnimmt, unterliegt nach der kirchenrechtlichen Norm dem Beichtgeheimnis. Bricht er es unmittelbar, „zieht er sich die [...] Exkommunikation als Tatstrafe zu", so der

Codex iuris canonici. Immerhin folgt als Nachsatz, dass er bei einem „indirekten" Verstoß „je nach Schwere der Straftat bestraft werden" (CIC, can. 1388) soll. Insofern könnten kirchenrechtlich Lockerungen nach dem Gewissensprinzip bei besonderer Schwere – ähnlich wie im staatlichen Recht – überlegt werden.

Das Zweite Vatikanische Konzil liegt ein halbes Jahrhundert zurück. Und dennoch sind entscheidende Neuerungen bis heute nicht eingelöst bzw. de facto rückgängig gemacht worden. Die Welt und die Menschen „von heute" sind darüber hinaus – als Adressaten – nicht mehr die aus den 1960er-Jahren. Was besitzt heute Relevanz und wie könnte heute eine zeitgemäße Identität der katholischen Kirche aussehen? Das sind die grundsätzlichen Fragen, die sich bei einer modernen Rezeption der Konzilsdokumente stellen.

Die Spannung des Konzils bestand von Anfang an im „Aggiornamento" und „Approfondimento" (ital.: Vertiefung). Besonders Johannes Paul II. war der zweitgenannte Aspekt sehr wichtig. Er bedeutet, dass es keine radikale „Verheutigung" entsprechend dem „Zeitgeist" geben darf, da sich das Vermächtnis der Tradition ansonsten in Modernismus und Beliebigkeit auflösen würde. Seither ist jeder Versuch einer „Verheutigung" ein Segeln zwischen beiden Ufern. Und „Modernisten" wie „Rigoristen" berufen sich gleichermaßen auf das Konzil.

Das Kirchenrecht ist nicht in Stein gemeißelt. Es wurde bisher an kleinen, aber nicht unbedeutenden Stellen durch den jeweiligen Papst, dem allein dies zusteht, geändert. Allerdings waren auch diese Abänderungen nicht immer zeitgemäß. Benedikt XVI. machte sich im Jahr 2009 an das Weiherecht.[234] War es bisher Aufgabe aller Geweihten, in „persona Christi (capitis)" (lat.: des Hauptes) zu handeln, schränkte er es auf die Bischöfe und Priester ein. Während die Wiedereinführung des – jahrhundertelang vergessenen und zum „Durchlauferhitzer" mutierten – Diakonats als Ordo eine der großen Errungenschaften des Konzils war, verwies Benedikt es zurück in die Schranken des Dienstes „in der Diakonie der Liturgie, des Wortes und der Liebe"[235].

Die Verbindung aus kirchlichem Amt und nicht zwingend zu lebendem Zölibat, wie es Ständige Diakone praktizieren dürfen, hatte eine tiefe Aussage (siehe Kapitel „Sexualität und Enthaltsamkeit"), die freilich von einem Papst, der den „religiösen Pluralismus" fürchtete wie der Teufel das Weihwasser, zurückgenommen wurde. Benedikt lag explizit daran, dass „die wesentliche Unterscheidung zwischen dem gemeinsamen Priestertum der Gläubigen und dem Priestertum des Dienstes bekräftigt"[236] werde. Sie besteht in der Sakramentalität der Weihe. Traditionalistischem Denken wurden damit – bereits durch das Schreiben, das wörtlich „in Erinnerung rufen" (lat.: „Omnium in mentem") will – Tür und Tor geöffnet, der katholische Kultpriester hatte seinen alten (Personen-)Stand zurück.

Um noch ein anderes Beispiel anzuführen: Im Jahr 2015 ließ Papst Franziskus das Eheprozessrecht an einer Stelle vereinfachen, beim Verfahren zur Feststellung der sogenannten Ehenichtigkeit.[237] Anpassungen an die Bedingungen der Umstände und Zeit sind demnach jederzeit durch den Papst möglich – so auch im kirchlichen Strafprozessrecht. Einzelfallregelungen, wie bisher bei einigen wenigen hochrangigen Klerikern im Kontext Missbrauch geschehen, im Sinne eines Präzedenzfalles ersetzen diese Änderungen formalrechtlich nicht.

Fazit: Ein Seelsorger sagt Stopp

„An ihren Früchten sollt ihr sie erkennen."

Matthäusevangelium 7,16

Die gesellschaftliche Wahrnehmung der katholischen Kirche ist kritischer geworden. Und das ist gut so. Ein unter wiederholtem Missbrauch leidender Mann hat es so ins Wort gebracht: „Ich hoffe, dass diese Zeit vorbei ist, in der sich sexuelle Unreifen durch den Talar kompensieren und die Infantilität der Täter durch das Amt verdecken lassen." Unabhängig von diesem beispielhaften O-Ton: Selbst habe ich nirgends so viele reflektierte und gleichzeitig so viele verquere Menschen erlebt wie im kirchlichen Milieu. Nicht nur liegt eine unspezifische Vermengung von Sach- und Beziehungsebene über der Kommunikation in diesem Milieu, so dass jeder, der inhaltlich widerspricht, automatisch auch das Harmoniebedürfnis des Gegenübers bzw. des Systems irritiert. Zudem verbiegt eine Moral, die nicht mehr gelebt werden kann, aber aufrechterhalten wird, Menschen und lässt sie in ihrer Erscheinung unauthentisch wirken. Diese ganz speziellen Umstände, vor allem auch der Hang zum Unklaren und Unkonkreten aus Angst vor einer Kantigkeit, die als Härte interpretiert werden könnte, sind der Nährboden dessen, was hier als Übergriffigkeit beschrieben worden ist und als dessen erschreckendes Symptom der Missbrauchsskandal zutage getreten ist. Ohne auch nur einen einzigen Fall zu rechtfertigen: Durch diese „Zeichen der Zeit" (Mt 16,3) wurde hoffentlich ein für alle Mal deutlich, dass die Kirche *so nicht* weitermachen kann, dass diese Welt diese Kirche so nicht braucht.

Die im Folgenden aufgezählten Punkte bemühen sich um eine thesenartige Zusammenfassung. Mit ihr ist kein Anspruch auf Vollständigkeit verbunden, weder im Hinblick auf das Thema Missbrauch noch bezüglich der in diesem Buch angesprochenen Facetten. Vielmehr sollen wichtige Gedanken gebündelt werden. Wahrscheinlich lassen sich die Thesen mit guten Gründen hier und da ergänzen. Sie formulieren an dieser Stelle eine symbolische Aussage, die auf den vielen Gesprächen und den Begleitungsprozessen basiert, welche meine Sicht auf das Thema maßgeblich geprägt haben. Es sind so im Laufe dieser Auseinandersetzung viele kleine „Stopp-Zeichen" entstanden:

- Alle in diesem Buch aufgeführten Punkte bilden zusammen ein komplexes Geflecht, das Macht und Machtmissbrauch in Form jedweder Übergriffigkeit begünstigt. Es gibt keine monokausale Erklärung für geistlichen und sexuellen Missbrauch. Vielmehr bedarf es einer multiperspektivischen Betrachtung grundlegender Eckpfeiler des Systems.

- Selbstverpflichtungen und polizeiliche Führungszeugnisse sind zwar wichtige Mittel zur Prävention, liegen jedoch auf einer rein formalrechtlichen Ebene. Die Arbeit an den Haltungen der kirchlichen Mitarbeiter erscheint mindestens so wichtig. Bewusstseinsarbeit sollte an erster Stelle kirchlicher Fortbildungen stehen – allerdings nicht nur bei den an der Basis Tätigen.

- In vielen Firmen und einer Reihe von Berufen gehören Persönlichkeitstests zur Auswahl und Einstellung von Personal. Zwar kann man sich auf sie vorbereiten, aber sie würden gewisse Persönlichkeiten unter Umständen abschrecken, einen kirchlichen Beruf anzutreten, in dem man mit Kindern und Jugendlichen zusammenarbeitet.

- Wo hinsichtlich einer sorgfältigen Personalauswahl noch Nachholbedarf besteht, wird die häusliche Präventionsarbeit mit den eigenen Heranwachsenden umso wichtiger.

- Eine Verinnerlichung der Tauftheologie des Zweiten Vatikanischen Konzils – und jener Martin Luthers vor über 500 Jahren – ist eine gute Intervention auf der religiösen Ebene. Sie kann Kindern die Haltung vermitteln, dass ein Pfarrer nichts Besonderes ist und deshalb auch keine Vorrechte genießt. Mit Luther gesprochen: „Was aus der Taufe gekrochen ist, ist zum Priester, König und Propheten gesalbt."

Allerdings nützt das gebetsmühlenartige Betonen der „Getauften und Gefirmten" niemandem, wenn daraus nicht konkrete Schritte der wirklichen Partizipation an kirchlicher Macht und Verantwortung erwachsen. Ebenso hat die nochmals deutlich hervorgehobene exponierte Stellung des Priester- und Bischofsamtes im Kirchenrecht (gegenüber „Laien" und Diakonen durch Benedikt XVI.) diese Möglichkeit nochmals erschwert. Denn dadurch wurde zugleich die Bedeutung des „allgemeinen Priestertums aller Gläubigen" herabgesetzt.

Die soziale Kompetenz im System Kirche wird üblicherweise auf das Wirken nach außen beschränkt. Praktisch findet sich dies im Begriff der Nächstenliebe. Soziale Kompetenz noch mehr im Blick auf die personale Kompetenz hin zu verstehen, wird nach den Erfahrungen des Missbrauchs in kirchlichen Kreisen umso wichtiger. Zentral geht es um die Achtsamkeit gegenüber Distanz und Nähe, mit der ein anderer Mensch „mir" entgegentritt, seine Rede unterstreicht und körperlich wird. Angemessene Reaktionen, die auf der Wahrnehmung und Beachtung des „inneren Stoppschildes" gründen, können und sollten in Rollenspielen trainiert werden.

Eine Überarbeitung des Kirchenrechts wäre der wichtigste Dienst, den der aktuelle Papst der Kirche erweisen könnte. Seine zugewandte Art und seine soziale Haltung allein bewirken keine Veränderung des Systems, ebenso wenig wie die Stilisierung als Rebell im eigenen Haus – mit vielen inneren Feinden. Da das Kirchenrecht eine starke normative Größe des Systems Kirche ist, genügt es auch nicht, dessen Bedeutung herunterzuspielen, wie es aktuell manche Oberhirten tun. Wenn der Papst Veränderungen an entscheidenden Punkten wirklich will, muss er sie auch angehen. Hier kann er positiv nutzen, was ansonsten eher kritisch zu sehen ist: die absolutistische Verfasstheit. Als Jesuit ist er gewiss so schlau, sich die entsprechenden Gremien zusammenzustellen, sich beraten zu lassen und Fachleute einzubestellen. Formal gesehen müsste er es aber nicht. Was er am Ende aber muss, ist: zu entscheiden. Und im Vergleich zu vielen anderen notwendigen Veränderungsprozessen wäre die Überarbeitung des Kirchenrechts eine Maßnahme, die sich relativ schnell umsetzen ließe.

Kirchenrechtliche Veränderungen bei den Zulassungsbedingungen zum kirchlichen Amt sind unerlässlich. Vorab sollten aber auch zeitnah rechtliche Konsequenzen aus der „Antimissbrauchskonferenz" gezogen werden. Was getan wurde – die Suspendierung einiger weniger Amtsträger mit Entscheidungsgewalt –, wurde als Einzelfallentscheidung päpstlich angeordnet. Nur ein Gesetz würde auch einen rechtlichen Rahmen schaffen, auf den man sich beim nächsten Mal berufen könnte.

Bis dahin sollte das Kirchenrecht buchstäblich von hinten her gelesen werden. Der letzte Satz des Codes iuris canonici, can. 1065, verfügt, dass sich alles kirchliche Tun an einem Prinzip zu orientieren hat: am „Heil der Seelen" (lat.: salus animarum). Wer diesen Hinweis „irdisch" liest und nicht auf das „jenseitige Seelenheil" beschränkt, kann vielleicht auch in der Kirche buchstäblich heilsam wirken.

Das eigene Recht der Kirche (in Form des Codex iuris canonici) ist kein Parallelrecht neben dem des Staates. Gerade als Körperschaft des öffentlichen Rechts hat die Kirche eine besondere Verpflichtung zur Einhaltung der Grund- und Menschenrechte. Diese Verpflichtung wird, je nach Konkordat, zusätzlich noch dadurch unterstrichen, dass der Bischof auf die Verfassung eines Bundeslandes vereidigt wird.

Insbesondere bedeutet dies, Straftaten, die im eigenen Haus begangen werden, nicht als „eigene Angelegenheit" abzutun. Wenn die weltliche Gesetzgebung betroffen ist, muss auch – ohne Ausnahme – die weltliche vollziehende Gewalt eingeschaltet werden. Ist dies nicht der Fall, nutzt die Kirche die staatsrechtlich verbriefte „res mixta"-Regelung aus.

Der Amtshabitus, das eigene System und seine – auch schuldig gewordenen – Elemente als Bischof zu „schützen", bedeutet, dass individuelle Rechte und damit der Einzelne im System Kirche nicht den „Wert" besitzen, der biblisch geboten wäre.

Es ist nicht ausgeschlossen, dass derartige Verbrechen wie sexueller Missbrauch auch in einer ärmeren Kirche geschehen. Doch je weniger mächtig sich Amtsträger fühlen, umso weniger stehen sie in der Gefahr, Macht zu missbrauchen. Christen sind gut beraten, wenn sie sich an denjenigen Priestern und Bischöfen orientieren, die von ihrer inneren Haltung her „arm sind im Geiste" (Mt 5,2), wie die Bergpredigt empfiehlt.

Die sogenannten evangelischen Räte verpflichten die (ursprünglich Ordens-)Geistlichen auf Gehorsam, Keuschheit und Armut. Ein Ungleichgewicht ist nicht zu übersehen, denn die ersten beiden werden überbetont, während der letzte Rat eher im übertragenen Sinne gedeutet wird. Entweder sollte diese Auslegung auch für die anderen beiden Räte gelten, oder die katholische Kirche sollte sich – auf der Grundlage des Evangeliums – ernsthafte Gedanken um das Thema Reichtum machen.

Eine ärmere Kirche hätte wieder die Chance, mehr spirituelle Kompetenz zu entwickeln. Diese Qualität sollte wieder zu ihrem eigentlichen Markenkern werden. Denn in der schnelllebigen Postmoderne haben Menschen Wege moderner Mystik nötiger denn je. Es liegt an der Kirche und ihrem Erscheinungsbild, ihrer Authentizität und Glaubwürdigkeit, ob sie diesen Bereich anderen überlässt. Dazu müssten jedoch Privilegien und Erbhöfe rückgebaut werden.[238] Eine Kirche, die diesen Schritt von sich aus geht, würde ihre Botschaft authentisch leben und könnte bei den Menschen nur punkten.

In der MHG-Studie wird als konstitutiver Unterschied zwischen Diakonen (bei denen die Missbrauchszahlen deutlich geringer waren) und Priestern der „fehlende" Zölibat genannt. Das entscheidende Merkmal des Diakonenamtes ist aber vor allem die „fehlende" Macht. Das Diakonenamt ist das machtloseste Amt in der katholischen Kirche. Insofern könnte sich die katholische Kirche an diesem biblischen Modell des Weiheamtes, auch kirchenrechtlich, orientieren. Dass das kirchliche Amt (der Priester und Bischöfe) an Substanz verlieren würde, steht nicht zu befürchten. Was die Kirche verlieren würde, wäre die geistliche Behinderung des Klerikalismus.

Ein Korrektiv hat jeder nötig, der Verantwortung trägt. Die Notwendigkeit dazu ergibt sich bereits aus dem Menschsein und der eingeschränkten Wahrnehmungsfähigkeit des Menschen. Entsprechende korrektive Strukturen und Maßnahmen im System Kirche sind nach diesen Erfahrungen unverzichtbar, fehlen aber bislang.

Die katholische Kirche ist nicht demokratisch verfasst. Demokratische Strukturen in einem System zu etablieren, das keine klassische Gewaltenteilung kennt, ist ein nicht widerspruchsfreies Unterfangen. Wer der Kirche eine positive Entwicklung nach den Erfahrungen der letzten neun Jahre – seit dem Aufkommen der Missbrauchsfälle 2010 – zubilligt, ist gut beraten, sich an den Bistümern und kirchlichen Organisationen zu orientieren, die zumindest in kleinen Schritten (so etwas wie) „Demokratisierung" fördern wollen.

Der Abbau absolutistischer Strukturen und eine konkrete Umsetzung der „Communio“- und „Volk Gottes“-Theologie des Zweiten Vatikanischen Konzils sind – nach über 50 Jahren – an der Zeit.

Wo das System der Checks and Balances strukturell nicht vorhanden ist, könnte es auf der organisatorischen Ebene kirchlicher Einrichtungen eingeführt werden – ähnlich wie mit Aufsichtsräten.

Aufgrund der eindeutigen Zahlen – und mit Blick auf die Berufsgruppen der Täter – in den bisherigen Untersuchungen zum Missbrauch muss der Zölibat als Motivator für unreife junge Männer angesehen werden. Für diese Klientel bringt das Amt eine ungeheuerliche Macht mit sich, die verbal, subtil oder eben auch in sexualisierter Form ausgelebt werden kann.

In der Bewertung des Pflichtzölibats als Einflussfaktor für Missbrauch streiten sich die Gelehrten, doch die Wahrheit ist konkret. In Fällen persönlicher und sexueller Unreife wird im klerikalen Stand eine Kompensation persönlicher Defizite gesucht – und in der Regel bis heute auch erfolgreich gefunden.

Die Sexualmoral der katholischen Kirche braucht eine deutliche Überarbeitung, um im 21. Jahrhundert noch ernst genommen zu werden. Eine gesellschaftliche identitäre Vielfalt der Menschen kann mit diesen Vorstellungen ethisch nicht entwickelt werden.

So schmerzhaft das Thema Missbrauch auch ist, es lehrt die erforderliche Sensibilität und auch die Fähigkeit zur Unterscheidung – biblisch gesprochen – „wahrer und falscher Propheten“ (Mk 13,21).

Das Menschenbild der katholischen Kirche enthält viele Aspekte, die für heutige Menschen nicht mehr einsichtig sind. Da es von der Disposition menschlicher „Anfälligkeit" ausgeht, stützt es anthropologisch sogar das Verständnis für Übergriffigkeit.

Wer übergriffige Geistliche und kirchliche Führungskräfte persönlich erlebt hat – zumal, wenn sie ihre Macht nicht „nur" persönlich auf ihr Amt gründen, sondern ihre Rolle explizit ausnutzen – tut sich im Letzten schwer damit, noch an die „heilige katholische Kirche" (Glaubensbekenntnis) zu glauben.

Noch vor einer Generation trug das Amt den Menschen und glich damit auch jene Strategien aus, den verordneten Zölibat zu kompensieren. Heute muss der Mensch das Amt tragen. Die Überhöhung des Amtes jedoch ist keine Lösung. Sie führt nur zu einer noch größeren Last, für alle, auch den Amtsträger – der sich als Mensch dann noch mehr aufgeben muss.

Das System katholische Kirche müsste, um zu gesunden, seinen geschlossenen, zum Teil isolierten Charakter als Parallelgesellschaft überwinden. Solange es die Selbstreferenzialität kultiviert, bleibt dieses System im Schatten seines eigenen Konstruktivismus gefangen, dessen „Erkenntnisse" sie zugleich für die „Wahrheit" hält.

Die Kirche hat keinen Schein aus sich heraus, in ihr spiegelt sich nur – wenn überhaupt – der Glanz Gottes.[239] Wo die katholische Kirche diese Demut nicht aufbringt, versündigt sie sich nicht nur an Menschen, sondern auch an Gott selbst – ihrer moralischen „Arbeitshypothese". Damit wird das „ideologische Kartenhaus" sehr wackelig, und man muss sich letztlich fragen, was es außer Macht und Geld noch zusammenhält.

Diese „Versündigung" wird noch dadurch verdichtet, dass es Gott selbst ist, der nach Mt 25,40 in den „Geringsten" – bzw. den gering Gemachten und Gedemütigten – missbraucht wird. Wenn die „eucharistische Realpräsenz“ nicht nur symbolisch verstanden wird, sollte es die sogenannte „diakonische Realpräsenz“ auch nicht werden. Doch was bedeutet dies für die katholische Kirche? Kein Wunder also, dass in diesem Kontext vom „Satan“ gesprochen wurde.[240]

So unterschiedlich die bisher bekannten Missbrauchsfälle auch sein mögen, gibt es einheitliche Muster des Deckens, Vertuschens und Manipulierens. Ohne diese Mentalität wäre das Ausmaß nicht ganz so groß.

Für Mord ist strafrechtlich keine Verjährung vorgesehen, auf Seelenmord trifft dies bislang nicht zu. Jedoch hat eine Vielzahl der missbrauchten Menschen mit lebenslangen Belastungssymptomen zu kämpfen. Nicht nur die lebenslange Versorgung geschädigter Menschen sollte in die Erwägungen der kommenden Jahre integriert werden, sondern auch die Überlegung, die Verjährungsfristen hochzusetzen oder gar abzuschaffen.

So schrecklich der zehntausendfache sexuelle Missbrauch auch ist, das Problem ist nicht „nur“ der Missbrauchsskandal. Durch ihn ist eine Seite der katholischen Kirche zutage getreten, die viele nicht für möglich gehalten hätten, die aber auch zu ihr gehört: die Mentalität, intransparent, Macht ausübend und übergriffig zu sein. Durch dieses schmerzhafte Thema konnte alle Welt in den moralischen Abgrund der katholischen Kirche schauen. Das tut so manchem Kirchenoberen mehr weh als das Mitleiden mit den vielen Menschen, die in ihren Häusern und durch ihre Mitarbeiter Missbrauch erfahren mussten.

Nach katholischem Verständnis ist die „Absolution“ – die Lossprechung von den Sünden – im Sakrament der Beichte erst möglich, wenn die Schuld aufrichtig bekannt und Reue aufgebracht worden ist. Einen Mörder, der seine Tat nicht bereut, kann ein Priester nicht lossprechen. Das ist die eigene Logik des Systems. Doch das Empfinden von Reue bleibt aktuell größtenteils aus.

Daher die Frage: Müsste die katholische Kirche diese Logik nicht auf sich selbst – als System – übertragen? Und welche Konsequenzen würden sich daraus ergeben? Nicht nur im Blick auf einzelne Täter, sondern auch auf eine „strukturelle Sünde", die aber bis heute bestritten wird. Denn das Böse kam nicht „von außen" in die Kirche hinein, es ist Teil ihrer selbst. Insofern genügt Reaktion als Strategiemittel nicht. Aktion ist gefragt – und zwar nach innen anstatt nach außen.

Eine Grundregel im Krisenmanagement lautet: Lieber falsch handeln als gar nicht handeln! Der Versuch, das Leben eines Verunglückten zu retten, ist demnach wichtiger, als verunsichert der Dinge zu harren. Diese Krisenkompetenz hat die katholische Kirche nicht bewiesen. Vielmehr gehört es zu ihren Kernkompetenzen, im Zweifelsfall lieber nichts zu tun. Daraus wäre – so „Mann" es wollte – zu lernen.

Nach Jahren des Beobachtens tagte schließlich eine Konferenz im Vatikan, und vor kurzem wurden gar „neue Standards" vom Papst erlassen.[241] Missbrauchsfälle seien damit umfänglich zu melden – allerdings nicht an staatliche Behörden. So sehr die Regelung als universelle – und damit weltweit verbindliche – kirchliche Rechtsnorm zu begrüßen ist, rief sie wieder berechtigte Kritiker auf den Plan. Denn die Kirche bleibt dabei, dieses Thema als – vermeintlich – eigenes, internes Problem formal und rechtlich auch selbst zu behandeln. Denn eine Meldepflicht an staatliche Behörden ist in diesem Verfahren nicht vorgesehen. Folglich sind nun der deutsche Staat bzw. die deutschen Bundesländer und die katholische Kirche in Deutschland bzw. die Bischofskonferenz gefordert, eine befriedigende und weitergehende Regelung zu entwickeln – zum Beispiel durch die Implementierung einer unmittelbaren Strafanzeige.

Diskursive Führungsansätze sollten in den Chefetagen der Kirche und in bischöflichen Palais ausgebaut werden. Nicht der Verweis auf die Zahl an „Laien" in den führenden Rängen oder die Frauenquote (unter „Laien") ist entscheidend, sondern das Wissen und Einbinden möglichst vieler Perspektiven. Das Mitnehmen verantwortlicher „Laien" setzt aber eine gewisse Angstfreiheit voraus – sowohl bei den Kirchenoberen als auch bei denen, die noch bereit sind, sich zu engagieren.

Seine Meinung frei sagen zu dürfen, sollte heutzutage eine Selbstverständlichkeit sein. Wenn man als kirchlicher Mitarbeiter jedoch Sanktionen zu befürchten hat – die im katholischen Milieu nicht unbedingt direkt und transparent vollzogen werden –, so wird man sich nicht offen und ehrlich an entsprechenden Debatten beteiligen. In echten Veränderungsprozessen kann das sanktionsfreie Austauschen aller Meinungen aber nur hilfreich sein.

Eine offene Wertediskussion würde eine Führungsethik voraussetzen, die hilft, Hierarchien abzubauen, und die sich vom Wahrheitsanspruch des Lehramtes löst. Von Platon bis Kant philosophierten Gelehrte über das Ding „an sich", organisationspsychologisch aber gibt es dieses nicht.

Diese Haltung hängt mit der Tendenz zusammen, die eine gültige Wahrheit – nicht nur für sich, sondern grundsätzlich – zu beanspruchen. Gleichzeitig aber haben sich in der Moderne diverse gesellschaftliche Denkansätze, Zuschreibungen und der Anspruch auf „Wahrheit" geöffnet. Diversität und Geschlechtergerechtigkeit sind nur zwei Hinweise, mit deren Hilfe vielleicht auch die katholische Kirche einen Weg des Umgangs mit der pluralen Gesellschaft des 21. Jahrhunderts finden könnte.

Zum Teil stecken sehr alte Muster und nicht mehr zeitgemäße Vorstellungen in den Köpfen von Verantwortlichen und bestimmen ihr Tun und Lassen. Sie zu überwinden wäre das Gebot der Stunde. Dass das Freilegen des „Zwiebelkerns" (siehe „Abb. 1") mitunter auch Tränen befördert, müsste in Kauf genommen werden. Dies wäre nichts gegen die Tränen so vieler missbrauchter Kinder und Heranwachsender und so vieler, die stellvertretend mitleiden an jedem einzelnen dieser Verbrechen. Oder um es philosophisch-theologisch zu sagen: Zur Krisis gehört die Katharsis (griech: „Reinigung, Läuterung"). Ohne beides gibt es – auch systemisch betrachtet – keine Heilung. Ebenso ist die Perturbation (lat.: „Verwirrung", Störung") eine Kraft, die die Systemtheorie und die systemische Begleitung kennen. In ihr aber liegt auch genügend Energie, das Neue zu suchen und zu gestalten.

Nicht nur in der theologischen Literatur ist derzeit der Begriff der Vulnerabilität (Verletzbarkeit) populär geworden.[242] Dieser Gedanke ließe sich auf die katholische Kirche im Sinne einer – weitestgehend noch zu lernenden – strukturellen Verletzbarkeit übertragen. Erkennbar würden so theologisch und spirituell mögliche Potenziale für eine „gesellschaftsrelevante Kirche". – Für eine Kirche, die bereit ist, unheilige Denkmuster über Bord zu werfen.

…

Persönliches Schlusswort

„Wenn das System die Menschen von Gott wegbringt, muss man die Menschen vor dem System schützen."

Thomas Hanstein

Mein Dienst in der Kirche begann zeitgleich mit dem Missbrauchsskandal. Wiederholte Kommentare von Geistlichen zu diesem Thema waren so weit weg von meinem Jesusbild und dem, was das Neue Testament über diesen empathischen und solidarischen Menschen berichtet, dass sie sich in meinen Augen als – dem Wort nach – geistliche Menschen selbst disqualifizierten. Ich merkte recht früh, dass es vor allem um den Schutz des Systems ging. Die Unfähigkeit zur Empathie erklärte ich mir oft mit der Unfähigkeit, mit Nähe und vor allem mit Kritik umzugehen. Es sind nicht wenige, die ich als selbst verletzte Kinder im Priesteramt erlebt habe. Doch wo das „innere Kind" abgespalten wird, fehlt auch der Zugang zur Emotion. Das moralische Über-Ich des katholischen Mindsets bestimmt dann das – nicht mehr freie – Ich. Der verpflichtende Zölibat scheint diese innerpsychischen Prozesse in vielen Fällen zu unterstützen. Die letzten zehn Jahre haben nicht nur der Glaubwürdigkeit der katholischen Kirche geschadet, sie haben ihre moralische Integrität zutiefst und nachhaltig beeinträchtigt. So, wie die katholische Amtskirche gerade aufgebaut ist, sollte sie nicht bleiben. Das ist *die* tiefe Botschaft aus dem Missbrauchsskandal.

Die Klaviatur meiner Kirchenwahrnehmung ist seit Eintritt in die Kirchenleitung und seit Übernahme des kirchlichen Amtes nicht weißer geworden, ganz im Gegenteil. Mir liegen allerdings Vergleiche fern, wie sie sich in gelegentlich in kirchlichen Medien zu lesenden Statements wie „Es gibt doch auch viel Gutes" oder „Nicht alle sind schwarze Schafe" andeuten. Denn sie würden letztlich die Annahme bedeuten, das eine gegen das andere aufwiegen zu können. Dieser

Abb. 5

Versuchung möchte ich nicht nachgeben, würde das doch heißen, die Kirche aus ihrem eigenen Anspruch zu entlassen, sich an der Botschaft eines Jesus von Nazareth messen zu lassen. Rechtlich gesehen bleiben Verbrechen das, was sie sind. Ausgleichen könnte im theologischen Sinne nur eine Größe: die Liebe. Doch dieses Wort wurde ebenfalls sträflich missbraucht. Was also bleibt zu tun? Nur eines: autoritär-absolutistischen, übergriffigen, intransparenten, konstruierenden, verschleiernden und rückwärtsgewandten Mentalitäten innerhalb der katholischen Kirche politisch, gesellschaftlich und im eigenen Leben keine Bedeutung mehr zu geben. Meine subjektive Antwort fällt daher – nach über 15 Jahren als katholischer Theologe und Seelsorger, sowohl an der kirchlichen Basis als auch in Leitungsaufgaben, eindeutig aus: Es fällt mir aktuell zu schwer, *diese* Kirche als Amtsträger zu repräsentieren. Deshalb habe ich mich vom Seelsorgedienst freistellen lassen. Dieses „Stopp“ ist nicht schlimm, nur konsequent, und es beendet ein jahrelanges inneres Ringen. Denn vor allem eines hat Kraft gekostet: das „Trotzdem“. Je mehr nun aber das System in diesem inneren Prozess an Bedeutung verloren hat, umso mehr Raum hat (wieder) der Pfad der Mystik und Spiritualität in meinem Leben gewonnen.[243] Denn es geht im Letzten, um mit dem evangelischen Theologen Bonhoeffer zu sprechen, um die letzten Dinge. Die katholische Kirche gehört – genau genommen auch in ihrem Selbstverständnis – nicht dazu.

Obwohl die kirchliche nicht meine erste berufliche Sozialisation war, habe ich dieses Buch – trotz der Auszeit – nicht ganz als Systemexterner geschrieben. Meine erste berufliche Prägung erhielt ich in der Industrie und der freien Wirtschaft, die zweite an der Universität, meine dritte an der Schule und erst die vierte im Milieu der katholischen Kirche. Insofern kann ich im Letzten nicht ausschließen, dass auch ich an Elementen des katholischen Systems Anteil hatte, dieses Milieu gestützt und gestärkt habe. Diesen Gedanken verdanke ich einigen Aha-Effekten in der Seelsorge: Es ist mir mehrfach passiert, dass ich im Anschluss an eine Taufe, eine Hochzeit oder einen Segensgottesdienst gefragt worden bin, ob ich „denn überhaupt ein katholischer Geistlicher“ sei, oder es wurde festgestellt, dass „das jetzt doch ein evangelischer Gottesdienst“ gewesen sei. Es lag nie Kritik in solchen Worten, eher Wertschätzung dafür, dass ich „auch eine katholische Taufe so locker und frei wie in einem protestantischen Gottesdienst“ gehalten hätte. Am meisten gaben mir Rückmeldungen wie diese zu denken: „So lange es noch so Leute in der katholischen Kirche gibt, gibt es doch noch Hoffnung.“ Ich begriff, dass die Menschen in den Gemeinden zwar genau solche Seelsorger brauchen, wie man ihn in mir zu sehen schien: Seelsorger, die sich nicht hinter Regeln und Formeln verstecken, nicht mit ihrer eigenen Meinung hinter dem Berg halten, die sich „nicht verstellen und auf der Kanzel so sind wie auf der Straße" (O-Töne). Aber ich verstand auch, dass ich vor allem der Kirche damit einen Dienst erwies. Einer Kirche, die sich nur äußerlich anschickte, sich auf die Menschen von heute und ihre pluralen Lebensumstände einzulassen. Dies aber erschien mir mehr und mehr als unredliches Geschäft.

Ich danke allen, die mich zu diesem Beitrag ermutigt haben, weil ich, wie mir vielfach bestätigt wurde, durch dieses Buch stellvertretend für viele Menschen spreche. Für deren Recht auf Autonomie und informationelle Selbstbestimmung in einem System, das keine Demokratie ist und das zu weit hinter seinem eigenen moralischen Anspruch zurückgeblieben ist, wurde es geschrieben. Entstanden ist es zwischen Ostern und Pfingsten. Als Seelsorger weiß ich um die Bedeutung der Liturgie in dieser besonderen Zeit des Übergangs zwischen Winter und Frühling bzw. Frühjahr und Sommer insbesondere bei Kindern und alten Menschen. Insofern möchte ich mit meinen Gedanken nichts an der Bedeutung der kirchlichen Arbeit schmälern. Doch unklar bleibt das Ausmaß des „Dunkelfeldes", wie es die MHG-Studie formuliert hat – es bleibt damit ein (zu) großes dunkles Fragezeichen. Mit den von der Kirche bereitgestellten Personalakten kam die Untersuchung auf eine Quote des Missbrauchs beschuldigter Kleriker von 4,4 Prozent. Niemand wird je herausfinden, ob es eher das Dreifache (z. B. 13 %?) oder gar das Zehnfache (z. B. 44 %?)[244] war. Eine australische Studie kam auf 7 Prozent ermittelter Kleriker.[245] Vor diesem Hintergrund meinte ein Priester augenzwinkernd: „Na, dann kann es doch gar nicht so schlimm gewesen sein bei uns, was? Wer sagt's denn?" (O-Ton) Mit einer solchen Einstellung mutet die Kirche den vielen missbrauchten Menschen jedoch dasselbe Muster noch einmal zu: Unsicherheit, Unklarheit. Nicht genau zu wissen, woran sie konkret sind – wie einst, als sie nicht wussten, wann der Täter wiederkommt.

Freilich habe ich es nicht in der Hand, wie der Inhalt dieses Buches verstanden wird. Man wird es auf der Grundlage der eigenen religiösen Entwicklungsstufe (siehe Kapitel „Aufbauen oder klein halten") interpretieren und auf der Basis dessen deuten, was systemisch (siehe Kapitel „Kirche als System") zugelassen und normiert ist. Sollten sich seitens der Kirche Konsequenzen ergeben, wird man das als Bestätigung der Einsichten und Einschätzungen dieses Beitrags werten dürfen.

Nachdenklich macht, dass der Psychoanalytiker Erich Fromm vor genau 40 Jahren einen Appell an die katholische Kirche richtete, dessen Implikationen bis heute nicht eingelöst sind – ganz im Gegenteil. Fromms These bezog sich auf zwei nicht miteinander zu vereinbarende Grundhaltungen menschlicher – und man muss hier ergänzen: systemischer – Existenz, den Modus des Habens und den des Seins. Unstrittig ist, welche Zuordnung ein Jesus von Nazareth und das Neue Testament für die Kirche vornehmen würden. Deren Geschichte und ihre aufgrund dieser Geschichte strukturelle Rolle in Politik und Gesellschaft sieht indes ganz anders aus. Fromm schlussfolgerte: „Die neue Gesellschaft und der neue Mensch werden nur Wirklichkeit werden, wenn […] an die Stelle der kybernetischen Religion ein neuer radikal-humanistischer Geist tritt". Dies sei zwar „kein Angriff auf die bestehenden Religionen […], jedoch ein **Appell an die römisch-katholische Kirche […], sich selbst zum Geist des Evangeliums zu bekehren**"[246]. Während die Kybernetik in den Naturwissenschaften heute keine wirkliche Rolle mehr spielt, ist dieser Denkansatz in der Religion und gerade auch im Katholizismus erhalten geblieben. Kybernetik besteht aus einer maschinellen Vorstellung kontrollierbarer Kommunikation. Die Übertragung dieses technischen Ansatzes auf Religion ist aus zweierlei Gründen ethisch höchst fragwürdig: erstens, weil sie die Menschen nicht als Subjekte ansieht und behandelt, und zweitens, weil eine „kybernetische Religion" – gemäß Fromm – im „Haben" steckengeblieben ist. Dieser Zustand kann nicht nur materiell verstanden werden. Die Besitztümer und die Besitzmehrung der katholischen Kirche stehen außer Frage. Dass dies die geistliche Haltung verändert, dürfte nach biblischem Maßstab einsichtig sein. Der Haben-Modus bezieht sich vor allem aber auch auf das Besitzen religiöser Richtlinien und moralischer Urteile – und auf die Haltung dieses Besitzes und damit auf eine gefühlte geistige Überlegenheit. Die Crux besteht darin, dass man nun aber – als Mensch wie als System – umso mehr verteidigen muss, je mehr man zu besitzen und damit zu sichern meint. Hier liegt der Keim für jedwede Mentalität der Bewertung und Belehrung, der Normierung und des religiösen Wahrheitsanspruchs, aus denen heraus immer wieder Tendenzen der Übergriffigkeit erwachsen können. Es wäre demnach an der Zeit – so die katholische Kirche diesen Entwicklungsschritt nicht leisten kann oder leisten will –, einer „humanistischen ‚Religiosität' ohne Religion, ohne Dogmen und Institutionen"[247] den Vortritt zu lassen.

Verantwortung lautet *die* Botschaft des Missbrauchsskandals. Verantwortung zu übernehmen für das, was möglich war und aufgrund der Strukturen in der katholischen Kirche auch heute möglich ist. Ebenfalls vor genau 40 Jahren schrieb der Philosoph Hans Jonas sein Hauptwerk „Das Prinzip Verantwortung"[248]. Zwar bezieht es sich hauptsächlich auf den Kontext der zunehmenden Technologisierung, an anderer Stelle ruft Jonas aber auch die Verantwortung des Menschen angesichts von Überheblichkeiten ins Gedächtnis: „Es ist kein Zweifel, wir haben es in der Hand, die Schöpfungsabsicht zu vereiteln, gerade in ihrem anscheinenden Triumph mit uns, und sind vielleicht kräftig daran [...]. Die Pflicht, die je bestand, wird akut und konkret mit dem Wachstum menschlicher Macht [...]. Also muss eine Metaphysik, die der Verführung des ‚siehe, es ist gut' widersteht und doch das Zeugnis des Lebens und des Geistes für die Natur des Seins nicht missachtet, Raum lassen für das Blinde, Planlose, Zufällige, Unberechenbare, äußerst Riskante des Weltabenteuers, kurz für das gewaltige Wagnis, das der erste Grund [...] mit der Schöpfung einging."[249] Was für eine Kirche würde erwachsen, würden diese beiden Mahnungen ernst genommen! Von ihr zu träumen,[250] scheint jedoch nicht genug zu sein.

Auch für mich war es eine erschreckende Erkenntnis: Ja, das Böse existiert in der „Kirche Gottes" – hinter bunten Bleiverglasungen und warmen Gesten. Mit dieser Erfahrung endet alle Theorie. Dieser Umstand verändert die Praxis, das Handeln kirchlicher Mitarbeiter wie auch – hoffentlich – das Verhalten ihnen gegenüber. Diese Realität einzusehen, verändert aber auch den Blick auf das System und fordert letztlich eine neue Selbstverortung in – oder eben nicht mehr in – diesem System ein. Die Missbrauchsfälle haben diese Erkenntnis eingebrannt in das kollektive Gedächtnis der Kirche und in die Seelen so vieler Katholiken. Und auch ich musste dem Bösen im Gewand der katholischen Kirche ins Auge schauen. Aber ich personifiziere es nicht, indem ich seinen Ursprung im leibhaftigen Übel suche. Denn mit dem – aktuell an höchster Stelle wiederholt praktizierten – Auslagern des Bösen in die Macht eines „Teufels" funktioniert – systempsychisch gesehen – vor allem eines: Dissoziation, Abspaltung. Dieses Muster ist deshalb enorm erfolgreich, weil jeder Mensch im Laufe seines Lebens mit Gewalt in welcher Form auch immer in Kontakt gekommen ist. Mit dem Versuch, den „Leibhaftigen" als Verursacher für diese Negativerfahrungen verantwortlich zu machen, will sich der Mensch – unbewusst – aus dem Kreislauf herausnehmen. Doch was bleibt? Die Angst vor dem Bösen, das die Seele dann in vielen Bildern zeichnen muss, um ihm Herr zu werden. Nein, es war in jedem einzelnen Fall der Mensch, der schuldig geworden ist. Und es war in jedem einzelnen Fall die katholische Kirche, die mit lebensfeindlichen Strukturen dem Bösen Raum in ihrem Haus gegeben hat. Verbale Entschuldigungen und ein wenig Geld genügen nicht. Das System und sein Menschenbild müssen grundlegend saniert werden, will sich die katholische Kirche auch weiterhin auf das heilende Lebensmodell eines Jesus von Nazareth berufen. Tiefgreifende selbstkritische Systemkorrekturen am „Zwiebelkern" sind nicht nur das, was die Opfer erwarten dürfen – sie sind buchstäblich heilsnotwendig.

Schlagwortverzeichnis

Anmerkungen und Literaturhinweise

1 Der Titel dieses Buches und der Erfahrungskontext des Autors beziehen sich auf die katholische Kirche, genau genommen die römisch-katholische Konfession im regionalen Kontext Deutschland.

2 Mein persönlicher Weihespruch lautete: *„Nach ‚draußen' will ich gehen, an den ‚Rand', zu denen, die sich entfernt haben von der ‚Mitte' – warum auch immer. Nach ‚unten' will ich gehen, die Perspektive wechseln, den Blick ändern – im Schwachen beginnen. Nach Dir will ich Ausschau halten, denn Dir begegne ich dort: ‚draußen', ‚unten' – leibhaftig."* (Abdruck: Stefanus. Aktiv in Kirche und Welt, Werkheft 03/2013. Heiligkreuztal: Stefanus, S. 6.)

3 Stork, D./Baltruweit, F. (1984). Siehe den Songtext unter: https://www.golyr.de/kirchenlieder/songtext-ich-traeume-eine-kirche-542310.html (Zugriff: 22.03.2019).

4 Es wurde an höchster Stelle sogar vom aktuellen Papst wiederholt, so z. B. am Ende der sogenannten „Antimissbrauchskonferenz". Daran wird deutlich, wie üblich und legitimiert dieses Denken in der katholischen Kirche ist.

5 Vgl. z. B. Kohlberg, L. (1996). Die Psychologie der Moralentwicklung. Berlin: Suhrkamp.

6 1. Korintherbrief 12,26. Alle Bibelzitate sind aus der Übersetzung nach Schlachter entnommen: Genfer Bibelgesellschaft (Hrsg.) (1990). Die Heilige Schrift des Alten und Neuen Testaments. Nach dem Urtext übersetzt von Franz Eugen Schlachter, Neubearbeitung. Brugg: Effingerhof.

7 Vgl. Hanstein, Th. (2017). Coaching in der Seelsorge. Ein methodischer Ansatz zur Perspektivenerweiterung im kirchlich-katholischen Milieu. Marburg: Tectum.

8 Vgl. Hanstein, Th. (2018). Selbstmanagement – mit Coachingtools. Ressourcen erkennen, nutzen und pflegen. Baden-Baden: Tectum (Coachingschwerpunkte unter www.coaching-hanstein.de).

9 Das Hamburger Abendblatt titelte als unmittelbare Reaktion: „Initiative gegen Missbrauch laut Umfrage wirkungslos"; siehe: https://www.abendblatt.de/politik/article216518287/Missbrauch-Der-paepstliche-Paukenschlag-ist-ausgeblieben.html (Zugriff: 25.02.2019).

10 Vgl. das Kapitel „Im zehnten Jahr ‚danach'".

11 So habe ich im Frühjahr 2019 auch eine Erklärung der katholischen Religionslehrerinnen und Religionslehrer an beruflichen Schulen in Württemberg initiiert und war deren Erstunterzeichner. Siehe das Interview zur ak-

tuellen Lage im Angesicht des Missbrauchsskandals: Wohnhaas, A. (2019). Religionslehrer an beruflichen Schulen in Not, in: Sonntagsblatt. Magazin für die Diözese Rottenburg-Stuttgart 15/2019, S. 18–19.

12 Wo, aus Gründen der besseren Lesbarkeit, nur die männliche Form verwendet wird, sind stets alle Geschlechter gemeint.

13 Die Bezeichnung „Missbrauchsopfer" ist umstritten. Inwiefern sich Menschen, die missbraucht wurden, noch als Opfer sehen (wollen), ist eine individuelle Entscheidung. Denn Opfer zu sein, bedeutet auch, Objekt zu sein. In Gesprächen ging es immer wieder auch um diese Frage – und die Antwort fiel unterschiedlich aus. Der Begriff der „Betroffenen" wird in der wissenschaftlichen Literatur verwendet. Doch er kann die Intensität von Missbrauch ebenso wenig ausdrücken. So sehr er eine objektive, „nüchterne" Betrachtung ermöglicht, besteht auch die Gefahr, mit ihm das Ausmaß der erfahrenen Übergriffigkeit zu neutralisieren oder gar sprachlich zu verniedlichen. Zur Debatte stand auch der Begriff „Überlebende", der aber, zumindest wenn er allein und ohne Kontext steht, zu unspezifisch erschien. Mit Blick auf die „Missbrauchsopfer" soll daher hier von Menschen gesprochen werden, die Missbrauch erfahren haben. An wenigen Stellen wird auch bewusst von „missbrauchten Menschen" gesprochen – um den passiven Charakter des Erlebens und die Übergriffigkeit des Geschehens zu verdeutlichen. Wenn von „Betroffenen" die Rede ist, ist auch der Kreis derer gemeint, die der Missbrauchsskandal in der katholischen Kirche im Innersten getroffen hat und die solidarisch berührt sind (zur Bezeichnung „Opfer" siehe auch das Kapitel „Von Tätern und Opfern").

14 Vgl. https://www.dbk.de/fileadmin/redaktion/diverse_downloads/dossiers_2018/MHG-Studie-Endbericht-Zusammenfassung.pdf (Zugriff: 03.-05.2019).

15 Ebd., S. 1.

16 Ebd., S. 7.

17 Ebd., S. 12.

18 Vgl. Mette, N./Müller, H. (2005). Theologie der Befreiung, in: Eicher, P. (Hrsg.). Neues Handbuch theologischer Grundbegriffe, Band 4. München: Kösel, S. 294–304.

19 Vgl. Hofstede, G./Hofstede, G. J. (2011). Lokales Denken, globales Handeln. Interkulturelle Zusammenarbeit und globales Management (5. Auflage). München: dtv, S. 8–10.

20 Ebd., S. 8.

21 Diese fand vom 21. bis 24.02.2019 im Vatikan statt.

22 Vgl. Hanstein (2017).

23 Martin Luther hat dieses Verständnis durch seine Rechtfertigungslehre relativiert. Sein „simul iustus et peccator" bedeutet als Quintessenz, dass der

Mensch „zugleich gerecht und ein Sünder" sei. Nicht die Werke würden vom Hang zur Sünde befreien, sondern allein der Glaube („sola gratia").

24 Am 17.02.2019.

25 Ebenso am 21.02.2019.

26 Luhmann, N. (1985). Die Autopoiesis des Bewusstseins, in: Soziale Welt 36, S. 402–446, hier S. 403. Vgl. ders. (1987). Soziale Systeme – Grundriss einer Allgemeinen Theorie. Frankfurt: Suhrkamp. Siehe vertiefend: Brodocz, A. (2015). Die politische Theorie autopoetischer Systeme, in: Brodocz, A./ Schaal, G. (2018). Politische Theorien der Gegenwart. Wiesbaden: Springer Link, S. 337–360.

27 Vgl. Maturana/Varela, 2009.

28 Arnold, R. (2012). Ich lerne, also bin ich. Eine systemisch-konstruktivistische Didaktik (2. Auflage). Heidelberg: Carl Auer, S. 118.

29 Vgl. Stangl, W. (1989). Das neue Paradigma der Psychologie. Die Psychologie im Diskurs des Radikalen Konstruktivismus. Wiesbaden: Springer Fachmedien.

30 Berninger-Schäfer, E. (2014). Interventionsmethoden im Coaching. Seminarunterlagen. Karlsruhe: Führungsakademie.

31 Arnold (2012), S. 118.

32 Angenendt, A. (2007). Toleranz und Gewalt. Das Christentum zwischen Bibel und Schwert. Münster: Aschendorff.

33 Man schätzt, dass in ihren Territorien 5.000 Hexen und Hexer zu Tode kamen, etwa ein Fünftel der insgesamt 25.000 Opfer im deutschen Sprachgebiet.

34 Vgl. Artikel 137 WRV und Artikel 140 GG.

35 Vgl. Artikel 138 WRV und Artikel 140 GG.

36 Vgl. https://hpd.de/artikel/staatsleistungen-an-kirchen-2019-abloesen-15200; http://www.staatsleistungen.de (Zugriff: 03.–05.19).

37 Vgl. Frerk, C. (2010). Violettbuch Kirchenfinanzen. Wie der Staat die Kirchen finanziert. Aschaffenburg: Alibri. Siehe zur weiteren kritischen Auseinandersetzung auch: ders. (2015). Kirchenrepublik Deutschland. Christlicher Lobbyismus. Aschaffenburg: Alibri.

38 In diesem Text wurden sie geschlechtsneutral formuliert.

39 L'état de finances.

40 L'état du dossier.

41 Der Ansatz zu einer „Gemeindeordnung" findet sich nahezu in allen Briefen des Apostels wieder. In der Theologie wird dabei zwischen „authentischen" (direkt auf Paulus zurückgehenden), „deuteropaulinischen" und „tritopaulinischen" Briefen unterschieden.

42 Vgl. Langemeyer, G. (1994). Begierde, Begierlichkeit, in: Kasper, W. (Hrsg.). Lexikon für Theologie und Kirche (3. Auflage), Band 2, Freiburg: Herder, S. 141–142, hier S. 141.

43 Rahner, K. (1965). Schriften zur Theologie, Band 6, Einsiedeln: Benziger, S. 272.

44 Ebd., S. 273.

45 Zitiert nach: https://www.spiegel.de/panorama/gesellschaft/papst-franziskus-selbstkritik-der-katholischen-kirche-nach-missbrauchsbericht-a-1224012.html (Artikel und Zugriff: 20.08.2018).

46 Ecclesia Catholica: Katechismus der Katholischen Kirche (1993). München: Oldenbourg, S. 132–135. Diese Ausgabe wurde bewusst als Grundlage gewählt, da sie weit verbreitet ist. Der Katechismus wurde von Papst Johannes Paul II. zum dreißigsten Jahrestag der Eröffnung des Zweiten Vatikanischen Konzils, am 11.10.1992, promulgiert. Dabei muss berücksichtigt werden, dass sowohl die Täter wie die Menschen, die Missbrauch in der Kirche erfahren mussten, mitunter von älteren Katechismen – und Kirchenbildern – geprägt waren. Auch sind die Änderungen in der jüngeren Auflage (von 1997) nur redaktioneller Natur. Zum Abgleich mit den hier zitierten Stellen vgl. http://www.vatican.va/archive/DEU0035/_INDEX.HTM (Zugriff: 03.–05.2019).

47 Und auch im Nachgang der „Antimissbrauchskonferenz" predigte der aktuelle Papst immer wieder von einem Kampf gegen „Satan". Wohlwollende Kritiker sahen damit einen mystischen Ansatz des Jesuiten Franziskus. Die überwiegende Mehrheit der Hörer und Leser jedoch hat dieses Denkmodell irritiert. Denn wenn diese Rede nicht symbolisch verstanden wird, sondern nach der Lehre des Ignatius von Loyola (1491–1556, Begründer des Jesuitenordens), besteht die fatale Tendenz, den „Teufel" für persönliche Verfehlungen – und auch systemische Schuld – in die (Letzt)Verantwortung nehmen zu wollen. Schließlich genügt es, wenn einige klerikale Täter dieses Muster (unbewusst) verinnerlicht haben.

48 Vgl. Weber, M. (2013). Die Protestantische Ethik und der Geist des Kapitalismus (4. Auflage). München: Beck.

49 Vgl. Koch, E. (2000). Das konfessionelle Zeitalter – Katholizismus, Luthertum, Calvinismus (1563–1675). Leipzig: Evangelische Verlagsanstalt.

50 Katechismus, S. 350–351.

51 Levitikus 16,1–28.

52 Frisch, M. (1961). Andorra. Stück in 12 Bildern (Erstausgabe). Berlin: Suhrkamp.

53 Lessing, G. E. (2013). Nathan der Weise. Studienausgabe. Leipzig: Reclam, Kap. 23: „Ringparabel".

54 Vgl. Volkmann, B. (1998). Wo ist Wahrheit (3. Auflage). Münster: Telos.

55 Katechismus, 395, S. 131.

56 Kommission für die Herausgabe der gemeinsamen liturgischen Bücher im deutschen Sprachgebiet (Hrsg.) (2007). Rituale Romanum. Die Feier der Kindertaufe. Freiburg: Herder, S. 9.

57 So werden geweihte Personen sowie Angehörige von Orden und Kongregationen (also auch nicht formal geweihte/ordinierte Personen, wie zum Beispiel Ordensschwestern) bezeichnet.

58 Vgl. die Schlussrede des Papstes bei der „Antimissbrauchskonferenz". In diesem Zusammenhang ist auch aufschlussreich, dass der emeritierte Papst Benedikt XVI., vormals Kardinal Ratzinger, die 68er und den gesellschaftlichen Wandel für den Missbrauch in der Kirche mitverantwortlich macht. Diese Logik entspricht einem üblichen Muster in kirchlichen Kreisen. Abruf unter: https://www.katholisch.de/aktuelles/aktuelle-artikel/benedikt-xvi-68er-sind-verantwortlich-fur-missbrauchsskandal (Zugriff: 03.–05.2019).

59 Katechismus, S. 131.

60 Im April 2019.

61 Vgl. Küng, H. (2011). Ist die Kirche noch zu retten? München: Piper.

62 Bis zum letzten Ausbildungsjahr des Autors gab es diese explizite Unterscheidung nicht. Der damalige Papst hat damit nicht nur die Differenz zwischen Klerus und „Laien" – auf Kosten des Gedankens vom „allgemeinen Priestertum aller Gläubigen"(!) – vergrößert, sondern auch die Unterschiede innerhalb des Klerus. Damit ist er dem Amtsverständnis des katholischen Kirchenrechts von 1917 wieder entgegengekommen – und damit allen, die die „guten alten Zeiten" (nicht nur in der Liturgie) revitalisieren wollen.

63 In: Ordinatio sacerdotalis, 22.05.1994, wo es abschließend heißt: „Damit also jeder Zweifel bezüglich der bedeutenden Angelegenheit, die die göttliche Verfassung der Kirche selbst betrifft, beseitigt wird, erkläre ich kraft meines Amtes, die Brüder zu stärken (vgl. Lk 22,32), dass die Kirche keinerlei Vollmacht hat, Frauen die Priesterweihe zu spenden, und dass sich alle Gläubigen der Kirche endgültig an diese Entscheidung zu halten haben." Abrufbar unter http://w2.vatican.va/content/john-paul-ii/de/apost_letters/1994/documents/hf_jp-ii_apl_19940522_ordinatio-sacerdotalis.html (Zugriff: 03.–05.2019).

64 Kiefersauer, M. (2003). Wunderbare Tage. Kurz-Spielfilm. München: Andrea Wetzel – Filmproduktion.

65 In der MHG-Studie, S. 10, wird der „narzisstisch-soziopathische Typus" als eine Täter-Risikogruppe identifiziert.

66 Vgl. Ahlers, R. (2015). Die rechtliche Grundstellung der Christgläubigen, in: Haering, S./Rees, W./Schmitz, H. (Hrsg.). Handbuch des katholischen Kirchenrechts (3. Auflage). Regensburg: Pustet, S. 289–301, hier S. 289.

67 Drewermann, E. (1989). Kleriker. Psychogramm eines Ideals, 1. Auflage. Brackenheim: Walter. (Anm.: Mit der Drucklegung dieses Buches erschien die aktualisierte Neuauflage Drewermanns im Topos-Verlag.)

68 Drewermann, E. (1992). Kleriker, 4. Auflage. München: dtv, S. 427.

69 Vgl. ebd., S. 452–480, zitiert S. 464.

70 Berg, Th./Berninger-Schäfer, E. (2010). Die Kollegiale Coaching Konferenz (Schriftenreihe der Führungsakademie Baden-Württemberg). Stuttgart: Boorberg, S. 19.

71 Hiermit ist der jeweilige Bischof gemeint.

72 Can. 1373 CIC.

73 Thürkauf, M. (1985). Franziskus im Atomzeitalter. Die alte Liebe rettet die neue Welt. Stein am Rhein: Christina-Verlag, S. 10.

74 Vgl. die klerikale Typologie in: MHG-Studie. Zusammenfassung, S. 10.

75 Der Autor hat diesen Text noch vor dem Fall Tebartz-van Elst unter dem Titel „Der Gärtner des Patriarchen" publiziert, weil ihm absolutistische Attitüden im kirchlichen Amt, speziell in den führenden Etagen, aufgefallen waren. Seine damalige Botschaft lautete: „Das kirchliche Amt braucht einen Wandel, braucht ‚Gärtner' und ‚Angler' – übertragen: Pfleger und Menschenfischer – anstatt liturgischer Kleiderständer, hörende Menschen anstatt triumphaler Selbstherrlichkeit." Vgl. und zitiert aus: Der Prediger und Katechet. Praktische katholische Zeitschrift für die Verkündigung des Glaubens, 05/2013. Ostfildern: Schwabenverlag, S. 686–690.

76 Ermahnungen, Kap. 4: Dass niemand das Oberamt als sein Eigentum beanspruche, S. 63. Zitiert aus: Hanstein, Th. (2014). Franziskus: Modell für Führungskräfte, in: Stefanus. Aktiv in Kirche und Welt, Werkheft 04/2014. Heiligkreuztal: Stefanus, S. 2–5.

77 Ermahnungen, Kap. 12: Wie man den Geist des Herrn erkennt, S. 67. Zitiert aus: ebd.

78 Franziskus war ein mittelalterlicher Mensch und als solcher grundsätzlich den damaligen Denklogiken unterworfen. Die Religiosität des Mittelalters bestand aus einer Dualität verschiedener Wege, für die es keine verbindende Weiche gab: Weltzugewandtheit des gemeinen Christen auf der einen, Weltflucht des Klerikers auf der anderen Seite. Entsprechend diesen Möglichkeiten hätte der nach Sinn suchende junge Mann sich der Kirche – als zu seiner Zeit einzig religiösem Ort – zuwenden müssen, der Organisation in ihrer Struktur, Verfasstheit und ihren Ämtern. Er tut genau dies nicht, nachdem er sich zwei Jahre als Einsiedler geprüft hat. Die mystische Begegnung in San Damiano bestärkt den Suchenden so sehr, dass er die vermittelten Bilder klar annehmen und in seiner Seele nachklingen lassen kann: Ein Gott, der ihm als Bruder der Armen auf Augenhöhe entgegentritt. Was ist dagegen noch der Machtapparat einer Kirche? Die Giot-

toschule hat diese Gleichheit treffend ins Bild gebracht: Bischof Guido, der hinter – und nicht über – dem sich entkleidenden und damit sich selbst enterbenden Franziskus steht. Wer könnte sich da noch vor einem Papst fürchten? Der Ausgang ist bekannt: Im Frühjahr 1209 bestätigt der mächtigste Mann der mittelalterlichen Welt, Innozenz III., die neue geschwisterliche Gemeinschaft des „minderen Bruders". Und Franz bleibt sein Leben lang im Stand eines Diakons. Vgl. Kuster, N. (2009). Franziskus. Rebell und Heiliger (4. Auflage). Freiburg: Herder.

79 Kirchengeschichtlich muss dabei bedacht werden, dass Bischöfe (wörtlich das „Vorsteheramt") und Diakone (wörtlich die „Gemeindediener") die ältesten Ämter in der Kirche sind, sie bildeten in der frühen Kirche ein sogenanntes Doppelamt. Priester gab es erst, als die Zahl der Gemeinden im Zuge des Staatskirchentums im 4. Jahrhundert zunahm. Der Bischof ließ sich nun von Priestern vor Ort vertreten. Die Sorge um die Armen in den Gemeinden lag bei den Diakonen. Bis heute ist es kirchenrechtlich so, dass der eigentliche Hirte einer Gemeinde der Bischof ist. Deshalb ist im Hochgebet auch sein Name zu verlesen.

80 Zur kirchenrechtlichen Grundlage siehe oben.

81 Erik Flügge, (2016). Der Jargon der Betroffenheit. Wie die Kirche an ihrer Sprache verreckt. München: Kösel, S. 69. Dieses Zitat dient als Motto des Kapitels. Auf S. 82 wird zudem darauf eingegangen.

82 Vgl. Flügge, E. (2016). Der Jargon der Betroffenheit. Wie die Kirche an ihrer Sprache verreckt. München: Kösel.

83 Zitiert aus dem Interview mit Björn Odendahl, in: www.katholisch.de, 23.05.2016.

84 Hier soll nicht suggeriert werden, dass es „eine" einheitliche Sprache des „einen" katholischen Milieus gäbe. In der kirchlichen Landschaft existieren Subkulturen und Szenen. Doch die Analyse der spezifischen „katholischen Grammatik" erscheint essenziell für eine authentische Auseinandersetzung. Dies umso mehr, als die katholische Kirche diese Analyse im Blick auf die Gesellschaft auch leistet. In diesen Zusammenhängen heißt das dann z. B. „milieuspezifische Pastoral". Diese „Milieuspezifik" aber auch auf das eigene Milieu anzuwenden, wäre – nach dem Missbrauchsskandal und in der aktuellen Krise – das Gebot der Stunde.

85 Vgl. https://www.sinus-institut.de (Zugriff: 03.–05.2019).

86 http://www.bpb.de/politik/grundfragen/deutsche-verhaeltnisse-eine-sozialkunde/138404/glossar?p=114 (Zugriff: 03.–05.2019).

87 Vgl. Hofstede/Hofstede (2011).

88 Vgl. Erpenbeck, J./Heyse, V. (2007). Die Kompetenzbiographie. Wege der Kompetenzentwicklung (2. Auflage). Münster: Waxmann.

89 Vgl. Rogers, C. (1983). Die klientenzentrierte Gesprächspsychotherapie (20. Auflage). Frankfurt: Fischer.

90 Vgl. ders. (2018). Entwicklung der Persönlichkeit. Psychotherapie aus der Sicht eines Therapeuten (21. Auflage, Original 1961). Stuttgart: Klett-Cotta.

91 Vgl. Hanstein (2017), S. 95–161.

92 Welte, B. (1981). Wahrheit, Sprache und Geschichte – untersucht im Blick auf die Sprache in der Kirche, in: Rahner, K./Fries, H. (Hrsg.). Theologie in Freiheit und Verantwortung. München: Kösel, S. 70–95, hier S. 76.

93 Ebd., S. 86. Als Beispiele dafür nennt er z. B. die Mariologie der katholischen Kirche; vgl. ebd., S. 86–87. Hierzu weiterführend auch: Hanstein, Th. (2014). Sprolls Marienweihe im Jahr von Stalingrad. Religiöser Akt oder politisches Fanal? Marburg: Tectum.

94 Diözese Rottenburg-Stuttgart (Hrsg.) (2005). Erdentöne – Himmelsklang. Neue geistliche Lieder (5. Auflage). Ostfildern: Schwabenverlag, hier EH 113.

95 Deutsche Bischofskonferenz (Hrsg.) (1995). Das Messbuch für die Bistümer des deutschen Sprachgebietes (Handausgabe). Freiburg: Herder, S. 10.

96 Ebd.

97 Ebd.

98 Dieser Begriff meint ein inneres Gestimmtsein, das sich in einer geziemenden äußeren Haltung (erkennbar) zeigt.

99 Deutsche Bischofskonferenz (Hrsg.) (2013). Gotteslob. Katholisches Gebet- und Gesangbuch (Ausgabe für die Diözese Rottenburg-Stuttgart). Ostfildern: Schwabenverlag, hier GL 268.

100 GL 267.

101 GL 503.

102 Oosterhuis ist holländischer Theologe und Komponist und hatte eine große Bedeutung für die auch sprachlich offenere Feier der Liturgie. Nachdem seine Lieder von den Bistümern Hollands als unangemessen für die Feier der katholischen Liturgie bewertet worden waren, kann es als umso erfreulicher angesehen werden, dass mehrere seiner Lieder in das aktuell überarbeitete katholische Gesangbuch (GL) Eingang finden konnten.

103 GL 422,2.

104 GL 598.

105 Ebd., S. 5.

106 GL 598.

107 Ebd.

108 Rituale Romanum (2007), S. 45.

109 Ebd., S. 57.

110 Jetter, W. (1986). Symbol und Ritual. Anthropologische Elemente im Gottesdienst (2. Auflage, Erstauflage 1978). Göttingen: Vandenhoeck & Ruprecht, Kap. 7.

111 Vgl. Richter, K. (Hrsg.) (1986). Liturgie – ein vergessenes Thema der Theologie? Freiburg: Herder.

112 Berninger-Schäfer, E. (2011). Orientierung im Coaching (Schriftenreihe der Führungsakademie Baden-Württemberg). Stuttgart: Boorberg, S. 62; in Anlehnung an: Roth, G. (2003). Fühlen, Denken, Handeln. Wie das Gehirn unser Verhalten steuert. Frankfurt: Suhrkamp.

113 Hüther, G. (2011). Wie Embodiment neurobiologisch erklärt werden kann, in: Storch, M./Cantieni, B./Hüther, G./Tschacher, W. (Hrsg.). Embodiment. Die Wechselwirkung von Körper und Psyche verstehen und nutzen (2. Auflage). Bern: Huber, S. 75–97, hier S. 92.

114 GL 590.

115 Vgl. Moser, T. (1976). Gottesvergiftung. Frankfurt: Suhrkamp; vgl. Dufner, R. (2012). Gottestäter. Die Gefahr negativer Gottesbilder. Münsterschwarzach: Vier Türme.

116 Vgl. Hanstein (2018).

117 Vgl. ebd., Kap. 5.

118 Vgl. Limbeck, M. (2013). Abschied vom Opfertod. Das Christentum neu denken (5. Auflage). Ostfildern: Grünewald.

119 Diese Schreibweise ist hier bewusst so gewählt, um die Rolle des Seelsorgers nicht zu betonen, sondern den Prozess der Seelsorge.

120 Migge, B. (2009). Definitionen und Kommunikation, in: Sachsenmeier, I. (Hrsg.). Die Coaching-Praxis. Mit Methoden zu neuen Perspektiven. Weinheim: Beltz, S. 73–105, hier S. 78.

121 Dies hängt mit einem anderen Menschenbild und dem Wissen um Konstruktivismus und Systemtheorie zusammen. Vgl. Hanstein (2017), S. 13–18, 81–84.

122 Vgl. die Fallbeispiele in: Hanstein (2018), S. 69–224.

123 Vgl. Hanstein (2017), S. 95–161.

124 Diese beruft sich zwar auf „christliche Werte", steht aber praktisch oft im Gegensatz zu den biblischen Zeugnissen zum „Konfliktverhalten Jesu"; vgl. weiterführend Hanstein, Th. (2011). Jesu „unfrommer" Umgang mit Konflikten. Ein kritischer Beitrag zu gängigen Jesusbildern mit Unterrichtsmaterial für die berufliche Oberstufe, in: rabs, 04/2011, S. 11–28 und +rabs, S. 29–37.

125 Vgl. Graf, N./Gramß, D./Edelkraut, F. (2017). Agiles Lernen. Neue Rollen, Kompetenzen und Methoden im Unternehmenskontext. Freiburg/München/Stuttgart: Haufe, S. 185–186.

126 Denef, N. (2007). Ich wurde sexuell missbraucht. München: Starks-Sture, S. 77–78.

127 MHG-Studie. Zusammenfassung, S. 7.

128 Nach Schulz von Thun; vgl. https://www.schulz-von-thun.de/die-modelle/das-innere-team (Zugriff: 03.–05.2019).

129 Diese Persönlichkeitsstruktur kommt deshalb nicht selten im kirchlichen Kontext vor, weil das kirchliche Amt alles bietet, um diese Anlage erfolgreich weiter zu nähren (vgl. Kap. „Ein Nährboden der Eitelkeiten“ sowie MHG-Studie. Zusammenfassung, S. 10).

130 So z. B. Mynarek, H. (2014). Herren und Knechte der Kirche (2. Auflage). Freiburg: Ahriman.

131 Vgl. Pörksen, B. (Hrsg.) (2015). Schlüsselwerke des Konstruktivismus (2. Auflage). Wiesbaden: Springer VS.

132 MHG-Studie. Zusammenfassung, S. 5.

133 Can. 1248 des CIC stellt übrigens klar, dass „dem Gebot zur Teilnahme an der Messfeier genügt, wer an einer Messe teilnimmt, so immer sie in katholischem Ritus [...] gefeiert wird“.

134 „Herr – gib deiner Kirche eine Sprache, die mehr verstehen will, als zu verteidigen, die mehr vermitteln will, als zu behaupten, die mehr offenlässt, als festzuschreiben.“ Hanstein, Th. (2015). Das Heilige in allem hören. 40 Impulse zur Achtsamkeit. Leipzig: Benno, S. 138–139.

135 MHG-Studie. Zusammenfassung, S. 5.

136 So wie es z. B. von Flügge (2016) angeregt wurde.

137 Vgl. z. B. Burow, O.-A. (2018). Führen mit Wertschätzung. Der Leadership-Kompass für mehr Engagement, Wohlbefinden und Spitzenleistung. Weinheim: Beltz.

138 https://www.deutschlandfunkkultur.de/die-katholische-kirche-fuerchtet-den-kollaps.954.de.html?dram:article_id=145121(Artikel: 12.03.2010, Zugriff: 03.05.2019). Dieses Zitat dient als Motto des Kapitels. Auf S. 120 wird zudem darauf eingegangen.

139 Siehe im 1. Timotheusbrief, Kap. 3.

140 Nietzsche, F. (2011). Also sprach Zarathustra (Erstausgabe 1892). Hamburg: Nikol, Kap. 37: Von den Priestern.

141 Katechismus, im Folgenden zitiert aus S. 506–513 und 596.

142 In seiner „Summa theologica“.

143 „Participatio legis aeternae in rationali creatura“, nach: Bernhart, J. (Hrsg.) (1985). Thomas von Aquino. Summe der Theologie (3. Auflage). Stuttgart: Kröner, I, II 91,2.

144 Katechismus, hier zitiert aus: S. 592.

145 Vgl. MHG-Studie. Zusammenfassung, S. 3–4, 9. Hierbei muss berücksichtigt werden, dass laut Studie 62,8 % der Missbrauchsopfer männlich waren (im Teilprojekt 2 sogar 76,6 % und im Teilprojekt 3 80,2 %).

146 Ebd., S. 13.

147 So hat es keinen Seltenheitswert, dass Mitarbeiter erstmalig in ihrem Leben eine anwaltliche Vertretung im kirchlichen Kontext benötigen.

148 Ein bedeutender Vertreter ist z. B. Nikolaus von Kues (1401–1464).

149 Ernennungen von Frauen auf Positionen, für die kein geistliches Amt „notwendig" ist, ändern nichts an dieser Tatsache. Vielmehr wird hierdurch der Eindruck erweckt, dass die katholische Kirche Frauen besonders fördern wolle. Der eigentlichen Problematik – der Ausschluss der Frau vom Amt – muss man sich so nicht mehr stellen.

150 Am 21.02.2019.

151 Vgl. MHG-Studie. Zusammenfassung, S. 3. Im Bistum des Autors waren es bei 146 Vorwürfen zwei Diakone; vgl. Datenblatt „Sexueller Missbrauch", Diözese Rottenburg-Stuttgart, Stand 08/2018, S. 1.

152 MHG-Studie. Zusammenfassung, S. 13–14.

153 Gemeint ist das Priesteramt. Sprachlich wird es hier aus der Funktion der „Vorsteher" oder „Ältesten" (griech.: presbýteros) abgeleitet.

154 Zitiert nach https://www.spiegel.de/panorama/gesellschaft/papst-franziskus-selbstkritik-der-katholischen-kirche-nach-missbrauchsbericht-a-1224012.html (Artikel und Zugriff: 20.08.2018).

155 Hindernisse für die Weihe sind nach katholischem Kirchenrecht zum Beispiel der Versuch einer Eheschließung bei bestehendem Eheband, die vorsätzliche Tötung eines Menschen oder eine vollzogene Abtreibung, der Versuch der Verstümmelung (bei sich oder anderen) oder des Suizids. Unter die kirchlichen Straftaten zählen vor allem die Häresie und das Schisma (vgl. CIC, can. 1041).

156 Siehe den 1. Korintherbrief, Kap. 14. Während der Drucklegung dieses Buches nahm die Initiative „Maria 2.0" Fahrt auf. So mancher Bischof zeigte sich „gesprächsbereit", kritisierte jedoch diesen Weg des Protestes. Doch sollte nicht der, der einen Weg kritisiert, einen gangbaren vorschlagen?

157 Bischof Sproll, in: DAR, Bestand N 27, vorl. (März 2012) Nr. 236, Predigt Maria, Königin der Apostel, S. 4; vgl. Hanstein (2014), S. 166–172.

158 Ebd.

159 „Ars amatoria" (Ovid).

160 Diese waren Alexandrien, Antiochien, Konstantinopel, Rom und Jerusalem.

161 Vgl. MHG-Studie. Zusammenfassung, S. 7–8.

162 Diese Formulierung ist ungefähr zeitgleich mit der Streichung des § 175 aus dem (weltlichen) StGB erfolgt.

163 Vgl. § 177 Abs. 6 StGB.

164 Katechismus, hier zitiert aus S. 426.

165 Ebd., hier zitiert aus S. 596.

166 „Und es gibt himmlische Körper und irdische Körper; aber anders ist der Glanz der Himmelskörper, anders der der irdischen." (1 Kor 15,40)

167 Vgl. die Ausführungen oben.

168 Bewusst sollen hier keine Zahlen wiederholt werden. Die Zahl, die in der sogenannten MHG-Studie im Herbst 2018 publiziert wurde, war kirchlich gesteuert. Die Dunkelziffer kann nur vermutet werden und wird, aufgrund verschwundener Akten und nicht festgehaltener Missbrauchsfälle, im Dunkeln bleiben. Weltweit wird man aber von mindestens zehntausendfachem sexuellem Missbrauch in der katholischen Kirche ausgehen müssen.

169 Vgl. MHG-Studie. Zusammenfassung, S. 4–5.

170 Vgl. CIC, can. 266.

171 Ebd., S. 10.

172 MHG-Studie. Zusammenfassung, S. 13.

173 Mit dieser biblischen Stelle wird die priesterliche Ehelosigkeit traditionell begründet. Der Satz wird aber zumeist verkürzt aus dem Zusammenhang gerissen. Denn die Männer erschraken aufgrund der in der Ehe geforderten Treue, worauf sie kurzerhand schlossen: „Hat ein Mensch solche Pflichten gegen seine Frau, so ist es nicht gut, zur Ehe zu schreiten!" (Vers 10) Auf diese Logik ließ sich Jesus nicht ein. Jesusworte sind dafür bekannt, dass sie oft überzeichnen. So wählte Jesus hier – sicher bewusst – einen Begriff, der weder in jüdischen noch in griechischen Ohren einen guten Klang hatte: das Wort „Eunuch". Schlachter übersetzt es mit „Verschnittene", die Einheitsübersetzung drückt es galant (aber unpräzise) mit „zur Ehe unfähig" aus. Das entsprechende Verb (griech.: „eunouchisan") könnte mit „sich zum Eunuchen machen" übersetzt werden. Es geht daher nicht um den Verzicht auf die Ehe, nicht um ein „wörtlich-dingliches" Verständnis, sondern um einen „geistig-seelischen Sachverhalt"; Limbeck, M. (1986). Matthäus-Evangelium. Stuttgart: Katholisches Bibelwerk, S. 237.

174 Katechismus, hier zitiert aus S. 426.

175 Die antiken „septem" (sieben) „artes liberales" bestanden aus dem Trivium (Grammatik, Rhetorik, Logik) und – darauf aufbauend – dem Quadrivium (Arithmetik, Astronomie, Geometrie, Musik).

176 So z. B. in der Landesverfassung Baden-Württembergs in Art. 12.

177 Geboren 1938.

178 Katechismus, hier zitiert aus S. 565.

179 Vgl. und zitiert DAR, Bestand N 27 Nachlass Sproll, vorl. [Oktober 2012] Nr. 504, Predigt Familienfest [18]97/ Dominica III post Epiphania 1911; vgl. Hanstein (2014), S. 163–166 inkl. Fußnoten.

180 Ebd.

181 Deutsche Bischöfe (1956). Katholischer Katechismus der Bistümer Deutschlands. München: Kösel, im Folgenden zitiert aus S. 6.

182 Ebd., S. 222.

183 Vgl. MHG-Studie. Zusammenfassung, S. 10.

184 Fowler, J. W. (1981). Stages of Faith. The Psychology of Human Development and the Quest for Meaning. New York: Harper Collins.

185 Vgl. Hanstein, Th. (2019). Zurück zu den Ursprüngen, in: Katholisches Sonntagsblatt. Magazin für die Diözese Rottenburg-Stuttgart, 02/2019, S. 20–21.

186 Biesinger, A. (1998). Die Gottesbeziehung: ein lebenslanger Prozess, in: Biesinger, A./Schmitt, C. Gottesbeziehung. Hoffnungsversuche für Schule und Gemeinde. Freiburg: Herder, S. 106–123, hier S. 119.

187 Ebd.

188 Fowler, J. (1989). Glaubensentwicklung. Perspektiven für Seelsorge und kirchliche Bildungsarbeit. München: Kaiser, S. 200.

189 Biesinger (1998), S. 120.

190 MHG-Studie. Zusammenfassung, S. 6.

191 „Dann wird er ihnen antworten: Wahrlich, ich sage euch, insofern ihr es getan einem dieser Geringsten, habt ihr es mir getan [...]. Und sie werden in die ewige Pein gehen, die Gerechten aber in das ewige Leben." (Mt 25,40.46)

192 MHG-Studie. Zusammenfassung, S. 9.

193 So publizierte, um für all diese Vertreter nur ein Beispiel anzuführen, im Jahr des aufkommenden Missbrauchsskandals Ottmar Fuchs das Buch „Im Innersten gefährdet". Vgl. Fuchs, O. (2009). Im Innersten gefährdet. Für ein neues Verhältnis von Kirchenamt und Gottesvolk. Innsbruck/Wien: Tyrolia.

194 Als ein Standardwerk gilt die „Autonome Moral" von Alfons Auer (Erstausgabe 1971). Das Buch wurde frisch aufgelegt. Vgl. Auer, A. (2016). Autonome Moral und christlicher Glaube. Mit einem Nachtrag zur Rezeption der Autonomievorstellung in der katholisch-theologischen Ethik. Darmstadt: WBG.

195 Hier wird die „Dogmatische Konstitution über die Kirche: Lumen Gentium" (LG) 25 zitiert.

196 Vgl. hier und im Folgenden https://wwwuser.gwdg.de/~gluedem/eng/00300e002.htm (Zugriff: 03.–05.2019).

197 Vgl. CIC, can. 375.

198 Vgl. ebd., can. 519, und zwar „unter der Autorität des Diözesanbischofs".

199 Vgl. Hanstein, Th. (2010). Vom Endgericht – ein Lehrstück über das Hier und Jetzt. Predigtauslegung zum letzten Sonntag im Kirchenjahr, in: Landeszentrale für Umweltaufklärung Rheinland-Pfalz (Hrsg.). nachhaltig predigen, Band 6, Mainz: Landeszentrale, S. 177–180.

200 Das jüngste Beispiel ist die anhaltende Diskussion um die Zulassung evangelischer Partner zur Kommunion.

201 Exegese ist die theologische Disziplin der Bibelauslegung mit wissenschaftlicher Methodik.

202 Kübler-Ross, E. (2018). Interviews mit Sterbenden (erw. Neuauflage, Erstausgabe 1969). Freiburg: Kreuz.

203 Vgl. die Abbildung in http://blog.setzwein.com/2011/03/21/die-gefuhlskurve-in-change-projekten (Zugriff: 03.–05.2019).

204 Katechismus, 92, S. 62 (hier wird LG 12 zitiert). Dass man diesen Satz aus „Lumen Gentium" nicht überstrapazieren darf, macht Leo Scheffcyk deutlich: „Objektiv eignet dem Sinn der Gläubigen nicht jene Vollmacht, Autorität und Weisungsbefugnis, wie sie dem Amtscharisma der lehrenden Kirche zukommt"; Scheffcyk, L. (1997). Grundlagen des Dogmas. Einleitung in die Dogmatik, in: Scheffcyk, L./Ziegenhaus, A. Katholische Dogmatik, Band 1. Aachen: MM, S. 107.

205 Vgl. Antonovsky, A. (1997). Salutogenese. Zur Entmystifizierung der Gesundheit. Tübingen: dgvt; vgl. ders. (2001). Was erhält Menschen gesund? Köln: BZgA.

206 Vgl. Deci, E./Ryan, R. (1993). Die Selbstbestimmungstheorie der Motivation und ihre Bedeutung für die Pädagogik, in: Zeitschrift für Pädagogik, 39 (2), S. 224–238.

207 Vgl. Burow, O.-A. (2017). Neues Lernen? Lernlust und Bildungsglück im digitalen Zeitalter, in: Televizion, 1, S. 4–8.

208 Siehe dazu im Römerbrief, Kap. 12.

209 Diese verschiedenen Fragestellungen werden Traditions, Redaktions, Text, Literar- und Formkritik genannt.

210 Hier in der dogmatischen Konstitution „Dei Verbum", abgekürzt „DV".

211 Ausgereizt wurde diese Lehre von Papst Leo XIII. in seiner Enzyklika „Immortale Dei".

212 „Unter allen Gläubigen besteht, und zwar aufgrund ihrer Wiedergeburt in Christus, eine wahre Gleichheit in ihrer Würde und Tätigkeit, kraft der alle je nach ihrer eigenen Stellung und Aufgabe am Aufbau des Leibes Christi mitwirken." Die Frage nach dem Grad einer rein menschlichen Würde – aufgrund des Menschseins – behandelt das Kirchenrecht damit freilich nicht; vgl. dazu vielmehr „Nostra Aetate" (Erklärung des Zweiten Vatikanischen Konzils über das Verhältnis der Kirche zu den nichtchristlichen Religionen", 1965), abgekürzt: NA.

213 „Kraft göttlicher Weisung gibt es in der Kirche unter den Gläubigen geistliche Amtsträger, die im Recht auch Kleriker genannt werden; die übrigen dagegen heißen auch Laien" (CIC, can. 207, § 1).

214 Vgl. CIC, Buch VI: „Strafbestimmungen in der Kirche" und Buch VII: „Prozesse".

215 Vgl. can. 1364–1369.

216 Vgl. can. 1370–1377.

217 Vgl. can. 1378–1389.

218 Vgl. can. 1390–1391.

219 Vgl. can. 1392–1396.

220 Vgl. can. 1397–1398.

221 Wenngleich das mittlere Alter der „Betroffenen“ laut MHG-Studie bei 12,0 (Teilprojekte 3 und 6) bzw. 10,6 Jahren (Teilprojekt 2) lag; vgl. MHG-Studie. Zusammenfassung, S. 6.

222 Vgl. hier die Berichte von Alumnen in Priesterseminaren.

223 Vgl. MHG-Studie. Zusammenfassung, S. 6.

224 Ebd., S. 7.

225 Mit Erlaubnis der Bischofskonferenz ist es auch möglich, dass – kirchenrechtlich – „Laien“ dieses Amt führen, die „Doktoren oder wenigstens Lizentiaten des kanonischen Rechts“ (can. 1421, § 3) sind.

226 Dieses Verfahren schlägt sich aktuell auch in der Arbeitsweise der Kommissionen für sexuellen Missbrauch nieder.

227 Vielleicht auch schweigen müssen? Es erscheint einsichtig, dass dieses „Mitwissen“ als zusätzliche Belastung empfunden wird.

228 Im Bistum des Autors waren dies im Fall der Zusammenarbeit mit der Staatsanwaltschaft 4,8 %, im Fall einer Anzeige 1,4 % (vgl. Datenblatt „Sexueller Missbrauch“, Diözese Rottenburg-Stuttgart, Stand 08/2018, S. 1). Da es sich – insbesondere aufgrund der zielführenden Arbeit des Diözesanrates – hierbei um ein Bistum handelt, das im Vergleich zu anderen deutschen Bistümern bereits einige wichtige Schritte in Sachen Prävention unternommen hat, dürften die entsprechenden Durchschnittszahlen aller 27 deutschen Bistümer vermutlich noch niedriger ausfallen. Anders herum heißt das aber auch, dass in über 95 % der Fälle keine Staatsanwaltschaft hinzugezogen und in über 98 % keine Anzeige bei staatlichen Behörden erstattet worden ist (vgl. ebd.).

229 In Klammern finden sich die Bezeichnungen der Texte. Diese wurden immer nach dem – lateinischen – Textanfang benannt. Entsprechend werden sie in der Literatur auch mit beiden Anfangsbuchstaben abgekürzt.

230 http://www.vatican.va/archive/hist_councils/ii_vatican_council/documents/vat-ii_const_19651207_gaudium-et-spes_ge.html (Zugriff: 03-05/2019).

231 http://www.vatican.va/archive/hist_councils/ii_vatican_council/documents/vat-ii_const_19641121_lumen-gentium_ge.html (Zugriff: 03.–05.2019).

232 Darunter waren auch zwei deutsche Theologen; der Autor hat einen dieser Bischöfe selbst noch erlebt.

233 Zitiert aus: Arntz, N. (2011). Für eine dienende und arme Kirche. Der Katakombenpakt als subversives Vermächtnis des II. Vaticanums, in: Bitter, G./Blasberg-Kuhnke, M. (Hrsg.). Religion und Bildung in Kirche und Gesellschaft (Festschrift für Norbert Mette). Würzburg: Echter, S. 297–307. Zu den Hintergründen siehe: Arntz, N. (2015). Der Katakombenpakt. Für eine dienende und arme Kirche. Kevelaer: Topos Plus.

234 Vgl. http://w2.vatican.va/content/benedict-xvi/de/apost_letters/documents/hf_ben-xvi_apl_20091026_codex-iuris-canonici.html (Zugriff: 03.–05.2019).

235 Entsprechend ergänzter Unterpunkt zu can. 1009.

236 http://w2.vatican.va/content/benedict-xvi/de/apost_letters/documents/hf_ben-xvi_apl_20091026_codex-iuris-canonici.html (Zugriff: 03.–05.2019).

237 http://w2.vatican.va/content/francesco/de/motu_proprio/documents/papa-francesco-motu-proprio_20150815_mitis-iudex-dominus-iesus.html_ (Zugriff: 03.–05.2019).

238 Gemeint ist hier nicht ein demographischer Schrumpfungsprozess, wie jüngst in einer Studie der Universität Freiburg prognostiziert (vgl. https://www.spiegel.de/panorama/gesellschaft/kirchen-verlieren-bis-2060-die-haelfte-ihrer-mitglieder-studie-der-uni-freiburg-a-1265341.html; Zugriff: 02.05.2019), sondern eine Haltung der Armut.

239 LG 1 (vgl. Kap. „Konziliarer Aufbruch und aktuelle Restauration“).

240 So z. B. Rede des Papstes zum Ende der „Antimissbrauchskonferenz“.

241 Vgl. das Moto proprio „Vos estis lux mundi“ vom 7. Mai 2019, Abruf unter http://w2.vatican.va/content/francesco/de/motu_proprio/documents/papa-francesco-motu-proprio-20190507_vos-estis-lux-mundi.html (Zugriff: 10.05.2019).

242 Der Begriff stammt aus der Entwicklungspolitik und Armutsforschung und wurde von Medizin, Philosophie und politischer Ethik bereits breit aufgegriffen. Zur Übertragung auf die Theologie siehe z. B. Keul, H. (2017). Resilienz als Verwundbarkeit. Der Vulnerabilitätsdiskurs als Chance für eine gesellschaftsrelevante Theologie, in: Hermeneutische Blätter 01/2017, S. 105–120.

243 Siehe neben diversen Einzeltexten und publizierten Predigten v. a. die spirituellen Bücher „Dem Moment Raum geben“ (2014), „Nackt vor dir“ (2015), „Das Heilige in allem hören“ (2016), „Den Geist Gottes atmen“ (2017) oder „Wunder gibt es immer wieder“ (2018).

244 Eine Studie des Ulmer Kinderpsychologen Jörg Fegert beispielsweise, die im Frühjahr 2019 vorgestellt wurde, schätzt die Zahl der Missbrauchsopfer in beiden Großkirchen auf 114.000. Damit wäre das Dunkelfeld um ein Vielfaches höher als die ausgewiesene Zahl. Vgl. https://www.focus.de/politik/deutschland/ulmer-studie-dunkelfeld-fuer-missbrauch-durch-priester-hoeher-als-angenommen_id_10444059.html (Zugriff: 12.03.2019).

245 Vgl. MHG-Studie. Zusammenfassung, S. 9.

246 Fromm, E. (2016). Haben oder Sein. Die seelischen Grundlagen einer neuen Gesellschaft (43. Auflage, Erstauflage 1979). München: dtv, S. 246. Hervorhebung durch den Autor.

247 Ebd.

248 Jonas, H. (1979). Das Prinzip Verantwortung. Versuch einer Ethik für die technologische Zivilisation. Frankfurt: Suhrkamp.

249 Ders. (1988). Materie, Geist und Schöpfung. Kosmologischer Befund und kosmogonische Vermutung. Frankfurt: Suhrkamp, S. 54–55.

250 In Anknüpfung an das zu Beginn zitierte Lied „Ich träume eine Kirche". Darin heißt es weiter: „Ich träume eine Kirche, die wahr ist und gerecht, wir alle sind nur Freie und niemand Herr und Knecht […]. Ich träume eine Kirche, die hat den Schritt gewagt, die baut sich auf von unten und dient, wie Jesus sagt […], die teilt und sich verschenkt, die wenig an sich selber und viel an andere denkt […]. Ich träume eine Kirche, die hofft und liebt und glaubt, die hat auf Macht verzichtet und sich vom Muff entstaubt" (Quellenangabe im Vorwort, in EH 92 jedoch ohne diese letzte Strophe).